中国改革智库丛书
China Reform Think Tank's Book Series

我与中改院的33年

STAND FAST TO REFORM:
MY 33 YEARS WITH CIRD

迟福林 著

中央党校出版集团
国家行政学院出版社
·北京·

图书在版编目（CIP）数据

坚守改革：我与中改院的33年/迟福林著.
北京：国家行政学院出版社，2024.10. -- ISBN 978-7-5150-2955-9

Ⅰ.D61

中国国家版本馆CIP数据核字第2024C9Q394号

书　　　名	坚守改革——我与中改院的33年
	JIANSHOU GAIGE——WO YU ZHONGGAIYUAN DE 33 NIAN
作　　　者	迟福林　著
统筹策划	胡　敏　王　莹
责任编辑	马文涛　王　朔　马　跃
责任校对	许海利
责任印制	吴　霞
出版发行	国家行政学院出版社
	（北京市海淀区长春桥路6号　100089）
综 合 办	（010）68928887
发 行 部	（010）68928866
经　　　销	新华书店
印　　　刷	中煤（北京）印务有限公司
版　　　次	2024年10月第1版
印　　　次	2024年10月第1次印刷
开　　　本	185毫米×260毫米　16开
印　　　张	20.75
字　　　数	285千字
定　　　价	95.00元

本书如有印装质量问题，可随时调换，联系电话：（010）68929022

前　言

经过一个多月数十次讨论、撰写和修改，《坚守改革——我与中改院的33年》(简称《坚守改革》)初步完稿。

本书写作最紧张的几天，有气象记录以来中心最大风力达17级以上的最强台风"摩羯"袭击和重创椰城海口。这几天台风中的所见所闻，将使我一生难忘。

9月6日，台风预计下午至傍晚登陆海南北部。中改院发布通知，要求大家从6日起居家办公。苗树彬执行院长劝我尽快回家修改书稿，他负责全院抗台风的具体事宜。由于9月10日前要把书稿交给出版社，只剩下最后几天修改书稿的时间。6日上午，陈薇副院长、刘铁奇等同事与我一起，仍到办公室抓紧修改书稿。我让办公室"喝令"大家中午12点前离院回家。12点后，我去看望了正在值班的同事。傍晚台风席卷海口时，我在家与陈薇电话沟通书稿修改事宜。说句实话，那时"灵感"来了，想停都难。甚至家里的太阳能热水器掉下阳台，发出一声巨响，我都没有反应。晚上，我和苗树彬执行院长通了三四个电话。他夜里11点半告诉我，他在陪坚守岗位的同事用晚餐，让我放心。这样，我决定第二天早上台风过后到院里继续修改书稿。

7日一早，院里同事绕了好几处路障才把我接到院里。苗树彬执行院长陪我到院里各处看看，一片狼藉、满目疮痍，我心里真不是个滋味。可是当我到了办公楼，打开办公室的门，一切如常，仿佛台风没有发生过。看到这里，我差点流泪。我知道，背后不仅是工作人员的辛苦，更是他们对我工作的一种理解和支持，这无形中给了我很大的力量。这一天，我的写作效率很高。

8日一早来到院里后，我看到苗树彬执行院长正带着十几个同事大汗淋漓地抓紧收拾台风"残局"。我与陈薇、郭达、陈所华、刘铁奇等几位同事修改书稿，一直到晚上七八点钟初步完成书稿后才离开办公室。我在回家的路上想：台风中坚守岗位、坚守家园，不正是这本《坚守改革》书稿的真实写照吗？台风中全院集体守护、团结协作，不正是这本书稿能够很快形成的力量源泉吗？台风中的精神风貌，不也正是这本书的绪论的题目——"家国情怀、执着精神"的具体体现吗？滴水穿石，非一日之功。没有多年的磨炼，没有这种精神，没有这种集体协作的作风，是很难做到的。无论在何种困难、何种境遇下，为了事业坚守到底，这就是一个集体、一种精神、一种文化，这就是中改院，这就是坚守改革33年的"院魂"！

2024年11月1日，中改院将迎来第33个生日。《建言改革——改革智库33年的追求与探索》（简称《建言改革》）、《坚守改革》这两本书要赶在院庆前出版，时间特别紧张。《建言改革》回顾中改院建言改革开放的主要成果。《坚守改革》回顾我与中改院为改革开放事业一路同行、为之坚守的风风雨雨。这两本书真实反映了中改院人建言改革、坚守改革的痴心与追求，是对中改院院庆最深情、最好的纪念。书中凝聚了我与同事们对中改院的情和爱，更是献给更多青年人的一本书。几位年轻同志在书稿编写过程中感慨："回顾院史，中改院真的不容易！"

本书是中改院集体创作的结晶，很多同事参与了讨论和编写工作。陈薇副院长协助我统稿，陈所华校改全书，张飞、郭达、刘铁奇、张娟等同事整理初稿，郭文芹、方栓喜、匡贤明、陈玮男、刘泰辰等同事收集材料、参与讨论。我们既希望这本书反映自己的历史，给自己以教育，更将这本书献给改革开放事业，献给关心关爱中改院的各界，献给各位读者。

本书的出版得到国家行政学院出版社胡敏社长和王莹主任的大力支

持。这里，特此向出版社相关工作人员及参与本书编写的各位同事，说一声谢谢！

迟福林

2024年9月

目 录
CONTENTS

绪　论　家国情怀　执着精神
　　——坚守改革33年 ……………………………………001

第一章　坚持以人为本的改革观……………………………027
　　一、建言以人为本的改革观………………………………028
　　二、民富优先的改革发展导向……………………………032
　　三、建议制定中等收入群体倍增国家规划………………040
　　四、新冠疫情期间研究提出"人民健康至上"…………045
　　五、浙江桐庐调研共同富裕的启示………………………047

第二章　构建社会主义市场经济体制的使命担当…………053
　　一、筹备建院之初提出"社会主义需要市场"…………054
　　二、与美中关系全国委员会高级代表团的交谈…………060
　　三、出版"走向市场经济的中国"丛书…………………063
　　四、债务托管方案被采纳…………………………………071
　　五、《加快建设公共服务型政府》论文获得孙冶方经济科学奖……074
　　六、参加总理座谈会　建言行政体制改革………………081
　　七、10年政协委员5次大会发言…………………………085

第三章　建言深化农村改革的历史责任 ········· 089

一、20世纪90年代初提出"农村经济改革60条" ········· 090

二、"赋予农民长期而有保障的土地使用权"被中央文件
　　直接采纳 ········· 098

三、2份建议成为农村土地承包法立法起草的重要参考材料 ········· 103

四、3次全国政协提案：尽快从法律上赋予农村土地使用权的
　　物权属性 ········· 108

五、呼吁"让农民工成为历史" ········· 110

六、建言以居住证制度取代城乡二元户籍制度 ········· 116

第四章　建言"两个毫不动摇"的自觉行动 ········· 121

一、股份制改革的"黄埔一期" ········· 122

二、建言从国有企业走向国有资本 ········· 131

三、做优国有资本仍是一篇大文章 ········· 139

四、为民营经济发展建言发声 ········· 144

五、弘扬企业家精神 ········· 151

六、《赢在转折点》获得中华优秀出版物奖 ········· 155

第五章　惠及13亿人基本公共服务的价值追求 ········· 161

一、"为什么不同所有制有不同的劳保待遇？"
　　——对社会保障制度改革的思考 ········· 162

二、提出第一份社会保障制度改革建议报告 ········· 166

三、首次中国社会保障与经济改革高层国际研讨会
　　在中改院召开 ········· 168

四、总理座谈会建言建立农村最低救济制度 ········· 171

五、撰写《中国人类发展报告2007/08》的日日夜夜 ········· 175

六、编制基本公共服务均等化规划 ········· 180

七、选择性退休等建议被采纳……………………………………… 183
　　八、公立医院改革总体思路受到好评…………………………… 187
　　九、建言教育二次改革…………………………………………… 189

第六章　以高水平开放赢得未来的历史主动……………………… 193
　　一、坚持广泛开展国际交流与合作……………………………… 194
　　二、受邀参加默克尔总理小型座谈会…………………………… 202
　　三、建立全国首家WTO信息查询中心………………………… 207
　　四、举办9届中越经济改革比较论坛…………………………… 210
　　五、研究中欧自贸区……………………………………………… 215
　　六、RCEP是高水平开放的大文章……………………………… 218
　　七、提出单边开放"大国策"…………………………………… 225
　　八、开放是最大改革、最大发展、最大安全…………………… 227
　　九、为博鳌亚洲论坛建言出力…………………………………… 231

第七章　加快海南自由贸易港建设的痴心追求…………………… 237
　　一、从研讨特别关税区到建议设立自由贸易港………………… 238
　　二、"下半辈子就做自贸港这件事！"………………………… 250
　　三、坚守"重要开放门户"的国家战略………………………… 253
　　四、对标世界最高水平开放形态的海南自由贸易港…………… 260
　　五、打造制度型开放新前沿……………………………………… 268
　　六、以港湾融合形成海南自由贸易港建设的合力……………… 271
　　七、以自由便利为原则的封关运作……………………………… 276

第八章　改革理论创新的不懈探索………………………………… 281
　　一、社会主义市场经济体制研究………………………………… 282
　　二、民富优先导向的改革研究…………………………………… 287

三、赋予农民财产权益的研究探索 ………………………… 289

四、政府与市场关系的长期研究与探索 …………………… 295

五、从国有企业到国有资本的研究 ………………………… 298

六、结构转型和结构性改革研究 …………………………… 301

七、我国发展的阶段性特征研究 …………………………… 303

八、基本公共服务均等化研究 ……………………………… 304

九、消费主导研究 …………………………………………… 311

十、高水平开放研究 ………………………………………… 312

结语　改革跑赢危机 ………………………………………… 317

绪 论

家国情怀　执着精神
——坚守改革33年

> 坚持人民至上，从人民整体利益、根本利益、长远利益出发谋划和推进改革。
>
> ——习近平：《关于〈中共中央关于进一步全面深化改革、推进中国式现代化的决定〉的说明》

1991年11月1日，中国（海南）改革发展研究院（简称中改院）挂牌成立。建院33年来，中改院始终秉持"家国情怀、执着精神"的价值追求，始终坚持"以建言改革为己任"的责任担当，始终坚持以问题为导向的行动研究，走出一条具有自身特色的中改院发展之路。

党的二十届三中全会召开后的8月5日—6日，中改院进行了整整2天的院史教育，以回顾自身33年发展历程实践，学习贯彻党的二十届三中全会精神，增强全院同志坚定全面深化改革研究的历史责任和行动自觉。回顾我与中改院的33年，既感到收获满满，又感到极为不易。33年来，在国家有关部门的支持下，在海南省委、省政府的领导下，在一批老领导、老专家的关心和指导下，中改院在风风雨雨、辛辛苦苦中坚守改革研究33年。

从建院那一天开始，我与中改院的同事就自觉地把推动和服务于改革开放作为自己责无旁贷的时代责任。时常有人问我，中改院才这么几十号人，怎么出了这么多成果？有的专家用"堪称奇迹"来概括。其实，哪有什么奇迹，有的只是一个集体对改革事业的坚守和情感，有的只是一支甘于奉献、任劳任怨的队伍。当回忆到在院勤勤恳恳工作及已离世的同事时，我忍不住流了泪。有了这样一批人，才有了今天的中改院。

一、与改革结缘

几乎与中华人民共和国同龄的我，经历了计划经济时代的种种困惑，又见证了改革开放带来的历史巨变。作为一名以改革研究为终生追求的学者，我深知改革开放对当代中国发展的重要性。基于此，参与改革、研究改革、建言改革，成为我孜孜不倦的人生追求。我一直认为，人一辈子能赶上一两次机遇、能做成一两件事情，就真的很幸运了。我从事改革研究40余年，其中33年在中改院。中改院顺应时代需求，因改革而生、与改革同行、为改革而呼。研究改革、建言改革、服务改革，成为我与中改院团队的自觉责任和不懈追求。

1. 投身改革研究事业

投身改革研究事业、创办中改院的初衷，离不开我个人的成长经历和对国家民族发展的长期思考。作为20世纪50年代出生的这一代人，我们经历了新中国社会主义建设、"文化大革命"，亲历了改革开放的伟大转折，亲身感受到国家的历史性变迁，对改革开放有着特殊的情感。从20世纪80年代初到现在的40余年里，我的目标与追求就是4个字——改革开放。

（1）成长年代的思考

我出生于黑龙江省肇东县一个普通家庭。上小学前几年，我的家境还算可以，父母、哥嫂、姐姐都有工作。即便是在自然灾害的几年里，我家的状况也略好一点，尽管餐桌上都是土豆、萝卜、大白菜，但是基本没有陷入饥荒。后来情况有很大变化。小学三年级时，父亲突发急性胃溃疡穿孔连续做了两次手术，母亲为照顾父亲，停工半年后被企业按自动辞职处理，哥哥也因病住了院，家里一下陷入了困境。由于父亲和哥哥的工作单位性质不同，医药费报销额度有很大差别。我很不理解，为什么不同性质的单位职工劳保待遇差别竟然如此之大？这在我心里深深地埋下了疑惑和不解。

还有一小段经历让我感触很深。1968年1月，我参军入伍，成为沈阳军区一名学习外语的学员。1970年春，部队派我到农村"支农"。3个月下来，我瘦了20多斤。在"支农"中，我发现农民种粮的积极性不高，"出工不出力"的现象比较突出。例如，我组织农村青年春种，喊着口号育苗，一铲子下去，把小麦苗铲掉的比比皆是。农民为了赚工分养家糊口，敲钟了才上工。当时社会流行一句"三个一个样"的顺口溜：干与不干一个样，干多干少一个样，干好干坏一个样。这让我很疑惑，为什么会这样？

（2）改革开放时代的觉醒

无论是年少时的成长经历，还是参军、入党，我都将为党和国家作贡献作为自己的人生目标和人生追求。可以说，"国家兴亡，匹夫有责""位卑未敢忘忧国"，早已深深地印在我的脑海中。其实，我的人生选择只是我们这一代人投身改革开放的一个小小缩影。作为这代人的一分子，我深刻感悟到：没有改革开放，中国没有未来；没有改革开放，老百姓没有幸福生活；没有改革开放，没有个人生活的改变。改革开放是"第二次革命"，是我们党领导人民走向幸福的必经之路；改革开放既深刻改变了中国的过去，也深刻影响中国的未来。

（3）调入中央机关从事改革研究

1979年下半年，我穿着军装，以进修教师的身份进入北京大学，开始了北大国际政治系的学习生活。虽然在北大学习的时间只有一年半，但在那个思想解放、时代变革的年代，这一年多的学习生活对我产生了很大影响。直到今天从事改革研究工作，北大精神仍然使我深深受益。1981年，中央党校开始招收研究生。国防大学马列教研室的其他年轻同志一个接着一个报考，而我却没被允许报考。没有办法，我只能在马列教研室坚持自学苦读，每天晚上点灯熬油，就这么过了几年。那个年代，总感觉自己需要多读书、多学习，对知识的渴望从来没有因为外界的影响而减弱。1984年4月初，情况有了改观。教研室主要领导离休后，在几位领导的支持下，几经波折，我最终参加了中央党校入学考试，成绩在200多名考生里名列前茅。

考入中央党校以后，我对改革的研究真正开始起步。从那时起，我开始专注于经济改革的重大理论研究，较系统地学习了马克思主义经济学理论，关注党和国家的改革开放政策。这为我从事改革研究奠定了重要的理论基础。经过前期在国防大学马列教研室研究工作的经历和北大的学习与思考，我已经有了一定的积累，一到中央党校学习，可以说我的角色一下子就变了，与其说是学生，不如说是冲在改革研究前线的一名"战士"。

1986年10月，我在中央党校还没毕业，就接到中央通知，调我到中南海做改革研究工作。有了前期的铺垫和准备，研究视野一下子全面打开，开始了国家层面的体制改革研究。从1986年10月到1987年年底这一年多时间，我基本一周只回家一次，其余时间都在加班加点工作，干劲十足。有一次，我和同事休息时去打篮球，由于长时间没锻炼，没想到一下子运动过猛，在球场晕了过去。那时，我对邓小平同志讲的一句话印象特别深刻："不改革就没有出路。"[①] 我们白天做研究、找各方面开会、下基层调查，晚上还经常彻夜不眠地研讨问题。现在回想起来，那真是一段"改革激情燃烧的岁月"。

（4）投身海南大特区改革开放事业

1987年年底，我迎来了人生中的一个重要选择。

1987年10月，时任海南建省筹备组组长许士杰来北京找到我，希望我到海南工作。我知道，中央作出海南建省办经济特区的战略决策，就是要将海南推到国际市场上去，让海南实行比其他经济特区还"特"的经济政策，经过若干年的奋发努力，将海南的经济好好发展起来。所以，我不假思索，痛快地答应了许书记。真的是"说了就做"！为了去海南，经过组织批准，不到一天，我就从军人变成了老百姓。还记得我上午从国防大学办理转业手

---

① 《邓小平文选》（第三卷），人民出版社1993年版，第237页。

续，下午3点多就拿到了户口本，脱下穿了整整20年的军装。当时，有领导劝我，说："福林，你想好啊，你现在穿军装，还是团级干部，为什么不在中央机关把职务解决了再到海南去？现在海南条件还不具备，你要不在中央机关再待两年再到海南去？"可是，我心里真的没想那么多，就毅然决然地来到了海南。我的想法很简单，海南是我国改革开放的"试验田"，在这张白纸上可以绘出最美的画卷、写就最好的文章。

1987年12月底，在海南建省办经济特区前夕，我带着中央办公厅和中央组织部的调函，离开还是冰天雪地的北京，来到了海南，这一待就是37年。这当中有曲折、有委屈，但在中国最大经济特区干一番事业的信心与追求使我坚守下来。

从1988年到1992年，我作为海南省委政策研究室、省体制改革办公室的主要负责人，参与了海南建省办经济特区初期改革开放的若干实践。这一阶段对我最大的锤炼就是把军人的作风带到了地方，在海南省体改办加班加点是常态。

作为一名成长于改革开放年代的青年人，真的感到海南是一片充满希望的热土。海南建省办经济特区，给大家的信号是要办比其他特区更"特"的特区。那个时候深圳发展势头特别好，但是大家认为，海南一定会比深圳的发展空间更大、发展速度更快、发展机会更多。所以大家奔着一种希望、本着一种热情，不怕艰苦来到海南，这也形成了令人印象深刻的"十万人才下海南"。在建省办经济特区初期条件比较艰苦的环境下，按照国务院1988年24号文件提出的"海南的改革可以有更大的灵活性，要在国家宏观计划指导下，建立有利于商品经济发展，主要是市场调节的新体制框架"[①]的要求，海南从实际出发，积极大胆地进行了几项超前的改革试验，加快推进经济体制改革，市场经济体制的框架基本形成。第一，率先全面推进价格改革，基本形成了由市场形成价格的机制。第二，率先探索建立以股份制为

---

① 《国务院批转〈关于海南岛进一步对外开放加快经济开发建设的座谈会纪要〉的通知》，1988年4月14日，海南省人民政府网。

主体的现代企业组织形态。第三，率先实行新型社会保障制度。第四，率先实行"小政府、大社会"的新体制，最大限度地发挥市场和社会的作用。由此，基本解决了价格与市场的关系、企业与市场的关系、社会与市场的关系、政府与市场的关系，形成了海南建省初期发展社会主义市场经济体制的基本框架和深厚基础。

2. 创办中改院
（1）中改院是中国改革的产物

回顾33年的发展历程，我最深切的感受是，中改院每一步成长和每一个阶段的发展，都与我国改革开放进程直接相联系。

诞生于一个特殊的时代。20世纪80年代末至90年代初期，有人对改革开放的方向、路径及某些做法提出了质疑——改革是不是错了？改革何去何从？在这个背景下，我深切感到有必要建立一个改革研究机构，为不断深化改革做点事、发点声、出点主意。

诞生于全国最大的经济特区。有人问我："为什么选择在海南创办中改院？"也曾有人劝我把中改院搬到北京或者广东。我的回答是："海南是中改院的命根子，动了就活不了。"中改院既是中国改革开放的产物，又是在海南建省办经济特区的特定背景下诞生的。从1990年酝酿成立直到今天，33年来中改院一直得到海南省委、省政府和海南各界的全力支持与关爱，海南大特区这片开放和希望的热土是中改院创立的独特条件，是中改院成长、发展的"根"。

诞生于中国改革开放新热潮。中改院建院没几个月，1992年邓小平同志南方谈话一锤定音，打破了长期困扰人们的姓"资"姓"社"的思想束缚，坚定了改革开放向前走的决心；党的十四大确立了社会主义市场经济体制的改革目标。一时间，改革开放的呼声越来越大，大胆闯、大胆试、大胆干的风潮和劲头正起，掀起了改革开放新的热潮。

在这个大背景下，中改院在全国最大的经济特区海南成立、起步。无论是从诞生的时间来说，还是从诞生的背景来说，中改院一建院就被赋予了一种独特的历史使命和时代责任——为改革鼓与呼。在改革开放的大好形势下，中改院顺势而为、乘势而上，开展了一系列卓有成效的研究、研讨、培训活动，奠定了中改院发展的高起点。中改院的重要创始人陈锦华曾寄语道："中改院是中国改革的产物，改革以后的大环境所创造的体制和机制，为中改院的产生、成长、发展壮大提供了非常好的土壤，使它可以在这样的环境、这样的土壤上积极地作为，为国家、为企业、为社会做贡献。"

（2）中改院正式挂牌成立

1991年11月1日，中国（海南）改革发展研究院成立大会暨海南对外开放战略研讨会在中改院报告厅召开，来自中央国家机关和有关方面负责人、著名专家学者，以及海南省领导同志、相关企业负责人等100多人出席大会。上午9时，在雄壮的军乐声中，中改院正式揭牌成立。

当天，新华社发布的《中国（海南）改革发展研究院成立》通稿中写道："我国改革、开放、发展的高级研究和培训中心——中国（海南）改革发展研究院今天在海口成立。这个研究院是国家体改委系统的高层次、综合性研究和培训基地，按照'立足海南、面向全国、放眼世界'的办院方针，以丰富多彩的改革开放实践为研究对象，总结80年代改革开放经验，加强对90年代的改革开放深层次研究，重点研究与改革开放直接相关的战略性、政策性、阶段性和操作性课题，培训全国省市一级从事体改工作的干部和大中型企业的管理人员。"[①]

11月2日的《海南日报》头版头条记载："位于风景秀丽的海口市海甸岛上的中国（海南）改革发展研究院，其基本宗旨是从中国的具体国情出发，对海南和中国改革开放和经济社会发展中重大的现实问题和理论问题进行系统的、深层次的研究，并运用相关的研究成果对各级从事经济体制改革的干部和大中型企业管理干部进行培训。力争用3~5年时间，将研究院建成

[①] 杜若原、田川：《中国改革智库之路——中国（海南）改革发展研究院成立》，中国经济出版社2011年版。

实力雄厚、在国内外有较大影响的中国改革发展研究中心和培训中心。"①

今天，中改院院史馆还保存着国务院发展研究中心原主任王梦奎在中改院成立当天讲话的手稿："中国（海南）改革发展研究院的成立，可以说是应运而生，得其天时，也得其地利。海南省委、省政府，海南各界和北京各个方面，对改革发展研究院的成立十分支持。在不到一年的时间里，建成这么漂亮的一个研究院，就是有力的证明。这种人和的条件，对于办好研究院也是很重要的。"

（3）中改院起步的特区精神与改革激情

回忆起中改院的筹建过程，至今仍然记忆犹新。建院之初，当时兼任院长的高尚全提出"立足海南、面向全国、走向世界"的办院宗旨。我拿起铅笔，一个圆圈代表蓝色的海岛，圆中三横代表"立足海南、面向全国、走向世界"。大家都觉得很好，这样中改院的院徽LOGO就被确定下来。从1990年12月底提出创办中改院，到1991年11月1日揭牌成立，不到一年的时间里，一个服务全国改革开放研究与培训的高层次的研究机构正式开办。回想起来，中改院的创办不得不说代表了那个年代的海南速度、特区精神和改革激情。

当时，为了节省费用，我组织中改院全体员工20多人，其中包括10余位新世纪周刊社的主编、记者，一部分人在现场监督施工，一部分人负责会议准备。部门负责人当施工总监、客房领班，编辑当服务员，没日没夜地工作，既赶工期，又筹备会议。每人发两个面包，拿两瓶矿泉水，拿着铲子抠卫生死角，不抠完不准走人。尤其是建院前的一两天，从早到晚，有的同志都累哭了，但没有一个逃兵。10月31日上午，我还跟大家一起打扫卫生，裤子上都是泥水，湿漉漉的。当天下午，在去机场接十几位部长，以及北京来的几十位客人之前，我用10分钟时间到附近的一个小理发店理了发。一上车，有领导同志就问我："迟福林，你这头发谁给你剃的？怎么搞得这么

---

① 《我国高层次综合性的研究与培训机构 中国（海南）改革发展研究院揭牌成立》，《海南日报》1991年11月2日。

狼狈？"

就这样，不到一年时间，在一块荒芜的鱼塘上，建起了办公、开会、食宿配套的带"中"字号的研究院。在当时情况下，能够用最低的花费、用最快的速度把中改院建设起来是相当不容易的。记得建院10周年时，一位领导感慨地说："回想十年前，在当时的大环境中，中改院的领导和全体人员抱着为中国改革发展充满信心和希望的创业勇气，在人、财、物各方面条件相当困难的情况下，建成这座研究院。"那段日子不可谓不辛苦，至今回想起来，仍然能感受到那时的创业激情。

3. 一堂坚持33年的主题党课

2021年6月30日，在党的百年华诞前夕，中改院机关党委举行了一个令人难忘的仪式，向我颁发"光荣在党50年"纪念章。在这次特殊的主题党日活动上，我以"中华民族伟大复兴的关键抉择——改革开放与中国共产党"为主题，与全院党员、员工交流我对改革开放的理解和体会。我不禁回想起30年前——1991年7月1日那天，我与建院筹备人员和海南省体改办共同庆祝建党70周年的场景。那天，我在会上向同志们作了"改革开放与中国共产党"的讲话，并被收录在中改院第一册内部学习资料中。

翻开中改院的大事记，1991年7月1日庆祝建党70周年，我讲了题为"改革开放与中国共产党"的主题党课；2001年6月29日庆祝建党80周年，我以"改革开放的历史责任"为题给全院同志上了主题党课；2011年7月1日庆祝建党90周年，我以"努力建设中国改革智库"为题就如何为改革开放作贡献与全院同志作了交流。

2024年7月1日，为庆祝建党103周年和迎接中共中央即将召开的党的二十届三中全会，中改院机关党委举行七一主题党日活动。在这次主题党日活动上，我以"全面深化改革中的共产党员"为题，以"三个坚守"来回顾总结中改院的历史。这"三个坚守"是："坚守改革自信：改革开放是决定当代中国前途命运的关键一招"；"坚守改革价值：以人民为中心，让人民过上好日子"；"坚守改革目标：构建高水平社会主义市场经济体制"。令我很高兴的是，中共中央党校（国家行政学院）主办的《学习时报》那天头版刊发了我的署名文章——《以全面深化改革破解消费结构升级的结构性矛盾》。40年前，我考入中央党校，开启了改革研究生涯；40年后的今天，以这篇文章献给党的生日、献礼党的二十届三中全会召开，我十分高兴。回过头看，我再一次深深体会到：没有改革开放，就没有我国经济社会40多年的快速发展；没有改革开放，就没有人民生活水平的极大提高；没有改革开放，就没有今天中国的国际地位。

4. 自觉坚守改革研究

（1）出版"中国改革开放史料丛书"

改革要往前走，需要回顾历史、铭记历史。为此，中改院与中国工人出版社策划出版了20卷1500万字的"中国改革开放史料丛书"，由魏礼群担任编委会主任，张卓元、陈锡文、彭森和我担任编委会副主任。2024年6月24日，新书出版座谈会在全国总工会大楼召开。这也是中改院献礼新中国成立75周年、献礼党的二十届三中全会的一次自觉的实际行动。

这套丛书启动于4年前，先后召开了3次丛书编写会，出版社与我们都为此付出了巨大心血，终于在党的二十届三中全会召开前出版，实属不易。一开始，有的专家认为这套丛书是"不可能完成的任务"，我说："不容易的事，做出来才有价值。"丛书发布后，新华社、新华网、《光明日报》、中国新闻社、《中国日报》、《人民政协报》、《海南日报》、《中华读书报》等媒体广泛刊发报道。据不完全统计，短短2天时间，新华社、新华网、潮新闻、中新社等媒体刊发的报道阅读量就超过200万人次，产生了广泛影响。

（2）自觉学习贯彻党的二十届三中全会精神

2024年7月15日—18日，党的二十届三中全会在北京召开。中改院作为改革智库，第一时间学习贯彻党的二十届三中全会精神，并且受媒体邀请撰写多篇理论文章。7月19日上午，我在北京参加中国人民大学主办的以"全面深化改革与中国式现代化"为主题的第二届复兴论坛，并以"处理好政府与市场关系——构建高水平社会主义市场经济体制的重大任务"为题作演讲。7月20日下午，我主持了中改院在北京举办的"加快构建高水平社会主义市场经济体制——学习贯彻二十届三中全会精神"座谈会。几十位专家学者参加了这次座谈会。与会专家围绕"更好发挥市场机制作用，激发全社会内生动力和创新活力""坚持'两个毫不动摇'，促进各种所有制经济优势互补、共同发展""健全宏观经济治理体系，推动形成经济高质量发展体制机制""坚持以开放促改革，建设更高水平开放型经济新体制"开展深入研讨。

有人疑惑：老迟是不是提前知道了文件的内容，会议主题选得这么准？其实，我真的不知道。我们想的没有别的，中改院是个改革智库，就是要第一时间研究改革、自觉地把自身工作与服务改革相融合。况且，很多事情一等、一慢，就失去了机会。这次研讨会开得特别好，十几位重要专家就学习理解党的二十届三中全会公报发表了很有分量的意见建议，并且很快在相关媒体刊登，对学习理解党的二十届三中全会精神产生积极影响。

紧接着，中改院于7月24日在海口主办"学习贯彻党的二十届三中全会精神　加快建设海南自由贸易港"座谈会。来自海南省政府部门、科研院所、企业界、商协会等各界代表100余人参加本次座谈会。面对世界百年未有之大变局，面对海南自由贸易港建设面临的突出矛盾，经过与同事们反复琢磨讨论，我以"发展市场、放活市场、做大市场——海南自由贸易港构建高水平社会主义市场经济体制的初步思考"为题作演讲，围绕"发展市场是不是海南经济发展的核心竞争力""放活市场是不是拉动海南经济增长的关键所在""做大市场是不是海南构建高水平社会主义市场经济体制的重大任务"等3个问题作了交流。我认为，海南自由贸易港构建高水平社会主义市场经济体制，需要以"做大市场"为目标：成为国内与国际双循环的市场连接点，成为《区域全面经济伙伴关系协定》（RCEP）连接国内大市场的交汇点，成为市场化、法治化、国际化营商环境的示范区。会议后第三天，这篇演讲稿就被《环球时报》全文刊出。

党的二十届三中全会后，不少媒体和学术杂志希望我撰写理论文章。

例如，《经济研究》邀请我作《推动经济高质量发展——学习贯彻党的二十届三中全会精神笔谈》，我欣然接受并以《加快构建高水平社会主义市场经济体制》为题撰写了文章。7月22日，《浙江日报》刊发我的署名文章《构建高水平社会主义市场经济体制》。《浙江日报》编辑告诉我，不到1天时间，全网传播量就超过300万。另外，新华社《瞭望》、《人民论坛》、《人民政协报》、《经济参考报》、《南方日报》等媒体陆续刊出了我与我的团队关于构建高水平社会主义市场经济体制、坚定不移全面深化改革的观点和声音；我还接受媒体专访，谈了"改革要解决老百姓真正关心的问题，让多数人获益"等问题，引起广泛关注。

二、重在"改"自己

党的二十届三中全会审议通过的《中共中央关于进一步全面深化改革推进中国式现代化的决定》提出："允许科研类事业单位实行比一般事业单位更灵活的管理制度，探索实行企业化管理。"看到这一条，我感到特别亲切。要建好智库，首先要有一个好的体制机制。早在30多年前，刚一呱呱坠地的中改院在为中国经济体制改革建言献策的同时，就将改革之剑指向了自身，放弃行政级别，创造条件走向市场，用"自己改自己"的亲身实践，率先在软科学发展之路和事业机构改革中作出探索。33年来，中改院始终坚守服务党和国家改革发展大局、建言改革的初心，坚持用改革的办法办院，在"改自己"的过程中不断完善体制机制、凝聚中改院精神和文化。

1. 敢于"改自己"

（1）用改革的办法办院

1991年中改院成立后，如何建设成为一个为全国改革研究服务的高层次研究机构？如何更好承担起服务中国改革政策决策的时代责任？1992年年初，时任国家体改委主任陈锦华找到我说："咱们是体改战线的，能不能想一个办法，能不能寻求用改革的办法办院？"我记得自己当时就一句话："咱们是搞改革的，改不了别人，那就先改自己！"

如何"自己改自己"？中改院当时的主要做法：第一，不要行政级别；第二，自筹经费、自谋发展；第三，吸引、整合关注改革开放的社会力量支持改革发展研究事业，从企业化管理走向股份制企业法人；第四，坚持事企分开，完善体制；第五，实行以全员岗位聘用制为重点的内部管理制度；第六，建立并不断扩大改革研究学术网络，充分利用国内外知名智库的研究资源参与中改院的改革发展政策研究。

（2）主动实行企业化管理

1992年6月16日，中共中央、国务院发布中央5号文件（《关于加快发展第三产业的决定》）提出："大多数第三产业机构应办成经济实体或实行企业化经营，做到自主经营、自负盈亏。现有的大部分福利型、公益型和事业型第三产业单位要逐步向经营型转变，实行企业化管理。"当时，原国家工商行政管理总局下发支持事业单位改企保留原名称的文件。在这样的背景下，1992年8月8日，中改院向海南省人民政府请求：批准中改院由依靠财政部分拨款的事业单位转变为实行企业化管理的自主经营、自筹经费的事业单位。同年8月30日，海南省人民政府办公厅批复：同意中改院从1992年9月起实行企业化管理，实行院长负责制下的干部职务聘任制和工人合同制，等等。1993年2月6日，海南省人民政府批复：同意中改院"采取社会集资、参股办法，进一步搞好研究院的建设"。1993年4月，中改院在海南省工商局登记变更为股份制非营利的法人单位，并经中央部委主管机构和海南省委同意，变更为董事局领导下的院长负责制。

（3）坚持"小机构、大网络"

一个机构的发展，仅有好的体制和员工热情是不够的，还需要有好的运行机制。将各方面资源组织起来服务改革开放事业，这是中改院的一个基本认识和率先探索。很多人说，中改院的研究运行机制十分独特：作为一个仅有几十个人、体量很小的研究机构，却有这么大的能量，产出这么多的成果；不吃"官饭"、不要"官钱"，却形成了巨大的学术和资政能量，成为在国内国际颇具影响力的社会智库。成功密码何在？我的答案是，率先建立了"小机构、大网络"的运行机制。可以说，没有"大网络"，就没有中改院，"大网络"是支持中改院发展的重要力量源泉，过去是，现在是，今后更是。

33年来，中改院始终坚持"小机构、大网络"的运作模式，发挥"大网络"的优势，凝聚广泛的智力资源，显著提升"小机构"的软实力。总的来说，中改院主要凝聚了两个层次、相对固定的"大网络"：一个是由国内几十位著名专家学者组成的学术委员会，对中改院研究课题进行指导和把关；一个是由数百人组成的网络专家队伍，参与中改院具体的研究课题。这"两支队伍"的成员大多来自研究机构、高等院校等研究改革某些领域的领军人物或具有影响的专家学者。通过这些"大网络"中的专家，中改院把改革政策研究的前瞻性、全局性、战略性、对策性、行动性等，与学术机构专家学者研究的理论性和学术性实现了很好的结合，在形成相关政策建议中发挥了重要作用。

33年来，从学术专家网络到国际合作网络，从地方网络到机构合作网络，从媒体网络到出版网络，中改院凝结了一张以改革开放为特色的"大网络"，形成了支持社会智库发展的重要力量源泉。仅有几十人的中改院以"小机构"凝聚"大网络"，以"小机构"贡献"大智慧"，以"小机构"迸发"大能量"，为不断提高改革研究质量提供了重要支撑，有力扩大了社会智库的影响力和辐射面。

2. 坚守家国情怀的价值追求
（1）开展改革开放史研究工作

为改革留史，让改革薪火相传，是中改院主动责任担当的重要工作之一。2012年以来，中改院在财力比较紧张的情况下，投入一定人力财力，抢救性、系统性收集整理改革开放史料，出版了系列改革开放史精品图书。2014年，中改院启动"口述改革历史"访谈，对改革战线的老领导、老专家，以及基层实践者进行抢救性访谈，累计访谈330多位改革开放亲历者，收集逾700多小时高清视频、逾800多万文字笔录等一手史料。2018年，中改院推出"中国改革开放数据库",收集文字量100亿;收集改革开放实物史料5万余件,并建设"伟大的复兴之路——中国改革开放史料展"。我一直认为,改革开放自信至关重要。有了改革开放自信,才会增强道路自信、制度自信;而增强改革开放自信,就要靠改革开放史教育。我相信,假以时日,中改院收集整理的改革开放历史资料必将逐步凸显出它的时代价值、历史价值和社会价值。

(2)舍小家为大家

当个人利益和集体利益发生矛盾的时候,以大局为重,以工作为重,个人利益服从全局利益、集体利益,在中改院人身上得到充分体现。建院初期,不少体制内单位的人才都是辞去了"铁饭碗"加入中改院的。33年来,曾经或者正在中改院这个平台上工作的有数百人,既培养了一批人,也集聚了一批热爱改革开放事业、具有时代责任感和一定业务能力的业务骨干。中改院人按照党和国家的要求,始终坚守改革事业,凝聚了舍小家为大家的家国情怀。

以撰写年度改革研究报告为例。为了赶在每年全国两会前出版,我们不得已要加班加点赶时间,有几件事让我记忆很深。一次是某年的大年三十,书稿还差一点没完成,我与几位同事忘了全院组织的年夜饭,几次被催,年夜饭一拖再拖,终于在完成书稿后才开始。一次是某年的大年初一,我陪从外地来看望我的姐姐一家人在兴隆休息。当天上午11点多开始,我与同事倪建伟电话校对书稿一直到下午3点多。有的人不理解:"年度改革研究报告非得赶过年这个时间吗?"一年一度的改革研究报告是中改院改革研究的重头戏。那些年,为了抢在每年全国两会召开前夕发布,发挥报告的最大价值,只能赶在每年春节前完成后交给出版社,出版社一上班就开始编校。这样,才能在全国两会前赶出来,并在两会期间产生影响。对于一个要自我发展、自己给自己创造生存空间的社会智库来说,不得不这么干。出于对改革研究的热情,我与同事们真是拼死拼活也要在规定时间内完成任务。实践证明,我们的付出是值得的。中国改革研究报告系列成果,获得了国家出版基金项目、"十三五""十四五"国家重点图书出版规划项目、主题出版重点出版物选题等，荣获全国优秀社会科学普及读物，被评为"年度全行业优秀畅销书"，被评为中央组织部全国党员教育培训获奖精品教材，入选中华学术外译项目、经典中国国际出版工程、"丝路书香工程"重点翻译资助项目等，被翻译成英文、韩文、越南文、日文等多个语种出版，并在法兰克福、伦敦、巴黎、美国、东京、突尼斯等国际书展上展示，有的被赠送给各国驻华使领馆，以更好地促进各国对中国改革开放的了解和交流。

3. 主动辞官、革自己的命

搞改革研究不容易，"刀刃向内"、自己革自己的命更不容易。1992年年初，中改院开始实行自负盈亏的企业化管理，有几位与我从海南省委机关来创办中改院的同事也要辞去公务员身份。当时有人提出疑问："迟院长未辞去公务员，恐怕中改院的企业化管理坚持不下去！"其实，早在筹备建院时，我就向海南省委主要领导提出放弃公务员的身份。省委主要领导劝我慎重考虑。为了使大家放心，1992年5月我就把自己的工资、社保关系转到中改院。从那时开始直到60多岁办理退休手续，我和大家一样按规定缴纳社保，未拿过财政一分钱工资，并一再向海南省委领导请求辞去公务员身份。此事一拖再拖，一直到2016年，海南省委才正式批准我的请求。曾有人问我："你是不是公务员？"我反问："一个长期没编制、从没拿过财政工资的人，你说是不是公务员？"我常说，搞改革研究要敢于牺牲自己，个人不作出牺牲，谁跟着你干，谁相信你呢？如果这个也想要，那个也想要，就是不想付出、不愿舍弃，是行不通的。

搞改革研究不是一件容易的事情。在我参与建院并主持全院工作的33年中，我深刻感受到中改院每走一步都是很艰难的，都必须直面风险、承受委屈，需要付出极大的努力。这方面应该说我们总体上比较顺利，但是委屈的时候也不是没有。敢于受点委屈、敢于坐冷板凳，这样才能保持一个比较纯洁的内心。

1993年，中改院举办了中国市场经济理论与现实国际研讨会。这是邓小平同志南方谈话后中国第一次研讨市场经济的重要国际学术活动。我深知这次会议的复杂背景，也深知这次会议的重要性，所以会前我就到海南省委去汇报。由于信息不对称，曾引起质疑，有关方面对我采取某种措施。直到几年后接到此事已解除的电话，我不禁掉下眼泪。有领导对我说："福林，你受委屈了。"在这样的压力下，我从来没有放弃，为了搞改革研究，个人遭受委屈和挫折，不算什么。

常有人问我："坚守改革不是一件很容易的事情，中改院为什么能做到？"我的体会是，有目标才会坚守，有激情才会坚持。

4. 在《朗读者》与董卿对话"迟改革"

2018年5月，我收到《朗读者》栏目组的电话，为庆祝改革开放40周年，栏目组希望邀请我担任嘉宾，栏目组一再联系并请省领导来动员我。我想，如能借此机会讲一讲成长于变革时代的一代人对改革开放的家国情怀和执着精神，或许符合我的意愿，也有价值。

接受栏目组邀请时，就涉及朗诵诗文选篇的问题。我提出来朗诵1988年4月许士杰书记在《光明日报》发表的《登高峰 颂椰树》散文诗。一开始，栏目组不同意，《朗读者》节目朗诵的都是名家名篇，最好不朗诵官员的诗文。大家熟知许书记是官员，但是他还是一位诗人，是中华诗词学会的副会长、中国作家学会会员，他朴实的文字反映了一代人的精神追求。更重要的是，这篇散文诗写作的背景是1988年海南建省之初，现在习近平总书记宣布分步骤、分阶段建立海南自由贸易港，30年后海南又一次迎来新的历史机遇，再合适不过了！

录制从晚上10点多开始。一开始主持人董卿就问我："您有个绰号叫'迟改革'？"我说："这个绰号不好。第一，改革不能迟，只能快！第二，我从许书记等老一代的人身上感到，我这个'迟改革'还不够格。那一代人给我们树立了一个改革的榜样，他们心里装的真的是改革的大事业。"当我讲到许士杰书记临终前还向我了解改革开放相关情况时，我不禁哽咽。我女儿在录制现场，告诉我台下很多观众听到这个故事时都不禁流泪。

节目录制的最后，我朗诵了这篇《登高峰　颂椰树》：

在遍地是英姿飒爽、高耸云霄的椰子树的海南岛，无论是长途的旅行者，登峰的爬山者，当你口渴力疲时，得到一个椰子，削去那碧绿的外衣，找到那硬壳上的芽孔，插下一根管子，吸下清澈香甜的椰子水，一股甘美的清流，滋润了干渴的心田，疲劳为之顿消，精力因之充沛。

于是，我想，椰子树可能是鼓舞二十三年红旗不倒的精神力量，也是我们学习的榜样。

椰子树，从头到脚，从生前到死后，把全身无私地奉献给人间。我望到那满山遍野，凌云挺拔的椰子树时，心情为之激荡不已，受到鼓舞，为之歌唱。于是作了一首《椰颂》，既以励己，也以励人。

玉立凌云飘秀发，临风飒爽更多姿。
甘供琼露滋宾客，愿献碧衣作幄帷。
香骨精雕倍眷恋，柔丝织梦更相思。
挺身抗暴卫村落，殷切频歌改革词。

朗读结束后，董卿跟我说："迟院长，太好了。现场听您读，我才知道您坚持选这篇散文的用意！"记得在场的青年观众给予了热烈掌声。节目播出后，栏目组反馈说这期节目收视率很高，网上反响很热烈。

三、中改院人的执着精神

一个团队要有一个好的作风。中改院建院后，我在同事们之中提倡"说干就干、干就干好、不干拉倒"。有人说："一看就是曾当过兵的人提的！"建院以来，中改院人一直强调和弘扬"三种精神"——刻苦工作的敬业精神、团结协作的集体精神、脚踏实地的务实精神，后来我们又将"锲而不舍的创新精神"增加进来。"四种精神"延续到今天，已经成为中改院全体员工精神风貌的集中体现。它不是主观想象的，而是在全院员工共同努力下形成的共同的文化和价值认同，是全院员工共同的追求和共同遵循的行为规范。

1. 中改院是一支"能打硬仗"的队伍

中国改革国际论坛是中改院的重要改革研究品牌。20多年来，中改院为了以实际行动庆祝自己的生日，将每年举办的高层次国际论坛作为自己最好的生日礼物。在中改院生日之际，为中国改革建言，更加体现了中改院人的追求，也是中改院积极发声、产生广泛影响的重要表现。至今为止，中改院组织举办了89次中国改革国际论坛。2024年11月2日—3日，中改院将举办以"构建高水平社会主义市场经济体制的中国与世界"为主题的第90次中国改革国际论坛。

33年来，中国改革国际论坛主要经历了2个阶段：第一阶段，建院初期的几年，中改院以服务参会人员为主；第二阶段，20多年来，中改院是主导的角色。建院33年来，我们实现了从服务到参与、从参与会议主题设计和日程安排到主导会议的方方面面，并且得到各个方面的充分肯定和认可。为了实现这个目标，大家有汗水、泪水，有委屈、苦恼，但是当看到每次国际论坛所产生的重要影响时，大家普遍感到一个字——"值"！

2. 从"说干就干、干就干好"到"四种精神"

（1）刻苦工作的敬业精神

中改院创业之初的艰辛程度是我们现在无法想象的，现在的中改院是在当时研究部只有两三个人、培训部只有一两个人、全院员工人数也只有二三十个人的状况下逐步发展起来的。这次抗击台风"摩羯"中，涌现出很多感人的事迹。有的同事为了抢修设备，不顾安危在狂风中匍匐前行；有的同事夜里只睡了2小时，凌晨就起来收拾；有的同事舍小家为大家，坚守职责、坚守岗位。他们怀着对中改院深深的感情，兢兢业业，多年如一日，确实不容易。中改院人就是以这种拼命工作的精神和热情服务的态度赢得了各个方面的支持。

（2）团结协作的集体精神

集体精神是中改院取得很多成绩的重要条件。建院初的一些事我至今印象深刻，比如院里开国际会议，组织宣传报道这方面的工作全交给了新世纪周刊社；国际合作部为大家办出国手续、当翻译；资料室甚至周末为了一个学员也等到很晚。中改院召开的每一次研讨会，都是大家合力的结果。部门之间、同事之间的协作对中改院的发展起到了相当重要的作用。一场国际会议，从每个会标、每份材料、每个会场、每个人的座位安排、每盆鲜花和绿植，无不需要全院职工，包括从事服务、业务、组织协调等不同岗位的同事之间的密切配合与相互补台。没有这种协作，任何一个环节的工作细节做得不到位，都会影响到会议的有序进行和中改院的集体形象。这种凝聚力是一个集体事业的基础，没有这种很强的感情维系，就很难形成集体的强大力量。

（3）脚踏实地的务实精神

务实精神要求每位员工对决定了的事情都要想尽办法干成、干好。我们的工作目标不是别人要求的，任务不是别人布置的，而是自己选择的，必须说干就干，并且干就干好。餐厅常为了参会的代表，哪怕只有一个人，也很早准备早餐；商务中心的同志基本上随叫随到，每年的春节团拜会，同事们自编自导的节目，都给专家、同事带来了许多欢声笑语。

（4）锲而不舍的创新精神

一个改革研究机构，创新精神是根本的保证。搞改革研究要求大家不断地琢磨问题，不断地推陈出新，才能使各项事业、业务长期可持续向前发展。一个人想要有所创新，需要一种刻苦的精神，要不断地思考问题。当然创新是一个艰苦的过程，也是一个长期积累的过程，更是刻苦工作的结晶。

3. 中改院人的改革痴心

文化是凝聚力的基础。文化素质、文化氛围和文化价值对一个集体、一个机构极为重要。再好的条件、再好的制度，没有文化认同，没有共同价值追求，一切都等于零。

家国情怀　执着精神

2021年仲秋，中国书法家协会原副主席邵秉仁为中改院30周年赋诗相赠："由来危难出贤臣，扶轮献策改革人。亦忠亦智为家国，砥柱擎天民族魂。"回顾过去，中改院33年的历史是一笔珍贵的精神财富和无形资产。从某种意义上讲，中改院的精神财富，以及由此形成的良好精神状态与奋发向上的院风，对中改院的发展更具长远意义。33年来，中改院服务于改革政策决策形成了很多研究成果，也逐步形成了很多宝贵的无形资产。这些无形资产将推动中改院持续发展，并取得新的突破。

2018年，我参加庆祝海南建省办经济特区30周年大会，会上习近平总书记宣布党中央决定"支持海南逐步探索、稳步推进中国特色自由贸易港建设"。听到这个重大信息，我十分激动。会后中央台《新闻联播》记者采访时，我禁不住哽咽。习近平总书记的一句话，我至今牢记在心："功成不必在我、功成必定有我。"不久后，中改院组成了由我牵头的"海南自由贸易港总体方案研究"课题组，对海南自由贸易港的战略目标与定位、政策与制度体系、从自由贸易试验区到自由贸易港的行动方案等进行专题研究。当时，我组织研究人员搜集、整理并消化大量关于自由贸易港的资料。差不多有2个月的时间，不分昼夜，集中做这一件事，这耗费了我很大的精力。

其实，在做这一课题前，我在一次身体检查中查出了肺部有肿瘤，医生让我马上动手术，但是我没答应。与医院商量后，将手术推迟。我心想，一定要在年底前完成海南自贸港初步设想的研究，这件事做完了，我才能安心上手术台。这件事，院里的同事并不知道。经过数次讨论，2018年12月上旬我们初步确定了报告写作框架。之后，我与研究团队加班加点，于12月28日一早形成了《海南自由贸易港初步设想（研究建议60条）》。当天下午3点，我们组织召开了"海南自由贸易港初步设想"专家座谈会，就建议报告征求有关专家和相关部门意见。与会专家对这份报告给予高度认可。根据专家座谈会的意见，课题组迅速对报告进行了修改，最终于12月30日晚上，正式形成了《海南自由贸易港初步设想（研究建议60条）》。12月31日，我们将报告提交给海南省委、省政府，并同时报给了中央相关部委。这是我

30年长期思考和积累的成果，也凝聚了我和中改院同事的心血。报告提交后的第二天，2019年1月2日我住进了三亚301医院，4日上了手术台。

四、默默付出的一群人

这些年来，我在和同事谈话谈心中一直强调，要把知识分子的时代责任和改革研究实践融合在一起。我深知，只有真正体会到责任，面对困难时才能坚韧不拔，遇到委屈时才能不动摇。33年来，中改院凝聚了一群默默无闻、长年坚守岗位的员工队伍。这里，我仅以几位同事为例。

1. 老组织人事处处长莫国民

莫国民同志20世纪50年代就是《南方日报》海南记者站站长，建省前就是副处级干部，后来调入省体改办担任处长，1991年跟着我筹办中改院。莫国民同志为人特别好，从处理省委机关到省内各种关系，再到处理和干部、同事的关系等，方方面面都做得相当好，是十分得力的管理助手。2013年，已经退休的莫国民同志病重，我与几位同事去医院看他。医生说大出血，我马上找301医院的知名专家。专家说："赶快叫他进手术室做胃镜检查，若胃没问题，百分之百是肠子出了问题，立即做肠手术！"他当时还很清醒，对我说："迟院长，明天就要开国际会议了，我没问题，你赶快走吧！"我回到家刚吃完晚饭就接到来电，说莫国民同志走了。听后，我眼泪不禁流了下来。老莫的离去让我特别痛心。

2. 执行院长殷仲义

殷仲义同志1993年10月在英国诺丁汉大学完成学业后直奔中改院，1994年2月办理调入，历任培训部副部长、培训部部长、副院长、执行院长，长期主持国际合作和国际培训项目工作，并且一干就是30余年。有人和我说："他是一位最得力的执行院长。"也有人问他："迟院长性子急、脾气暴、说话直、要求高，为什么拼死拼活跟着迟院长？"殷仲义回答说："迟院长对你们严厉、要求高，难道他对自己的要求不是更严厉、更苛刻吗？"殷仲义对工作十分认真负责，多年来勤勤恳恳、兢兢业业。1997年，殷仲义同志的父亲在陕西老家去世，他在父亲去世的第二天含着泪按原计划带着几十位学员赶去荷兰答辩。这样的事情听起来令人钦佩，有多少人真正能做到呢？更何况，他30多年一直这样坚持下来。

2005年7月，我和殷仲义赴意大利威尼斯出席全球化、经济发展与社会公平国际研讨会，这次会议有45个国家的100多人参会。第一天宴会要晚上10点才开始。我与殷仲义商量，为了准备第二天的发言，把从国内带来的几包方便面当晚餐，一直干到凌晨2点，演讲稿几乎是重新写的。第二天上午10点会议开始，我以"政府转型与建设和谐社会"为主题作演讲。没想到的是，发言后与会代表给我热烈鼓掌。接着，主持人特别提议："做到如此高质量的翻译很难，请大家为这么优秀的翻译给予掌声。"大家给殷仲义的掌声比给我的还热烈。

这次会议成为中改院与德国国际合作机构[①]长期合作的重要因素。两天的会议一结束，时任德国国际合作机构总裁艾森布莱特请我和殷仲义与他一起乘游艇到机场，下飞机与他一起坐高级轿车到了法兰克福，并安排我们住进了法兰克福一个古老的酒店。自此，开启了我与艾森布莱特、中改院和德国国际合作机构的长期合作和特殊友谊。直到今天，殷仲义作为院长顾问，仍然担负着博士生论文指导等大量工作，很多博士生论文还要靠他一字一句修改，一些重要事情我都找他商量着办，某些国际合作业务仍然需要征求他的意见。30余年，他在中改院工作岗位上实在太苦了。记得有一次，他和一个同事喝醉了，在老院4号楼草坪上抱头大哭，宣泄情绪。撰写联合国开发计划署委托的《中国人类发展报告2007/08》的一段时间里，他经常每天晚上就躺在办公室沙发上睡几个小时。直到今天，我仍为有这样的搭档与知己感到骄傲。

3. 甘于奉献的陈所华

1993年9月，陈所华同志从海南大学美术专业本科毕业来中改院工作，到目前已超过30年了。一开始，他在《新世纪周刊》担任美术编辑、院团

---

① 原称德国技术合作公司，后更名为德国国际合作机构。

支部书记，后来担任中改院信息出版中心副主任、主任、编审，长期负责中改院的宣传、出版工作。在陈所华同志的认真负责下，中改院33年来编印刊发了1700多期简报，出版了390余部中外文图书，每年推出的媒体宣传报道不计其数，为扩大媒体影响力、学术影响力发挥了重要的作用。众多专家和院里的同事出版专著、发表文章，有的青年逐步成长为骨干，他在幕后的默默付出不可或缺。可是，陈所华同志自己却十分淡泊名利。过年过节，他自掏腰包给成为多年好朋友的出版人、媒体人寄小礼物，可是自己从来不说。他曾经在全院大会上说："每当看到院里出版的书，看到报纸上发表了院里的文章，心里特别高兴。"记得他在新世纪周刊社的时候，1996年第二期发稿出版期间，他的妻子在医院分娩，这时他本应赶回家去照顾妻子，但是他坚持完成手头的编排任务后才赶回家。前不久，他因病手术，休息后直到今天仍在工作。为编写这本书，他天天加班加点，直到被我"骂"着才回家休息两天。

4. 30多年如一日的大厨庞亚保

庞亚保同志自筹备建院就来到中改院工作，33年始终如一，做职工餐的那几年，他几乎每天早晨4点钟左右就骑着摩托车到院里给大家做早餐，到今天，他还一直坚守岗位。这些年，我在中改院有一个传统——每年春节前后请厨师们吃饭，并且拿最好的酒给他们喝。因为他们实在太不容易了，每次开国际会议，要同时准备几百人的餐点，还要确保安全卫生又要让人吃得满意，这对厨师们是一场考验。所以，每次我请大厨们吃饭时都把庞亚保同志请到身边。尊重他们就是尊重历史，尊重他们就是不忘过去，尊重他们就是继承中改院的传统。

五、改革是一场接力跑

一个人三五年坚持做一件事很容易，几十年坚持做一件事并不容易；一个机构三五年坚守一件事也容易，几十年坚守一件事却不容易，这就是对一个人和一个机构的考验。曾有一次，院里有一位青年同志讲中改院这些年来"了不起",有一位同志讲"不容易"。33年来,中改院的确"不容易",有了"不容易"才会有"了不起"。我们今天还没有到"了不起"的程度,还需要做一些更"不容易"的事情。

2024年是我投身改革研究40年整。这几年,我将改革研究精力越来越多地放在向青年讲改革开放历史上,中改院的改革研究也更多地融汇在改革开放历史中。我不止一次被中学生、大学生提问:"迟院长,我们生下来就很好,为什么还要改革呢?"我深深感到,让青年学习了解改革开放历史,将推进改革开放内化为自觉责任,是进一步全面深化改革、推进中国式现代化的时代之问。我说自己现在有3个心愿,也代表了自己的家国情怀。第一,写一部改革开放史简明教材,让中学文化程度以上的读者都可以看懂。第二,办一个大家都爱看的中国改革信息库。第三,建一个"活起来"的中国改革开放博物馆,能采用现代技术和历史人物对话,让大家亲身参与和体验。这是我的心愿。

过去40多年的实践证明,改革开放是中国经济社会持续发展之源,是中国式现代化建设的动力之源。2023年,我撰写出版《亲历改革——与青年谈改革开放》,书的结尾有这样一段话:"今天,改革开放的事业已经进行了将近半个世纪。未来,扛起改革开放的事业责任,将改革进行到底,关键在于青年人。"为此,近两年我到北京大学、清华大学、浙江大学等10余所高校为青年学生讲授中国改革开放史课程。2023年6月,我在北京大学光华管理学院讲了两整天,一站就是十四五个小时。我深感到,青年人如果不了解改革开放史,容易把现实中的某些问题与改革开放画等号,由此导致对改革开放的某些质疑。如何让他们了解改革开放的历史,如何使得未来的改革符合他们的期望值和坐标系,是今天进一步全面深化改革的时代之问。

我相信,按照党的二十届三中全会精神,坚定不移进一步全面深化改革,就会形成我国经济社会发展和中国式现代化的不竭动力,顺利实现第二个百年奋斗目标。在新的历史起点上把改革开放的大旗一扛到底,新一代青年人一定能担当起这一重要的历史责任。

第一章
坚持以人为本的改革观

> 坚持以人民为中心，尊重人民主体地位和首创精神，人民有所呼、改革有所应，做到改革为了人民、改革依靠人民、改革成果由人民共享。
>
> ——党的二十届三中全会《中共中央关于进一步全面深化改革　推进中国式现代化的决定》

改革开放的根本目标是让老百姓过上好日子。当然，如何做到这一点，需要寻求符合国情的发展之路。我与中改院的同事从事改革研究33年来，以让老百姓过上好日子为基本出发点，客观建言、敢于直言。这里讲一个故事。

2004年国庆假期，我将自己2003年5月至2004年9月撰写的部分文稿以《改革与多数人利益》为书名结集出版。新书出版后，我拿着书去拜访一位专家型领导。他看了书名，问了我一句："改革能有多数人利益吗？"我听后很吃惊，反问他："如果改革不为多数人谋利益，我们还搞改革做什么？"他没有接话。

20年来，这次对话一直在我脑海中萦绕，引发了我的深思。改革为了谁，改革如何不断地使大多数人获益？这本应该是十分明了的问题。我也多次用这个例子教育今天有志于从事改革研究的青年人。如果利益关系失衡，形成改革共识是很不容易的。当然，这也更坚定了我搞改革研究是为多数人谋福祉的信心。基于这一考虑，中改院提出"以人为本的改革观""确立民富优先的改革发展导向""全面落实农民土地财产权""让农民工成为历史""建设公共服务型政府""惠及13亿人的基本公共服务"等重要建议，并产生较大的社会影响。

党的二十届三中全会《决定》十分明确地提出坚持以人民为中心的改革方向，正是呼应了广大老百姓最根本的期盼。40多年的改革研究使我深刻感受到，真正做到"改革为了人民、改革依靠人民、改革成果由人民共享"，需要进一步全面深化改革，需要直面广大人民的需求，需要用改革给人民带来实实在在的好处。

一、建言以人为本的改革观

2003年，党中央提出"坚持以人为本，树立全面、协调、可持续的发展观，促进经济社会和人的全面发展"①。我反复思考，实行社会主义市场经济的目的是什么？它的本质何在？改革的主体是老百姓，分享改革成果的主体也是老百姓。哪项改革措施把老百姓的利益放在第一，哪项改革就有强大的推动力，改革才能成功。基于这个认识，33年来我与同事们自觉地把以人为本作为改革研究的出发点和落脚点。

1. 提出"以人为本完善社会主义市场经济体制"

2003年8月10日，北京大学国际关系学院院友会第一届理事会第四次全体会议在中改院召开。我作为北京大学海南校友会会长和东道主，在开会的当天作了一次演讲。在演讲中，我明确提出要"以人为本进一步完善社会主义市场经济体制"，并就改革如何以人为本谈了自己的理解。

我提出，发展依靠改革，以人为本的发展依靠以人为本的改革。2003年后，人们对改革问题的思考更为现实，更为深刻。与此同时，改革环境的复杂性比10年前大大增强。在这个大背景下，进一步完善社会主义市场经济体制，要把握以人为本、经济社会协调发展的基本思路，深入研究改革面临的重大问题。经济发展的目的，归根结底是为了人的发展。

客观地讲，多年来我们虽然提出了经济与社会协调发展，并把它作为重要方针，但在具体的实践中，常常把社会事业发展摆到一个"配角"和"服务"的地位。非典型性肺炎（SARS）危机给我们一个警示，就是改革要更多地关注民生问题，要把实现全体社会成员的公共利益、保证人们的健康和安全作为政府的主要职责。我还讲道，改革开放20多年来，社会体制改革和社会文明建设与经济增长和老百姓需求有严重差距。例如，全社会公共卫生建设同建设现代文明社会有很大差距；城乡二元断裂，相当数量的流动人口处在社会的"悬空"状态。随着改革的不断推

---

① 《中共中央关于完善社会主义市场经济体制若干问题的决定》，载中共中央文献研究室编《十六大以来重要文献选编》（上），中央文献出版社2005年版，第465页。

进，政府和社会、企业和政府、农民和城市居民、富人和穷人等各种重大利益关系的调整成为改革的最根本、最具实质意义的内容。

2. 提出树立以人为本的改革观的若干建议

记得2000年前后，我去成都调研，一位基层工会的负责人听说我是研究改革的，他对我讲："你千万别讲改革，讲改革工人都不愿听。"我很吃惊，问："工人为什么反感改革？"他说："改革就是让我们下岗。"并且一再强调："我不听你的那套理论，现实就是如此！"这让我十分有感触，也十分受刺激。改革如何取信于民，如何赢得民心，靠的是让老百姓获益。

正是在这个"刺激"下，我与同事们思考研究基层工人为什么会有这种看法。2004年5月，中改院课题组形成了《树立以人为本的改革观若干建议（14条）》。什么叫以人为本的改革观？我们的概括是，以人为本的改革观就是改革要体现对人的关怀，满足人的基本权利和需求，使多数人能够不断分享到改革成果，以实现经济社会和人的全面发展为基本目标。改革和发展的目的都是为了人，为了实现人的自由和全面发展。在经济社会转型时期，要实现发展的目标，关键在于建立一套有利于广大人民发挥积极性、创造性的新体制。在改革的新阶段，只提"解放和发展生产力"是不够的，只重视经济增长而忽略社会发展也是片面的。改革要推动经济社会的协调发展，要把实现人的全面发展作为改革的出发点和归宿。检验改革是否有成效，经济发展只是一个方面，最终的标准是人的生存和发展状况是否有根本性的改善。这份建议提出了以下几个主要观点。

（1）适应经济社会全面转型新阶段的客观要求，实现改革观的转变

一是从重经济发展、轻社会发展向以人为本、经济社会协调发展的转变；二是从一部分人、一部分地区先富起来向公平、公正和共同富裕的转变；三是从效率优先、兼顾公平向效率与公平并重的转变；四是从城乡二元制度结构向城乡一元制度结构的转变；五是从经济体制改革向包括社会体制改革、政治体制改革在内的结构性改革的转变。

（2）使多数人不断地分享到改革的成果，逐步满足多数人的基本需求

改革要规避风险，就必须按照以人为本的要求，使改革措施的制定和选择立足于关怀人，让多数人在不断分享到改革成果的同时，参与改革、支持改革。为此，要实现就业体制创新，积极扩大就业；建立和完善社会保障体制；明晰和保护产权，建立现代产权制度；保障公民的知情权；建立社会群体的利益表达机制；尊重和保障公民的人权。

（3）按照以人为本的要求，建设公共服务型政府

建设公共服务型政府，就要真正为社会和企业办实事，政府是老百姓的政府，要了解百姓疾苦，反映和代表百姓的利益。再者，政府要有一个好的文化和理念，自觉地说真话、办实事。政府管理的本质就是为社会提供公共服务，要把决策贯穿于执行当中，形成一个好的执行理念和执行文化。政府占有一定的公共资源，唯一目的就是要为社会提供公共产品和公共服务，如果政府过多地拥有公共资源，过多地投资于竞争性领域与民争利，而在公共产品和公共服务的供给上长期达不到社会的期盼，必然会造成政府效率低下和腐败行为。

2004年1月5日，在全国政策咨询工作会议上，我在发言中提出政府要以人为本，为社会提供最基本的公共产品和公共服务，并提出了5点建议：一是从关注弱势群体的角度出发，集中解决严重的经济失衡、社会失衡、城乡失衡、区域失衡的问题；二是以人为本，千万不要忽视农民；三是注重并建立不同利益主体的利益表达机制；四是建立以公共服务为取向的政府业绩评价体系和科学的行政问责机制；五是在现代社会，公民的知情权比什么都重要，要建立完善的信息公开制度。

3.北欧考察的思考

提出以人为本建立和完善社会主义市场经济体制，与20世纪初我率中改院北欧考察代表团前往芬兰、瑞典和挪威三国考察的经历有关。当时，考察团就北欧经济社会政策模式的新变化，以及全球化条件下北欧福利国家政策所面临的挑战与对策等问题，与芬兰银行转轨经济研究所、斯德哥尔摩转轨经济研究所、瑞典商业与政策研究中心、挪威研究委员会、挪威社会事务部及劳工与社会研究院等20多个政府和政策研究机构进行交流。

当年有人主张，"中国决不能实行北欧的高福利制度"，认为"北欧就是高福利社会"。这次北欧考察调研给我很大的启示。社会福利制度是北欧国家的基本制度，客观来看，北欧模式赢得了广大民众的广泛认可和支持。"民安则富"在促进经济发展和追求经济效率目标的同时，不能忽视社会政策的配套，这是保持社会稳定和保证经济增长效果的重要条件。为此，2004年我在总理座谈会上建议，北欧不仅是高福利的模式，也是实现社会公平与经济增长结合的一种模式，值得我们研究借鉴。这几个国家实现了经济效率与社会公平的结合，不能简单地把它归纳为"养懒汉"的高福利模式。不知道是谁透露了我在座谈会上的发言，没过几天，瑞典驻华大使雍博瑞请我和殷仲义到大使馆做客，并感谢我对北欧发展模式的客观评价。

这次考察让我印象深刻的还有一件事。当时接待我们的芬兰中央银行行长因公事请客，连菜单都要公布。据介绍，就在我们访问前不久，就有媒体认为央行行长的某次宴请花费过高，在报纸上公开质疑。他在陪我们吃饭时讲道，他们接待有十分具体的标准，并且这一标准是向全社会公开的，要接受社会成员的监督。我想，这个案例对反腐败是有借鉴意义的。

二、民富优先的改革发展导向

2009年，中改院受国家发展改革委发展规划司委托，形成以"以实现发展方式转型为主线"为主题的《"十二五"改革规划研究》报告。这份报告成为国家"十二五"规划起草组的重要基础性参考材料，其中"以加快转变经济发展方式为主线"写入了党的十七届五中全会《公报》。时任海南省发展改革委的主要负责人给我打电话，在云南召开的一次全国发改系统会议上，国家发展改革委领导表扬了中改院的这份建议报告。2010年10月30日—31日，中改院还与国家发展改革委体改司、中国经济体制改革研究会等联合举办了主题为"发展方式转变与改革选择的中国'十二五'改革"国际论坛。

加快发展方式转变，实现公平与可持续的科学发展，在很大程度上取决于如何把握二次转型与改革的走向。基于这个思路，我们提出把"民富优先"作为二次转型与改革的重要特点和基本走向。2011年，中改院撰写出版的中国改革研究报告《民富优先——二次转型与改革走向》（简称《民富优先》），提出"从国富优先走向民富优先""民富优先的二次转型与改革"等观点，受到广泛关注。随后，又相继提出《建议把民富优先作为国家"十二五"规划的政策目标》《以民富优先为导向的发展转型（10条建议）》等。

1. 首提民富优先的改革发展导向

2010年1月，我在中国经济出版社出版了《第二次改革——中国未来30年的强国之路》（简称《第二次改革》）。2个月后，中改院2010年度改革研究报告《第二次转型——处在十字路口的发展方式转变》（简称《第二次转型》）出版。《第二次转型》和《第二次改革》是我与中改院2007年以来思考研究改革问题的重要成果。书中，我将研究重点主要放在发展阶段变化、政府转型、公共服务体制和行政管理体制改革等方面。《第二次改革》一书出版后，一年6次加印。一些省市地方政府把它作为领导干部学习参考读物，有的省市发改系统、政府研究机构把它作为制定"十二五"规划的参考书。记得有一次在国家行政学院开会，与会的几位部长级领导会前在接待室议论了这本书，并把我喊过去，魏礼群院长对我讲："大家对你这本书评价很高！"

在研究第二次改革、第二次转型的同时，中改院提出"民富优先"

这一理念。2011年1月8日,中改院又形成《确立民富优先的改革导向》的研究报告。报告提出,我国经济发展方式转变的实质,是实现发展导向由经济总量向国民收入的历史性转变,走一条公平与可持续的科学发展之路,实现这一目标的关键在于确立并实施民富优先的改革导向。

2011年1月20日,《中国日报》英文版和中文网站刊登了我的文章《确立民富优先的改革导向》。文中提出:"民富优先的改革是释放社会总需求的重大选择。国富、民富都十分重要。问题在于长期实行国富优先的增长会使国家生产力优先并快于民众消费能力增长,中低收入群体消费能力的提高缓慢,消费倾向偏低,导致社会总需求不足。在这种情况下,经济发展缺乏内生动力,收入差距不断扩大。民富优先,意味着促进居民收入水平的提高将成为一个重要的政策目标;意味着更多的社会产品应当分配给居民;意味着政府更多的财政支出用于社会福利建设。"

2010年年底,我提出将"民富优先"确定为2011年中国改革研究报告的主题。经过几个月的努力,这份研究报告在2011年3月正式出版。中国社会科学院学部委员张卓元教授还撰写了一篇关于《民富优先》的书评,在《经济参考报》发表。他在书评中写道:"在我看来,这是一本很有价值的著作,不仅提出了未来5~10年改革的基本思路,也提出了许多有较强操作性的改革建议。"[1]

《民富优先》鲜明地把国富优先与民富优先作为划分一次转型与二次转型的重要标志。书中指出,在某种意义上,过去30年一次转型走的是国富优先的道路,各种体制机制设计与安排实际上在很大程度上都是国富优先,围绕做大经济总量着力推进经济体制改革;二次转型与改革的走向,就是要"从国富优先走向民富优先",以此为导向改革和调整相关体制机制。

---

[1] 张卓元:《民富优先 藏富于民——评〈民富优先:二次转型与改革走向〉》,《经济参考报》2011年4月8日。

出乎意料的是，后来几家出版社主动联系中改院，希望把这本书翻译成英文、日文等多个语种出版并向全球发行。我十分高兴，这不仅是我们研究的主张，更可以反映中国学者对于中国未来发展的思考，也有助于在国际上讲好中国改革故事。过了半年，《民富优先》英文版出版，后来其他3种语言的《民富优先》陆续出版，并摆在我的案头，这让我感到满满的收获。《民富优先》入选2012年"经典中国国际出版工程"，还分别出版了英、日、越文版，以及繁体字版。《民富优先》还被选入新德里书展、巴黎书展、突尼斯书展等国际图书博览会；2013年博鳌亚洲论坛年会期间，国务院新闻办将中改院《民富优先》等书籍英文版在博鳌亚洲论坛作为重点图书展出，向世界介绍中国经济改革发展情况，吸引不少国内外嘉宾驻足取阅。

《民富优先》出版后，还有另外一件事让我至今记忆深刻。2011年6月，我在出席第八届中越经济改革比较论坛时，以"中国'十二五'：以民富优先为导向的发展转型"为题作了发言。曾担任越南某省委书记的越方嘉宾公开评论说，迟福林教授提出的"民富优先"改革发展导向值得越南深入研究。他认为，目前越南的区域经济发展存在四种情况：一是省富民穷；二是民富省穷；三是省穷民也穷；四是民富省也富。第四种情况是少见的特例。根据他担任省委书记时的感受，民富省穷比省富民穷更有活力，人民群众满意度更高，经济社会发展动力更大，社会更稳定。一位曾任越南某省委书记的政府官员对"民富优先"发展导向表达了极大的兴趣，希望我赠送一本书给他。

2. 为什么主张民富优先

如何理解民富优先？有的学者提出，把国富与民富并列且对立起来的提法并不确切。其理由有二：一方面，就国富来说，经过改革开放，我国的经济实力也就是国富确实明显增强了，但人均GDP不到日本的1/10，仍位列世界第100名之后，所以不能说国家已经很富；另一方面，就民富来说，也不能简单地讲现在是民不富或民穷。我国人民生活水平总体上比过去有很大的提高，部分人群已经很富，个别人甚至"富得冒油"。对此，我的基本观点如下。

（1）以国富优先为基本特征的发展模式在生存型阶段的特定背景下取得了举世瞩目的成就

改革开放以来，国家与百姓都富裕起来了，这是相对于改革开放之前的；即便是在世界排名上，我国人均GDP排名也在持续提升。为了迅速做大经济总量、尽快解决普遍贫穷的问题，我国采取了国富优先导向的发展方式。这是在短缺经济背景下的历史选择，但是国富优先增长模式开始面临突出的矛盾。当时，我国的经济发展方式已经具有国富优先的明显特征。例如，GDP增长明显快于居民收入增长、国家财政收入增长快于GDP增长等。"十一五"时期，城乡居民收入增速是历史上最高的5年，但和GDP的增速相比还有很大差距。

（2）我国开始进入"分不好蛋糕就做不大蛋糕"的关键阶段

转变发展方式关键在于解决好经济增长与经济发展的关系，在于果断地放弃唯GDP的增长主义。在私人产品严重短缺、多数社会成员处于贫困的阶段，实行国富优先发展十分必要，因为它可以使国家有能力解决社会的贫困状态。但在总体上解决了温饱问题、公共产品短缺成为突出矛盾的发展型新阶段，要从国富发展优先转向民富发展优先，确立民富优先的改革发展导向，这是解决内生增长动力与社会公平的重要途径。由此，才能实现民富国强的目标。我们当时提出的一组数据显示，由于偏好于做大经济总量，带来经济社会发展失衡、投资消费结构失衡、产业结构失衡、国民收入分配格局的失衡。很多人没有享受到经济增长带来的好处。也就是说，在发展中，民富程度滞后于国富程度，带来了发展不均衡的挑战。

（3）以民富优先实现真正的国富

一方面，民富带来居民消费能力的提升，扩大了社会总需求，由此促进经济可持续增长。另一方面，民富在有利于解决公平发展的同时，创造了发展的动力和活力。从国富优先走向民富优先是发展方式转变的战略选择，是发展导向变化的基本趋势。从追求GDP总量的发展导向转变为国民收入的发展导向，其实质是国富优先转向民富优先，其根本在于由对物质的追求转向对人的自身发展的追求。

（4）国富优先与民富优先需要的制度安排有联系又有所不同

要加快构建"藏富于民"的体制。例如，合理控制各级政府财政收入的增长速度，调整财政支出结构；构建社会成员共享国民财富的机制，使国家财富真正惠及全体公民；保护居民财产，建设财产性收入的体制性基础，尤其是让农民能够明显地分享土地流转的增值收益；创造有利于社会成员创业、就业的体制机制。

记得2021年9月29日下午，中改院与中国社会科学出版社在京举办"建言改革——中改院30年的追求与奉献"新书发布会，发布了中改院30年改革研究成果《改革开放建言录》、《海南自由贸易港建言录》及《迟福林改革研究文选》。张卓元教授在新书发布会上作了一番很有情感的发言，他还说："很欣赏多年前迟福林提出的'民富优先'的观点，这个问题现在还没有解决好。"2020年我国人均GDP是7万元，可我们的人均可支配收入才3.2万元，占人均GDP的比重连50%都不到，再加上贫富差距比较大，民富问题远未解决。现在中国是世界第二大经济体，经济总量占全世界GDP的17%左右，但是到目前为止，我国居民中每个月收入1000元以下或者2000元以下的还有好几亿人。张卓元教授认为，"民富优先"到现在还很有现实意义。

3. 以民富优先防止"发展中的痛苦"

2010年11月23日—29日，我率中改院考察团赴墨西哥进行了为期7天的考察，先后与墨西哥经济研究和教育中心、墨西哥农村发展基金会、墨西哥农业（畜牧业、农村发展、渔业及食品）部、墨西哥社会发展部小区域发展司、墨西哥众议院等相关机构的官员和研究人员进行了座谈。

这次考察让我深有感触：2010年墨西哥人均GDP接近1万美元，开始进入高收入国家行列，但墨西哥的经济增长并未使多数人受益，贫困人口约占一半，陷入"发展中的痛苦"之中。与我们接触的墨西哥人，无论是出租车司机，还是大学教师，他们的普遍反映是，墨西哥经济增长并未使多数人受益，广大社会成员并未享受到高收入国家应有的生活质量和社会福利，尤其是相当一部分农民长期陷入"发展中的痛苦"之中。

（1）农业之痛

20世纪80年代墨西哥是一个农业净出口国，农产品进口不超过5%，食品供应相对稳定。加入北美自贸区后，墨西哥农业由净出口国变成了净进口国，大部分农产品价格无法与美国竞争，产量大幅下降，农业整体优势丧失。例如，美国玉米价格为180美元/吨，墨西哥是200美元/吨。墨西哥原来是玉米生产大国，现在要从美国进口玉米以满足国内市场需求。

（2）城市化之痛

自20世纪四五十年代以来，墨西哥城市化水平经历了一个快速提升的过程。墨西哥农业部长介绍，20世纪40年代后，墨西哥城市化进程呈现加快趋势，1970年为58.7%，1980年达到66.3%，已接近于当时欧洲城市化率，40年间提升了31.2个百分点，2008年进一步提高到77.2%，但墨西哥的快速城市化存在严重的问题。

考察中令我们感触深刻的一件事是，一天清晨6点左右，我们在车上看到一对父子正在十字路口表演杂技以获取来往司机给的小费。司机对我们说，这就是墨西哥大量底层人群生活的写照。过度城市化导致的城市贫困，以及相伴而生的贫民窟是墨西哥发展过程中长期偏重效率而忽视公平的具体表现，并成为制约墨西哥经济社会可持续发展的痼疾。据统计，墨西哥居住在城市贫民窟中的人口达到1470万人，约占城市总人口的20%。考察团考察了绵延数十公里的贫民窟，那里居住着400万贫困人口。应当说，快速增长是好事，但把握不好，也有可能出现"成长陷阱",即经济的快速增长不仅没有带来多数人福祉的增加,反而造成和积累大量的社会矛盾。

考察回国后,这个墨西哥"发展中的痛苦"故事,我在全国多个场合讲,在接受新华社等媒体的采访时也讲。

4. "民富优先"的全国政协提案

2010—2012年,正值我国"十二五"规划纲要起草的重要时期。这期间,我多次参加了中央领导主持召开的座谈会,并就"十二五"确立民富优先的改革发展导向提出了自己的建议。

2011年,我向全国政协提交了《关于"十二五"规划的5点建议》的提案,并建议国家"十二五"规划要明确提出民富优先的发展方针。提案的主要观点是,"十二五"加快转变经济发展方式,实质是实现发展导向由经济总量向国民收入的历史性转变,走公平与可持续的科学发展之路。"十二五"实现这一政策目标的关键在于确立民富优先的改革发展导向。我在提案中提出如下建议。

(1)国家"十二五"规划明确提出民富优先的发展方针

实践说明,长期实行国富优先的经济增长,使国家生产力优先并快于社会消费能力的增长,使城乡差距、贫富差距不断拉大,社会矛盾、社会风险有加大的趋势。"十二五"确立民富优先的发展方针,将为经济发展创造良好社会预期:它是释放社会总需求、培育经济内生增长动力的重大选择;它是缓解并缩小收入分配差距的重大选择;它是让全体社会成员共享发展成果、实现公平发展的重大选择。

(2)国家"十二五"规划明确民富优先发展的重大任务

一是收入分配体制改革需要取得重大突破。按照民富优先的发展方针,"十二五"收入分配制度改革方案要有相关的约束性指标。建议把"两个同步"具体化,确保城乡居民收入的实际增长不低于8%、劳动者报酬年均增长不低于10%作为约束性指标;设置有效地缓解和缩小收入分配差距的约束性指标。二是加快推进农民工市民化。农民工已成为城乡差距、贫富差距的焦点所在。立足现实条件，并着眼于经济社会发展全局，"十二五"应当把"有条件的农民工市民化"作为经济社会发展的约束性指标。三是"十二五"要加快推进财税体制改革。实施民富优先的发展战略，需要使财税体制在收入分配调节中扮演重要角色。

基于以上分析，我提出的建议是，"十二五"前两年，应尽力启动新一轮以民富优先为目标的财税体制改革。要按照基本公共服务均等化的要求调整中央地方财税关系，实现各级政府事权与财力的基本平衡。

（3）将政府转型作为"十二五"民富优先发展的关键和重点

在社会主义市场经济体制初步建立的前提下，政府要实现由经济建设主体向经济性公共服务主体的转变；面对公共产品短缺的突出矛盾，政府要作为社会性公共服务的主体，为城乡居民收入普遍较快增长提供重要保障；在经济转轨、社会转型的特定背景下，要加大改革力度，使政府成为制度性公共服务的主体。"十二五"实行民富优先的发展，需要确立以公共服务为中心的政府理念。

三、建议制定中等收入群体倍增国家规划

2000—2016年，中改院陆续提出《培育和扩大中等收入群体是改革下一步的目标之一》《适应我国公共需求变化，加强政府社会再分配职能（20条建议）》《尽快制定并实施国民收入倍增计划（12条建议）》《按照发展方式转变的要求推进收入分配制度改革（16条建议）》《努力形成6亿中等收入群体（13条建议）》《尽快制定中等收入群体倍增国家规划》《扩大中等收入群体，跨越中等收入陷阱（8条建议）》等建议，出版《破题收入分配改革》、《中国收入分配制度改革与职工持股》、《政府转型与社会再分配》、《中国收入分配改革路线图》、《未来10年的中国——中国如何跨越中等收入陷阱》（简称《未来10年的中国》）等多部图书，并且依托全国政协平台不懈建言。这些研究成果在凝聚共识、服务决策中发挥了重要作用。

1. 建言收入分配体制改革

2010年、2012年，我曾两次向全国政协提交提案，建议加快推进我国收入分配体制改革，尽快出台收入分配改革总体方案。

2010年3月，我向全国政协提交了题为《加快推进我国收入分配体制改革的建议》的提案，这份提案的第一条就是"实施国民收入倍增计划"。建议使城乡人均收入在"十二五"翻一番，年均增长不低于15%；居民收入在国民收入中的占比从约60%提高到70%左右；劳动报酬占GDP比重从2007年的39.7%提高到50%左右；城乡收入差距从2008年的3.31∶1控制到3∶1以内；中等收入群体占比达到30%左右。我在提案中建议尽快出台操作性强的国民收入倍增计划，并把国民收入倍增计划纳入"十二五"规划，形成对政府的约束性指标。同时，要以民富为目标调整国有资源配置：一是调整国有资源布局；二是推进国有资源的税费改革；三是对垄断行业实行收租与分红制度。提案中提出，实现民富优先，创造条件让更多群众拥有财产性收入。为此，我在提案中建议：一是推进农村集体土地流转制度改革，使农民真正享受到土地资产增值的红利；二是规范和完善资本市场，保障投资者权益；三是推行职工持股计划，使职工真正享受到企业增值红利。

回过头来看，这些建议虽然有些"理想化"的特点，但它对于以人为本的改革导向，对经济发展方式转型与政府转型有一定参考作用。

2012年，从当时国民收入的现状出发，我在全国政协会提出《尽快出台收入分配改革总体方案》的提案，提出以下建议。

（1）把本届政府任期内出台收入分配改革方案作为重要约束

改革实践证明，由于利益关系的固化，收入分配改革方案越往后拖越被动。对此建议：第一，国务院及其相关部委高度重视收入分配改革方案的制定和出台，进一步明确工作责任和时间表；第二，考虑到收入分配改革涉及财政税收、国有垄断行业、公共服务领域等多个部门，建议由国务院领导牵头，组成收入分配改革领导小组，有效地协调改革方案中的部门利益和相关事宜；第三，尽快形成收入分配改革总体方案，提出改革的短期和中长期目标，具体确定改革重点任务和改革路径。

（2）争取年内在征求社会意见的基础上出台收入分配改革方案

建议以收入分配改革方案制定为起点完善改革决策机制。第一，收入分配改革牵动千家万户利益，建议采取开放式、互动式的工作机制，广泛征求社会意见修改和完善改革草案。第二，收入分配改革与其他方面的改革相比更具复杂性，需要科学决策和理性设计，建议成立专家咨询委员会，充分利用专家和智库力量修改和完善改革草案。第三，加强改革调研，综合多方面的意见和建议，争取出台一个具有广泛民意基础又具有现实可操作性的收入分配改革方案。

（3）把理顺收入分配关系作为新阶段打破垄断、推进国有企业改革的重大举措

建议与收入分配总体改革方案相配套，本届政府任期内出台重点领域和关键环节的改革方案。第一，尽快出台以公益性为目标的国有资本调整方案。在细化"非公经济新36条"[1]，注意通过打破行政垄断、建立公平竞争市场秩序完善的初次分配的同时，进一步规范对国有企业的分红收租，把更多的国有资本配置在基本公共服务领域，发挥国有资本在完善再分配中的作用。第二，尽快出台全国性基本公共服务均等化改革方案。把基本公共服务向农村、落后地区和困难群体倾斜，将实现基本公共服务均等化作为完善再分配的重点加快推进落实。第三，尽快出台财税体制改革方案。注重通过控制过高的财政收入增长速度和实行结构性减税调整国家、企业和居民之间的收入分配格局。积极探索开征物业税、遗产税、赠予税等新税种，发挥财税体制改革在再分配中的杠杆作用。

---

[1] "非公经济新36条"是指2010年5月13日国务院发布的《关于鼓励和引导民间投资健康发展的若干意见》。由于该意见共计36条，为了与"非公经济36条"相区别，故被简称为"非公经济新36条"。

2. 建言制定国民收入倍增计划

2010年4月，中改院课题组形成《尽快制定并实施国民收入倍增计划（12条建议）》报告。报告提出，我国已经进入"不分好蛋糕就做不大蛋糕"的关键时期。为此，需要尽快制定并实施国民收入倍增计划。目的是改变劳动者报酬占 GDP 比重与居民收入占国民收入比重持续下降的格局，扭转城乡、区域、不同社会群体之间收入差距不断扩大的趋势。

此外，我们建议从四个层面制定详细的国民收入倍增计划目标，即"两个不低于、两个提高、一个缩小、一个扩大"。

具体来讲就是：第一，居民收入增长速度不低于 GDP 增长速度，劳动者报酬增长速度不低于企业利润增长速度。第二，不断提高劳动报酬占比和居民收入占比。第三，不断缩小城乡收入分配差距，到2020年控制在3∶1左右。第四，不断扩大中等收入群体，到2015年达到30%，争取到2020年达40%左右。

当时，这些建议引起媒体广泛关注并被大量报道。当然，也有人有质疑，说："担心'国民收入倍增计划'只是看起来很美，实施起来却很难。"当时，我回应说："完全能做得到。"第一，有10年每年8%左右的实际收入增长。第二，在初次分配中要适当提高比例。第三，政府要适当干预、确立每个地区发展水平下的最低保障或者最低工资标准。第四，重要的是再分配，就是教育、医疗这些基本公共服务的城乡均等化。第五，还有一个结构性调整，即税制、个税调整的问题。

当时，我们提出这些建议基于两个基本考虑：一是我国已经到了要依靠内需为主来支撑经济中长期发展的阶段了，这依靠的是老百姓的收入能力；二是从过去的发展实践来看，我国 GDP 保持接近两位数的增长，而公共财政收入大概都是20%的增长，这就为城乡居民收入与 GDP 同步增长提供了重要条件，也意味着降低老百姓税收支出有一定的空间。后来，党的十八大报告明确提出"到2020年实现国内生产总值和城乡居民收入比2010年翻一番"的目标，这意味着国民收入倍增已成为我国实现小康的重要目标。

3. 建言制定中等收入群体倍增国家规划

2012年12月1日—2日，中改院与挪威城市与区域研究所联合主办的以"扩大中等收入群体：政策与体制"为主题的第76次中国改革国际论坛暨第八届中挪社会政策论坛在海南海口召开。来自我国相关部委、高校和科研机构，以及17个省、市、特别行政区的嘉宾和来自美国、英国、挪威、新加坡、加拿大等国家的专家学者近300人参加本次国际论坛。

这次国际论坛深入讨论了扩大中等收入群体与中国经济发展前景的关系。专家普遍认为，未来5~10年，能否实现中等收入群体的倍增，形成6亿规模的中等收入群体，对中国推进消费主导经济转型具有决定性影响。会后，结合专家观点，中改院很快研究形成了一系列会议观点综述和建议报告。

在这次国际论坛上，我发表了题为"形成6亿中等收入群体的转型与改革"的主题演讲。在我看来，形成6亿中等收入群体，对未来10年中国走向公平可持续发展的意义重大。意味着巨大消费需求潜力的释放，从而支撑经济的长期增长；意味着利益关系调整的新突破，从而奠定"橄榄型"社会结构的重要基础；意味着贫富差距的逐步缩小，从而形成走向共同富裕的大趋势。

2013年，我继续向全国政协提交提案《尽快制定中等收入群体倍增国家规划》，并在当年社科界别联席会议分组讨论时阐述了这一观点。会后有记者问我，为什么要提出《尽快制定中等收入群体倍增国家规划》提案？我的回答是：一方面，中等收入群体持续扩大，是释放消费潜力、扩大内需的重要基础，是建设"橄榄型"社会结构、走向共同富裕的重大任务。另一方面，我国中等收入群体比重偏低、规模过小、身份认同感不强，不仅抑制潜在消费需求的有效释放，还造成社会结构失衡、贫富差距过大、利益矛盾增多。

提案建议，把扩大中等收入群体规模作为国家发展的预期性指标。

中等收入群体倍增是一个综合指标，既反映经济发展的实际成果，也反映社会建设的实际进程，与 GDP 等单项指标相比，更具综合性。建议把中等收入群体规模倍增作为经济社会发展的预期性指标，并鼓励地方政府把中等收入群体倍增作为重要的约束性指标。

四、新冠疫情期间研究提出"人民健康至上"

2020 年，新冠疫情突如其来。面对公共卫生危机的严峻挑战，我与同事们几乎天天上班，坚持思考、敢于直言，提出了《以人民健康至上的理念推进公共卫生治理体系变革》《以"健康海南"的特别之举形成疫情后自贸港开局的新亮点（8 条建议）》《广东省加强公共卫生体系改革与建设（5 条建议）》等建议，为老百姓健康立言。

1. 新冠疫情下计划出版"三部曲"

新冠疫情刚暴发时，对我冲击最大的是武汉封城与春节团拜会文艺演出的新闻。新冠疫情暴发后，整个武汉生产生活秩序受到很大影响。到了大年初八，我真的坐不住了。虽然还在假期中，我每天还是到办公室，几个研究骨干也分别在自己的办公室。实在没有办法，虽然同在一栋楼里的上下层，殷仲义、方栓喜、匡贤明和陈薇几位同事一起，大家用微信召开线上会议。

当时，我们计划出版"三部曲"：第一是把 2003 年的《警钟——中国：SARS 危机与制度变革》（简称《警钟》）再版；第二是将前段时间我们已经完成的公共卫生体系变革的研究报告编辑出版成书；第三是写一本通过这次新冠疫情思考如何改革的书。后来，在形成的《人民健康至上——公共卫生体系变革挑战》书稿的"绪论"中，我直截了当地指出"我国公共卫生体系变革面临挑战"。2020 年年初暴发的新冠疫情，暴露出我国在重大疫情防控体制机制、公共卫生应急管理体系等方面存在的明显短板。以"人民健康至上"的理念推进以疾控为重点的公共卫生体系变革，成为我国经济社会发展与全面深化改革的重大任务。这本书系统地提出了我国公共卫生变革的相关行动建议。

2. 2020年3月连续召开线上座谈会

新冠疫情中，我真的是忧心忡忡，我很希望找相关方面的学者作一些探讨。在开线下会已经不可能的情况下，我和同事商量，采取线上形式召开会议。我们围绕新冠疫情冲击下的中国经济重大问题，召开了数次线上座谈会。

2020年3月7日下午，中改院召开了以"以人民健康为中心的公共卫生体系治理变革"为主题的专家网络座谈会，就抗击新冠疫情中的公共卫生治理体系若干重大问题进行交流讨论。这是新冠疫情暴发后较早举行的此类会议。会后，我们形成了相关成果报送有关部门。

同年3月14日，中改院以"新冠疫情冲击下的经济全球化"为主题举办专家网络座谈会。与会专家就新冠疫情对经济全球化的冲击进行交流，大家认为，新冠疫情有可能深刻改变经济全球化的态势。

同年3月25日，中改院又召开了以"新冠疫情冲击下的产业发展"为主题的专家网络座谈会。专家们认为，要客观判断和把握中国经济基本面，客观看待新冠疫情冲击下的产业发展和产业结构调整，抓住经济转型升级全面深化改革。

当年8月，中改院把数次座谈会上中外专家的观点汇集，于中国社会科学出版社出版了《全球"搏疫"与中国策》一书。本书内容简介中写道："新冠疫情在全球蔓延，世界经济下行风险加剧，不稳定不确定因素显著增多。在这一特定背景下，中改院以改革智库的自觉责任，围绕新冠疫情冲击下的若干重大问题组织系列专家网络座谈会，'云端'建言献策。第一，新冠疫情冲击下经济全球化何去何从？如何开展抗击新冠疫情的国际合作？如何应对新冠疫情下的世界危机与金融风险和经济全球化的新挑战？第二，新冠疫情全球大流行下，中日韩如何携手应对经济全球化的结构性变化、共同维护以规则为基础的多边贸易投资体制？第三，如何客观判断和把握中国经济基本面，如何看待新冠疫情冲击下的产业发展和产业结构调整？第四，如何以'人民健康至上'的理念推进以疾控为重点的公共卫生体系变革？专家学者奉献智慧，提出有价值、有思想的见解和建议。期待本书能启发各界读者对疫情冲击下我国经济社会发展若干重大问题的思考。"

3．"人民健康至上"文章被《新华文摘》头条转载

在组织研究研讨、出版等相关工作的基础上，萦绕在我脑海中的是新冠疫情下改革的大思路。经过一段时间的研讨，我形成了一个"人民至上"的想法。当时，有同事建议，还是改成"人民健康至上"稳妥一点。

2020年3月以后，我相继撰写了《以人民健康为中心深化公共卫生体系改革》《以人民健康至上的理念推进公共卫生治理体系变革》等文章，经过反复修改，在《经济日报》等多家媒体刊发。2020年4月，《行政管理改革》第4期刊载了《以人民健康至上的理念推进公共卫生治理体系变革》。令我高兴的是，这篇文章被《新华文摘》2020年第13期全文转载，并作为封面的头条文章。5月，我和同事们十分高兴地看到，习近平总书记在参加十三届全国人大三次会议内蒙古代表团审议时强调，人民至上、生命至上，保护人民生命安全和身体健康可以不惜一切代价。

五、浙江桐庐调研共同富裕的启示

共同富裕是中国特色社会主义的本质要求，是中国式现代化的基本特征，是全面深化改革的重大任务。20多年前，时任浙江省委书记的习近平同志作出"八八战略"重大决策部署，引领浙江率先破解发展不平衡不充分问题，推动浙江成为全国城乡差距相对较小、发展比较均衡协调的省份。2021年，我到浙江桐庐调研，深深感到改革开放以来浙江老百姓通过勤劳致富、创新致富、发展致富、改革致富，走出了一条实现共同富裕的"浙江之路"。虽然桐庐仅是浙江中等发达地区，但给我留下的印象十分深刻：民营经济带动乡村经济发展，城乡一体化明显缩小

贫富差距。桐庐2021年城乡差距只有1∶1.5左右。

1. 桐庐调研共同富裕见闻

2021年6月27日，受中国社会科学出版社邀请，我到浙江桐庐参加了《美好生活的桐庐样本》新书发布暨"建设共同富裕美好社会"学术研讨会。这次调研不久前，中共中央、国务院发布了《关于支持浙江高质量发展建设共同富裕示范区的意见》。

虽然只有短短2天的时间，我对桐庐之美感受很深。习近平总书记在浙江工作时，2003年、2006年2次到桐庐调研。宋代文学家苏轼曾赞美道："三吴行尽千山水，犹道桐庐更清美。"2020年桐庐城乡居民收入比为1.65∶1，① 全国是2.56∶1，② 比全国低很多。更应该看到，桐庐实现的共同富裕不是一般的共同富裕，不仅仅是人均GDP收入，这些固然重要，更重要的是比特色，不比一般。桐庐的产业发展和绿水青山都融合在一起。

没有想到，在一个离县城十几公里外的畲族小镇——莪山畲族乡，一座传统融合现代科技的畲族乡文创中心映入眼帘。当地的干部说，畲族小镇的民宿每晚1500元，节假日还一房难求。如今的莪山畲族乡，其原本不起眼的黄泥房变身为高端民宿，"空心村"转型为特色景区，每年民宿直接收益达2000余万元。这个只有9000多人的少数民族乡，年GDP大约为5亿元。过去5年，农民人均纯收入从19835元增加到38284元，增长93%。2021年村集体经济收入均实现"5030"目标（到2022年，所有村集体经济总收入达到50万元，经营性收入达到30万元），最高达248万元，农民人均纯收入突破3.8万元，领跑全国畲族乡，成功探索出一条实现"绿水青山就是金山银山"，让资源变产业、资产变股份、资金变资本的转换通道。不仅健全村集体经济持续增长长效机制，实现集体

---

① 《桐庐打造新时代3.0版美丽乡村》，2021年6月15日，杭州市农业农村局（杭州市乡村振兴局）网。

② 《中华人民共和国2020年国民经济和社会发展统计公报》，2021年2月28日，国家统计局网。

富裕带动群众富裕，村集体还安排一定比例的村级集体经济收益用于直接分红或群众社会保障。

我不禁感慨：20世纪80年代大家都以在工厂黑煤烟囱下工作为荣；在今天的新发展阶段下，绿色发展、绿色生活，在最美的生态环境中工作和生活，成为老百姓最重要的追求。进入新发展阶段，直接依赖于绿水青山下的医疗、康养、旅游、信息等服务型消费，不仅是桐庐人的需求，是浙江的需求，更是全国人民的需求。

调研中我了解到，2020年桐庐一般性公共预算支出中有将近84%用于民生改善，而且城乡基本公共服务一体化正在逐步实现，到2025年平均人均寿命将达到84岁。桐庐实现共同富裕，我认为不要仅仅简单地对标浙江省里的指标，而要考虑能否将桐庐打造成一个成功的样本、特色的样本，给全国老百姓实实在在的获得感。我在会上建议，桐庐要以绿水青山为突出特色，以城乡一体化为主要载体，以城乡公共服务一体化为重大任务，推动形成共同富裕的体制机制，逐步形成独具特色的桐庐共同富裕之路。我还建议，用长远眼光把桐庐作为一个样本作深入研究，争取把桐庐作为国家"绿水青山就是金山银山"的改革试点。在试点的基础上总结出一些可复制、可推广的实践经验。

我在桐庐调研的另一个深刻感触是，从经济规模看，桐庐不是浙江最发达的地方。但快递、电商等民营经济发展，使很多乡村整村共同富裕，带动了城乡一体化发展。桐庐是中国快递之乡，"三通一达"是很突出的产业，有很好的产业基础。坚实的民营经济奠定了桐庐共同富裕的重要基础。怎样更好地发挥民营经济的作用，使人们更坚定地在改革发展中实现共同富裕目标，成为建设共同富裕示范区的重中之重。

调研后不久，8月25日，我在新华网思客上发表了《在形成合理分配的格局中实现共同富裕》一文。我认为，14亿多人的大国推进共同富裕，在人类发展史上没有先例。因此要充分估计共同富裕的长期性、艰巨性、复杂性。分阶段促进共同富裕，要鼓励各地因地制宜探索有效路径，总结经验，逐步推开，比如桐庐就是一种典型的共同富裕的探索案例，走出更符合基本国情的共同富裕之路。鼓励、支持全体人民通过勤劳致富、创新致富、发展致富、改革致富。也就是说，要在全面深化改革开放中为全体人民创造更多的机会和条件。形成人人享有的合理分配格局是实现共同富裕的一个基本前提。建议加快建立和完善城乡居民基本公共服务体系，构建初次分配、再分配、三次分配协调配套的基础性制度安排。

2. 党的二十届三中全会前在浙江讨论共同富裕

党的二十届三中全会召开前的6月21日，我应邀参加由浙江省委主办，浙江省委宣传部、浙江省委政策研究室、浙江省发展和改革委员会、人民日报社经济社会部等承办的"扎实推动共同富裕"论坛。

会前，我为这次会议认真准备了一篇题为《以缩小城乡差距带动共同富裕——以浙江为例》的发言稿。我在下午的发言中讲了三个主要观点。

（1）缩小城乡差距是实现共同富裕的重大任务

我国是一个发展转型大国，农村人口占很大比重。改革开放40多年来，随着我国工业化进程不断深入，城乡差距逐步缩小。从总的情况看，城乡差距仍是导致区域差距、贫富差距的重要因素。比如，由于我国城乡二元制度尚未完全打破，城乡居民收入水平与收入结构存在较大差异。以财产性收入为例，2023年城乡居民财产性收入差距达到10∶1，远超过基尼系数所反映的收入差距。提升农村低收入群体的收入水平，成为缩小城乡差距的重中之重。例如，2023年，80%的农村居民可支配收入低于全国平均水平。为此，要尽快制定实施一批缩小城乡差距的重大举措，以实现"2035年收入差距明显缩小""全体人民共同富裕取得更为明显的实质性进展"的基本目标。

（2）推进基本公共服务均等化是缩小城乡差距的重大任务

从全国的情况看，缩小城乡差距，逐步实现共同富裕，重中之重是推进城乡基本公共服务均等化，突破口在于全面实现农民工市民化，让农民工成为历史，并大幅缩小城乡基本公共服务差距。2023年，我国农民工月均收入为4780元，[①] 不足城镇职工月均收入的50%。由于难以完全享受到城市公共服务，增加预防性储蓄成为众多农民工的无奈选择。例如，城市居民的储蓄率为30%左右，而农民工的储蓄率高达70%左右。为此，要支持有条件的地区全面实行与基本公共服务直接挂钩的居住证制度，真正改变城乡二元户籍制度，使得规模巨大的农民工群体在城市留得住、过得体面，要着力提升城乡基本公共服务均等化水平。

（3）让土地成为广大农民的财富是全面深化农村改革的重大任务

由于农村土地要素市场化配置机制尚未建立，城乡统一的土地交易市场面临多方面制度性障碍，所以成为盘活农村土地资源、提高农民财产性收入的重要掣肘。全面落实农民土地财产权，进一步解决好农民和土地的关系，不仅是促进农业现代化的客观需求，更是缩小城乡差距、促进共同富裕的重大任务。

发言的结尾，我特别提出："浙江是靠'两个毫不动摇'发展起来的。讨论浙江下一步扎实推进共同富裕，不能忘本。"习近平总书记20多年前提出的"八八战略"第一条就是体制机制创新，其核心是"两个毫不动摇"。过去，浙江在"两个毫不动摇"方面为全国带了头。今天，全面缩小以城乡差距为重点的贫富差距，需要民营经济健康有序发展。习近平总书记一再强调要坚持"两个毫不动摇"，将"两个毫不动摇"贯彻到底，浙江将会走出一条以全面深化改革促进共同富裕的路子，就会在扎实推动共同富裕方面走在全国前列。几天后，此发言稿被《人民日报》摘要发表。

党的十八届三中全会提出"突破利益固化的藩篱"，我认为这具有重大历史意义。记得2013年11月12日，党的十八届三中全会审议通过的《中共中央关于全面深化改革若干重大问题的决定》公布那天，我正在昆明调研。央视主持人白岩松邀请我直播连线《新闻1+1》栏目。我在直

[①] 《2023年全国农民工总量增加191万人》，2024年5月1日，中国政府网。

播访谈中指出:"改革需要打破利益关系,一定要在打破部门利益、行业利益等方面利益关系上有所作为,让人们对改革充满信心。"《新闻1+1》用"迟福林:改革需要顶层设计,需要务实行动,需要打破利益关系"作为小标题标了出来。

"人民就是江山,江山就是人民。"触及利益才是触及改革的灵魂。处理好改革与多数人利益,形成合理的利益结构是我国改革开放的重要实践和基本经验。今天,改革的深刻性、复杂性、艰巨性,就在于要协调部门利益、中央地方利益。改革符合多数人的利益、惠及多数人的利益,这是改革开放能够继续赢得广泛社会共识和社会支持的关键。我与中改院的同事还将继续牢牢坚守以人为本的改革观,继续献智献力、发挥作用。

第二章
构建社会主义市场经济体制的使命担当

> 聚焦构建高水平社会主义市场经济体制，充分发挥市场在资源配置中的决定性作用，更好发挥政府作用。
>
> ——党的二十届三中全会《中共中央关于进一步全面深化改革　推进中国式现代化的决定》

2024年7月1日,《经济研究》给我发来学习党的二十届三中全会精神笔谈约稿函,就2024年6月27日中共中央政治局会议提出的"进一步全面深化改革原则"中的"六个坚持"选一主题笔谈。我琢磨了一天,确定选"加快构建高水平社会主义市场经济体制"这个主题。

为什么选择这个主题?不久前,我看到网络上有议论,说"40年前、50年前计划经济多好,农村医疗不要钱,小孩上学不要钱",并由此质疑改革是不是搞错了。有的人甚至否定市场化改革实践。对此,我感到很不理解:怎么刚过上好日子没多少年,就忘记了当年的痛苦?经历过计划经济年代生活的人,大多不会忘记40多年前普遍贫穷、普遍挨饿的景象。从高度指令性计划经济走向社会主义市场经济,是改革开放的关键之处,将社会主义与市场经济相结合,正是改革开放的伟大之处。这也是改革研究者的重大历史贡献。

一、筹备建院之初提出"社会主义需要市场"

回顾过去几十年的历史,从过去排斥市场、反对市场、打压市场,到改革开放后,逐步认识市场、承认市场、培育市场、发展市场。经历了数十年的理论与实践探索,经历了一次次的思想解放,才能堂堂正正地讲市场经济,才能创新地提出发展社会主义市场经济,才能鲜明地提出使市场在资源配置中起决定性作用和更好发挥政府作用。

1. 反驳"宁要社会主义的草,不要资本主义的苗"

1990年7月16日—18日,中国和平统一促进会与台湾"中国统一联盟"在香港共同举办首次海峡两岸关系学术研讨会,就如何促进、改善两岸关系,发展两岸民间交流与往来等问题交换意见。台湾地区来香港的专家、官员很多,再加上新闻媒体至少百余人,内地去香港的代表不到20人,我是其中一位。时任国民党领导人之一的关中先生在开幕演讲中谈道，大陆仍在坚持"宁要社会主义的草，不要资本主义的苗"的政策主张。他一讲完，我立即举手发言反驳。我以海南为例，讲了大量事实批驳他："不能把'四人帮'时期的口号作为今天的现实！"他马上回应："若迟福林说的是事实，我可以改正自己的观点。"

没想到的是，当开幕式结束休息时，我被台湾的几十个人围住，被要求与他们辩论。当晚，台湾电视台播出这场辩论，有人看了电视后打电话给我说，"你上台湾电视了，与台湾专家吵起来了"。当时，由于改革开放之初两岸交流的限制，台湾对于改革开放给大陆带来的巨大变化了解太少了。

这段经历给我留下了十分深刻的印象。为什么计划经济不适应生产力发展，为什么我国选择社会主义市场经济？发展社会主义市场经济和彻底改革传统计划经济旧体制是紧密联系在一起的。党的十一届三中全会以来的实践一再证明，哪里体制搞得好，哪里的市场经济就发展得快，哪里的人民生活就会明显改善。基于这个认识，中改院始终把坚持市场化改革方向不动摇、为市场经济鼓与呼作为自己的重大职责。

2.《新世纪周刊》为社会主义市场经济鼓与呼

20世纪90年代初，我有3个梦想：一是把海南特别关税区做成；二是办好中改院，为改革出思想、出主意；三是创办一个为改革开放鼓与呼的刊物。

1988年10月11日，国家新闻出版署批复同意创办《新世纪周刊》；1989年4月，这本最早以改革开放为主题的新闻刊物正式在海南创刊。《新世纪周刊》一问世，就想为推进中国的改革开放说点话、做点事、起点作用。创刊之初，大家提了一个口号：改革开放走向新世纪，《新世纪周刊》全心全意为改革开放服务。《新世纪周刊》办刊宗旨就这样确定下来，我兼任新世纪周刊社社长，杂志的第一篇评论员文章《改革开放　不进则退》（1989年第1期），作者就是我。

《新世纪周刊》一成立，就为改革开放鼓与呼。那个年代，我将自己一部分业余时间献给了《新世纪周刊》，坚持为其写社论。1991年我边忙着筹备建院，边坚持写改革开放评论文章。

记得我在《新世纪周刊》1991年第6期发表了《社会主义需要市场》一文。我在文章中说，尽管对市场的认识有差别，甚至是重大差别，但谁都无法否认这样一个现实：社会主义需要市场。社会主义经济体制能否充分而有效地发挥市场机制的作用，已成为社会主义经济发展的关键性问题之一。这个严峻的现实，逼迫我们从实际出发，认真地研究和说明社会主义与市场的关系问题。

社会主义需要市场，是对社会主义再认识的重要标志。应当说，我国在这方面进行了成功的实践。我国在经济体制改革一开始，就相当明确地提出，社会主义经济是在公有制基础上的有计划的商品经济，这就完全改变了传统计划经济理论。党的十三大报告指出，"社会主义有计划的商品经济的体制，应该是计划与市场内在统一的体制""计划和市场的作用范围都是覆盖全社会的""新的经济运行机制，总体上来说应当是'国家调节市场，市场引导企业'的机制"。按照这样一个方向，我国正在努力建立计划经济与市场调节有机结合的运行机制。

这个简要的历史回顾，可以使我们得出这样的认识：社会主义和市场不是相互排斥的。没有商品和市场的社会主义在实践中是不存在的。社会主义理论应当来自实践、面对现实；市场不是资本主义的专利，不应当也不可能把市场同资本主义画等号。市场同社会主义相联系，同改革了的社会主义经济体制相兼容。正确地、充分地发挥市场的调节作用，是社会主义改革实践中需要认真解决的重要问题。随着对社会主义认识的不断深化和社会主义改革的日益推进，市场调节的作用将得到充分而有效的发挥。

1991年，在北京举办的全国期刊展览中，《新世纪周刊》被评为最受欢迎的刊物之一，在综合评分上名列前茅。时任中宣部部长王忍之在展台上看《新世纪周刊》，看了半小时左右。1992年2月，他应海南省委邀请参加海南省委宣传部长会议。会议就在中改院召开，我在午饭时向他汇报，他说："你们办的《新世纪周刊》不错！"1992年，《新世纪周刊》作为海南省期刊界的唯一代表，参加中国期刊协会第一次代表大会，并被新闻出版管理部门确定为全国重点刊物。后来因为各种原因，该杂志转让给其他单位了，这是我的一大遗憾。

3. 建言确立社会主义市场经济的改革方向

1992年年初的一天，一位深圳的同事给我打电话，告诉我邓小平同志在深圳视察！我一听，马上极度兴奋起来。同年10月，党的十四大召开，确立中国经济体制改革目标是建立社会主义市场经济体制。当月，我在《新世纪周刊》发表了《中国市场经济的确立》一文，在文章中讲出了自己的体悟："经过14年改革的实践，我国正式确立以发展社会主义市场经济为目标，建立和完善社会主义市场经济新体制。中国社会主义市场经济的正式确立，是一件值得大书特书的大事情。"

我提出，中国社会主义市场经济的确立，是实践的突破、理论的突破。从以计划经济为主、市场调节为辅，到社会主义有计划的商品经济，再到社会主义市场经济，这个过程反映了我国改革实践的历史过程，是改革推动实践的结果。同时，中国社会主义市场经济的确立，也是对科学社会主义理论的重大突破和贡献。社会主义能够而且完全可以与市场经济相结合，处于社会主义初级阶段的中国，依靠市场经济，推动经济的高速增长，这是中国的伟大实践，这是中国改革实践作出的重大理论贡献。

在确立社会主义市场经济中加快改革开放，关键是更彻底地解放思想，避免"穿新鞋走老路"这样扭曲的现象发生。要放开手脚进行市场经济的实践，需要更彻底解放思想，换脑筋。因为在我们的头脑中，对市场经济的认识还不是很充分、很深刻，还存在着种种疑虑和担心，甚至对市场经济还抱有不少的偏见，这些造成了在发展市场经济过程中的种种障碍，甚至是严重的障碍。如果不在市场经济这个问题上彻底换脑筋，很难排除市场经济实践中来自方方面面的障碍。所以，市场经济的正式确立不等于人人都认识了它。要把市场经济真正在实践中确立下来，需要在解放思想上更大胆、更彻底。市场经济的实践必然伴随着一场思想解放运动，这是谁也回避不了的一个客观现实。

那个年代，市场经济取向的改革使全社会信心大增，备受鼓舞。我在《新世纪周刊》发表了系列评论《解放思想 加快改革》《"左"也会葬送社会主义》《改革仍需大胆探索》《加快市场建设，发展市场经济》《在发展市场经济中力求高速度》《解放思想 换换脑筋》《中国市场经济的确立》《实践着的中国社会主义市场经济》《不能用计划经济的脑筋指挥市场经济》《唯有坚持以经济建设为中心》《中国走向市场经济的十个实践问题》《改革要加快》《改革仍然是主题》《一切为了发展》《在发展市场经济中解决问题》《发展是硬道理》《要又快又好地发展》等。其中，有以下几个观点。

第一，做向市场经济过渡的促进派。确立市场经济体制，使我们可以放心大胆地在改革中解决问题。党的十四届三中全会审议通过的《中共中央关于建立社会主义市场经济体制若干问题的决定》中关于金融体制、财税体制、外贸外汇体制、计划体制、投资体制等方面的重大改革方案，都是中国向市场经济过渡的宏观改革措施。改革的步子之大，是过去所没有的。问题在于，我们应当把握判断是非的标准，把握改革的大方向，中国不搞改革不行，搞改革不以建立社会主义市场经济体制为目标也不行。

第二，不能用计划经济的脑筋指挥市场经济。我们搞了几十年的计划经济，对计划经济很熟悉。当明确宣布由计划经济转向市场经济时，人们的传统观念和传统方法还一时跟不上这个转变，往往自觉或不自觉地用计划经济的脑筋指挥市场经济。这是当时市场经济实践中一个很突出的问题。

第三，在发展市场经济中解决问题。我们常讲，经济是决定的力量，经济是基础。在中国，发展经济就是发展市场经济。市场经济发展了，中国才会创造出以往没有的经济发展速度。不管遇到什么问题，都要极力维护这个大局，既不要动摇它，也不要影响它；只能服从它、服务它。尤其是我国刚刚迈开发展社会主义市场经济的步子，人们对发展市场经济还有一个认识和理解的问题。

4. 党的十八届三中全会后做客《新闻1+1》

2013年，党的十八届三中全会审议通过的《中共中央关于全面深化改革若干重大问题的决定》明确提出，"经济体制改革是全面深化改革的重点，核心问题是处理好政府和市场的关系，使市场在资源配置中起决定性作用和更好发挥政府作用"，这是我国在计划和市场关系方面的又一次历史性突破。

看到这一句话，我说我们搞改革研究的人感到一种精神上的解放。当时，媒体就"基础性"到"决定性"作用采访我。我说，从"基础性"到"决定性"虽然只是几个字之差，却是一个重大的历史突破，是承继、发展社会主义市场经济体制的大突破。

党的十八届三中全会《决定》发布的当晚，央视主持人白岩松邀请我和李扬做客《新闻1+1》直播。我说："看到《决定》我很高兴，因为《决定》有一句话，要紧紧围绕市场在资源配置中的决定性作用和更好发挥政府作用。这就给了我们两个重大信号：第一，我们坚定市场化改革的方向，凡是市场能做的事情，交给市场；第二，政府职能转变的方向是，不该政府管的，政府不应该管，我们要改变政府主导的增长方式，而在经济生活领域实行在市场主导下政府的有效作用。我认为这是20多年来市场化改革的一个重大突破。"

接受采访时，我正在云南调研。记得有位云南省发展改革委的官员跟我说，他听了这句话以后知道了，"今后不该政府部门管的事情，要交给市场了"。

二、与美中关系全国委员会高级代表团的交谈

1993年4月,按照中央外事部门安排,以美国美中关系全国委员会主席、前世界银行行长巴巴尔·康纳布尔为团长的美中关系全国委员会代表团应中国外交学会邀请,在京参加第六次中美知名人士会晤,并于6日上午到访中改院与我举行座谈。

这个代表团,是由美国政界、经济界、学术界有影响力的人士组成的。参加这次座谈的美方代表团主要成员有:美中关系全国委员会会长大卫·M.兰普顿,宾夕法尼亚州前州长、美中关系全国委员会前主席谢菲尔,前美国贸易代表卡尔·A.希尔斯,证券交易委员会前主席罗德立克,埃可夫经济咨询公司总裁嘉德磷·埃可夫,华盛顿大学国际研究院院长罗迪等。

1. 介绍海南市场经济5个方面问题

代表团对海南的改革开放很关注。我介绍海南建省办经济特区是靠改革开放支撑自身发展的。由于一些情况的变化和近两年全国改革速度加快,海南的政策优势已不明显。如土地有偿转让70年,现在很多地方都可以做;对企业征15%的所得税,一些地方也在这样做。但海南这几年确实发生了很大变化,最主要的原因是靠市场经济。在实行市场经济的过程中,海南重点解决了5个方面的问题。

(1) 允许企业实行真正的平等竞争

例如,在海南发展企业可不受所有制的限制,允许三资企业、私营企业有大的发展。建省5年来,有45个国家和地区在海南设立了3393家外商独资企业、1188家合资企业、327家合作企业,即4000多家三资企业,5年实际利用外资12.55亿美元;内地在此办了8000多家企业,实际投资60多亿元人民币;发展了3000多家私营企业;个体工商户约10万家。所有企业在政策上都是平等的。

(2) 建立以股份制为主体的企业结构

目前,海南已有68家规范化股份制企业,发行股票近95亿元人民

币。有5家企业已经或正在深圳上市，还有1家已在全国法人股流通系统上市。整个股份制企业的质量都不错，在深圳上市的这几家企业成效相当明显，股票的价格从开始到现在增值幅度都很大。

（3）价格由市场决定

海南率先完成粮食价格改革，从1990年开始进行，1991年完成，进展相当顺利。1992年又推行生产资料价格同市场价格并轨，这项工作已经完成。在海南，生活和生产资料价格基本上是由市场来决定的。除此之外，劳务价格也是由企业和市场来决定的。外汇调剂市场1989年建立，到目前为止调剂了30多亿美元。奖金调节市场拆借，5年累计达640亿元人民币，大部分开发建设资金都是通过市场取得的。价格由市场决定后，海南的生活和生产资料市场、劳务市场及资金市场都很活跃。

（4）率先建立统一的社会保障制度

首先，制度开始出台时，把在海南注册的所有企业，包括私营企业、国营企业，都按统一的标准参加到社会保障中来，这样就创造了全社会劳动力的合理流动及企业间平等竞争的社会条件。其次，社会保障是从我国国情出发，建立了以社会公积金为主，以个人账户为辅的机制。

（5）实行"小政府、大社会"的体制

省政府只设了27个职能部门，直接管理企业的政府部门变成了经济实体。

当然，海南也面临一系列需要解决的问题。一是城乡差距过大的局面还没有得到很大改变。二是怎样创造大开放的环境，实现大量利用外资加速发展的目标，这个问题还需要进一步解决。三是在市场经济的条件下，政府如何有效宏观调控，是面临的新问题。四是中国走向市场过程中，区域发展不平衡问题更明显了。如何保证在中央的统一领导下，地方有充分的经济管理权限，这是市场经济发展需要解决的重大问题。

2."这就是市场经济！"

令我没有想到的是，一番交流后，美国高级代表团几位嘉宾在听完

我的介绍后说:"听了你的介绍,我感到这就是市场经济!通过你的介绍我们了解到海南的政策和改革是很成功的。我们感到,改革发展研究院的建立是很有意义的,它的影响将会是很大的。"

代表团成员随即就中国市场经济向我纷纷提问,我也一一作答。第一个抛出的问题:"在美国是通过联邦制来解决地方与中央的关系的。中国改革开放经济发展以后是如何处理这一问题的?中国政府有没有一个相互制约的机制?"

我当时回答:"中国在改革之初还没有完全解决市场的问题,因此采取用政策倾斜的办法扶持某些地方发展,这是中国在发展市场经济过程中不得不采取的一个措施。现在看来,这些地方的发展对整个中国的经济,特别是市场经济的发展起到了很好的促进作用。在我们这样一个大国,发展不平衡、又有着悠久历史传统的国家,我个人不主张搞联邦制,因为联邦制不符合中国的实际。但是,如果完全像过去那样,统得很死,地方缺乏充分的自主权,也不能继续下去,也不适合中国市场经济发展需要。所以,今天我们面临着一个如何根据中国国情,根据中国市场经济发展的需要来寻求适应经济发展的中央和地方的关系问题,这确实是面临的需要解决的一个大问题,它关系到如何在保持政治稳定的前提下发展经济。"

代表团还很关注海南的改革发展实践,围绕股份制企业、法人股、国有大中型企业、社会保障制度改革、地方立法权等连连发问。会议结束后,我还向代表团赠送纪念品——一只用海南农村水牛牛角雕刻制作的雄鹰,代表着展翅高飞、向外发展的寓意。当场,美中关系全国委员会代表团秘书长提出,要留在中改院用午餐。原来没有这个安排,听到他的建议并征求中方陪同人员的意见后,我们临时安排在中改院多功能厅吃自助餐。令我们没想到的是,代表团的几位成员高兴地上台唱歌跳舞。我临时请人表演了中国气功:美国客人双手持一根木铅笔的两头,表演者用一张崭新的百元人民币大钞,使铅笔从中间断成了两截。表演令在场高级代表团成员目瞪口呆、惊叹不已。

30年过后，2023年3月29日，大卫·M.兰普顿教授再度到访中改院。当时，我在博鳌参加博鳌亚洲论坛年会，苗树彬执行院长接待了兰普顿教授，并陪同他参观了中改院院史馆、改革开放史料展、图书馆。兰普顿教授30年后再度来到中改院，他不禁感慨回忆起了30年前那一次令人印象深刻的访问。

三、出版"走向市场经济的中国"丛书

"变革的中国渴求变革的思想，改革的实践呼唤改革的理论。"中改院在走向市场经济的时代大潮中诞生，建院不久，就恰逢中国改革开放的重大里程碑事件——邓小平同志发表南方谈话。在这一背景下，中改院围绕中国向市场经济过渡中的重大理论和实践问题，出版了"走向市场经济的中国"丛书（中英文），举办了第一个高层次市场经济理论研讨会，在国企改革、宏观经济政策、农村改革、政府作用、区域经济发展等诸多领域开展一系列高层国际研讨活动，形成了很多具有重要影响的成果。

1."市场经济的ABC"成为我国加入世贸组织谈判的重要参考材料

一建院，中改院就成功地与联合国开发计划署、世界银行、国际劳工组织、原国家体改委、海南省政府等共同举办了一系列大型国际研讨会，开展了中国走向市场经济的理论与现实、中国金融体制改革、中国社会保障制度改革、中国股份制改革、中国证券市场发展、20世纪90年代中国农村经济改革和中国经济特区发展等重要课题的研讨，并产出了一系列研究报告。

在那个渴求知识和思想的年代，这些国内外著名专家、知名学者贡献的学术理论、思想、观点和发表的独到的见解真的是一笔宝贵的资源。到底什么是市场经济？市场经济到底怎么搞？1993年开始，为了把中国市场经济的新思想、新观点奉献给广大读者，反映中改院开展研讨活动

所产生的重要成果，高尚全同志与我主编，朱华友等几位同事加班加点编写了"走向市场经济的中国"丛书（中英文），一套10本，这是当时正式出版的第一套市场经济改革开放理论研究丛书。

从1993年起，这项出版工程持续到了1996年。当时，前三四本书推出以后，得到了国内外读者的好评和赞赏，世界银行官员建议我们翻译成英文向国外发行，后来，外文出版社承担了本书的翻译出版工作。从初期的海南出版社到中国经济出版社，再到外文出版社加入并翻译成英文版对外发行。这10本书分别是：《历史新起点——中国走向市场经济的理论与现实》《稳定的基础——中国新型社会保障制度的建立》《关键的一步——中国金融体制改革的目标》《新兴的市场——中国证券市场的兴起与发展》《增长的活力——中国民私营经济的兴起与发展》《决定性的转折——中国经济转轨中的国有企业改革》《持续的增长——中国经济快速发展与抑制通货膨胀》《再上新台阶——中国转轨时期农村经济改革与发展》《迈向新体制——中国经济转轨中若干改革问题研究》《增创新优势——中国经济特区的进一步发展》。

1994年6月24日，时任人民日报社海南站站长鲍洪俊同志采写的一篇题为《〈走向市场经济的中国〉丛书出版》的消息在《人民日报》刊出。报道中写道："中国（海南）改革发展研究院最近陆续出版由高尚全、迟福林主编的《走向市场经济的中国》丛书，共十本。作为该院建院两年来的研究培训活动的结晶，这套丛书以'走向市场经济的中国'为主题，较为系统地研究和探讨了中国走向社会主义市场经济的理论与实践，分别阐述了金融体制改革、社会保障制度改革、国有企业改革、宏观调控、国有资产管理、农村经济改革、特区改革与发展等课题。"报道中记载了我们当时编纂这套丛书的意图："它以我国改革开放实践中遇到的困难、矛盾和突出问题为对象，力求寻找解决问题的突破口和操作方案。对某些有争议的问题虽然没有提供唯一的答案或结论，但是将国内外专家的各种观点，甚至是激烈的交锋，展示在读者面前，让读者从中比较、鉴别，获取有益的启示。"

这套丛书以"走向市场经济的中国"为主题，较为系统地研究和探讨了中国走向市场经济的重要课题，具有较强的实践性和探讨性，虽然有一定的学术深度，但又不同于一般的学术专著。丛书"前言"的最后有一段话："在中国走向市场经济的伟大征程中，中国（海南）改革发展研究院，将以赤诚的奉献，高昂的热情，开拓的精神，充分发挥它应有的作用，做出历史的贡献。"

这套丛书（中英文），成为20世纪90年代关于市场经济的启蒙读物，还在加入世界贸易组织（WTO）谈判中起到了重要的参考作用。时任中国加入WTO首席谈判代表龙永图说："我们在入世谈判时，这套丛书就是谈判人员的普及读本，从市场经济的ABC说起。"1997年，我参加由时任国家计委主任陈锦华率领的中国政府代表团出访卢森堡、比利时、瑞士，并出席在瑞士召开的世界经济论坛。"走向市场经济的中国"丛书（英文版）在世界经济论坛上展出，是我国在此次论坛展出的唯一出版物。

2024年6月29日，外文出版社党委书记、社长胡开敏来海南出差期间专门来到中改院。回想起当年他刚刚进入外文出版社工作，就是这套丛书的责任编辑，后来又与中改院共同合作策划出版了很多部好书。2022年外文出版社建社70周年之际，这套丛书作为介绍中国改革开放故事的重要出版物，成为重要的历史注脚。

2. 南方谈话后举办第一个中国市场经济理论与现实国际研讨会

1993年7月1日召开的中国市场经济理论与现实国际研讨会是中改院历史上重要的国际会议之一。这是邓小平同志南方谈话后，国内举办的第一次具有重大影响力的国际会议。1992年年初，邓小平同志发表南方谈话；同年10月，党的十四大召开，明确提出我国经济体制改革的目标是建立社会主义市场经济体制，标志着中国改革总任务是要基本上实现从高度集中的计划经济走向社会主义市场经济。当时的背景下，分析中国走向市场经济的重大理论与现实问题、分析中国走向市场经济改革面临的机遇与挑战，显得十分必要和迫切。

1993年年初，时任国家体改委副主任高尚全找到我说："迟福林，相关部委想把留美留英学经济学的一些博士请回来，中改院能不能做这件事？"我说："太好了。一是我们需要研究人员；二是我们有责任来做这件事。"当年，中国经济学会（英国）副会长是北京大学知名教授张维迎，中国留美经济学会会长是易纲、秘书长是海闻。1993年2月15日，中改院向原国家体改委致函，就即将召开的走向市场经济进程中的理论与现实国际研讨会正式请示，并很快得到批准。

同年7月1日—3日，筹备多时的中国市场经济理论与现实研讨会在中改院报告厅举行。这次会议的主办方有3家：中改院、中国留美经济学会、中国经济学会（英国）。来自中国、美国、英国、澳大利亚、新加坡、中国香港和台湾等地区，以及世界银行、国际货币基金组织、亚洲开发银行等国际组织的130多位专家学者，围绕中国走向市场经济的基本问题、社会主义市场经济的宏观调控、企业体制改革、对外开放、经济增长与通货膨胀等重大理论与现实问题展开了激烈而深入的讨论。会议所讨论的问题对中国经济体制改革的深入发展具有重要的参考意义。

当时，易纲作为中国留美经济学会会长，负责邀请美国的经济学家；张维迎作为中国经济学会（英国）副会长，负责邀请英国和欧洲其他国家的经济学家；我负责邀请国内的经济学家，并且中改院承担了会议的组织工作。会议的主题和日程安排是我们共同商定的。

当时，出席会议的中方经济学家和有关方面负责人有：中国经济体制改革研究会会长安志文，国务院发展研究中心主任孙尚清，全国人大常委、中国社会科学院研究员董辅礽，国家体改委原副主任高尚全，国家体改委副主任马凯，中国经济体制改革研究会副会长童大林、杨启先，中国银行副行长周小川，中国人民大学校长、教授黄达，中央党校教授王珏，北京大学经济学院教授肖灼基，中国社会科学院经济研究所研究员樊纲，国家计委经济研究中心副主任黄范章，南京大学国际商学院教授洪银兴，等等。

当时，与会的境外知名学者有：香港中文大学经济学院院长、教授张五常，香港科技大学校长吴家玮，台湾"中华经济研究院"院长于宗先，美国哈佛大学教授杰弗里·萨克斯、德怀特·帕金斯和威滋曼，康奈尔大学教授布鲁斯·雷诺兹，普林斯顿大学教授邹至庄，南加州大学经济学教授理查德·德伊，福特基金会彼·盖斯兰，美国商会副总裁威勒特·沃克曼，英国牛津大学中国研究中心主任林至人，牛津大学经济学分部主任、学院院士戴瑞克·茅瑞斯，剑桥大学应用经济系主任、教授戴维·纽伯瑞，新加坡大学政治经济研究所教授黄朝翰、陈抗，世界银行亚太区中国蒙古局经济专家伯特·郝福满，世界银行驻中国代表处高级经济学家李静雯，亚洲开发银行主任、经济学家塞惕什·杰哈，国际货币基金组织中亚部主任埃凯罗·奥坦尼，欧洲共同体经济顾问马瑞欧·努提等。我国留学美国、英国的学者张维迎、周其仁、易纲、田军、田国强等20余人专程回国出席了这次研讨会。

这次会议为期3天，国务委员李铁映发表书面致辞，在这次研讨会上，共有7位专家在大会上发表了专题演讲，7位专家作了议题介绍，18位专家作了专题发言，其他专家在分组会上宣讲了论文或作了专题发言。

会上，国家体改委原副主任高尚全提出中国经济体制改革的基本经验是市场取向、渐进方式；中央党校教授王珏提出要加速从传统计划经济向现代市场经济的转化；国家体改委宏观调控体制司司长楼继伟提出关注货币、改善调控的总需求管理类体制若干问题；国家计委经济研究中心研究员郭树清提出发展中国的宏观经济管理；中国社会科学院经济研究所研究员樊纲提出了改革以来中国宏观经济三次波动的研究；中国社会科学院研究中心董辅礽就社会主义市场经济在我国能否正常、有效运行作了发言；国家税务总局许善达、马林提出中国的市场经济与税制改革；美国经济学家杰弗里·萨克斯提出了中国走向市场经济进程中的宏观改革；澳洲莫纳什大学经济学教授杨小凯提出了产权理论与中国的改革，认为一个有效的保护私人财产的法律制度是中国改革成功的关键。我的发言题目是"国有资产市场化：奠定中国社会主义市场经济的微观基础"。通过3天紧张而热烈的研讨，大家在中国走向市场经济进程中的很多重大理论与现实问题方面获得了新的、更为明确的认识。与会者普遍认为，这次会议组织得很好，开得很成功，在一些紧迫而重要的理论与实践问题方面有所突破、有所创新，达到了预期目的。

高尚全作会议总结时说，这次研讨会规模大、层次高、收获多、影响大。主要有三个特点：一是出席会议的代表来自不同的背景和专业领域，大都在各学科，尤其在经济理论、经济改革等方面是享有盛誉的专家学者；二是这次会议的议题具有相当的深度和难度，涉及的都是中国市场经济进程中的紧迫、复杂而又重要的问题；三是研讨会气氛热烈，大家畅所欲言，各抒己见，大胆发表自己的学术观点，并提出某些政策性建议。

这次会议层次很高、插曲也很多。有一件事，我现在还清楚地记得，香港中文大学经济学院院长、教授张五常在7月1日上午专题演讲环节有20分钟的发言，虽然会议安排了同传，但是他坚持使用自己带的翻译，并且他说的是粤语，导致严重超时。发言时间一到，著名华人经济学家邹至庄站起来提醒："你超时了！"张五常教授没有理会，继续发言。邹至庄教授第二次起身，径直走上讲台抗议："对不起，你严重超时，侵犯了我们的发言时间！"张五常教授没办法只好停止发言并离开会场。邹至庄教授、张五常教授都是在国际上很知名的华人教授。这次学术交流气氛就是如此活泼，大家各抒己见，个性鲜明，坦诚、开放、直率。

3. 与国家计委合办市场经济条件下政府作用国际研讨会

我国原有的政府机构体系是在计划经济体制下建立的，难以适应经济体制改革的需要。党的十四大提出建立社会主义市场经济体制的改革目标之后，如何看待市场经济条件下的政府角色，成为当时经济体制改革的重点难点问题。20世纪90年代，中改院多次举办相关国际研讨会，积极开展市场经济条件下政府作用的研究。

1997年1月7日—8日，市场经济条件下政府作用国际研讨会在海南海口召开。这次会议由中改院、国家计委宏观经济研究院、德国技术合作公司、联合国开发计划署、世界银行共同主办。本次国际研讨会代表100余人，主要由政府官员、国内外经济学术界专家学者及企业界人士组成。包括时任国家计委主任陈锦华、海南省委书记阮崇武等数十位省部级领导，以及国际国内知名经济学家。这次会议重点讨论了政府与市场、政府与企业、中央与地方3个议题。代表们指出，中国正处在一个很关键的时期，许多改革都同政府改革密切相关，充分发挥政府在市场经济条件下的作用，在很大程度上依赖于政府的自身改革。

陈锦华主任在会议发言中表明了举办这次会议的初衷，他说："我到国家计委工作快4年了，这4年也正是我国改革深化，并开始建立社会主义市场体制的重要时期，计划工作变化很大，实践提出了许多需要政府研究的重大问题。我确信，邓小平关于建设有中国特色的社会主义理论、关于市场与计划的论述，完全可以指导我们处理好这个问题，可以找到妥善的办法。召开专门的研讨会，听取国内外专家的意见，集思广益，这就是我的初衷。"

我在这次研讨会上发表了题为"中国经济转型时期的政府改革"的演讲。我认为，我国经济改革到了今天，许多深层次矛盾和问题都与政府改革越来越密切地交织在一起。随着市场化进程的不断推进，政府改革成了我国经济转型时期最具有全局性、长远性、深刻性的关键问题。对宏观经济进行有效的调控，需要政府改革；市场秩序的形成和市场环境的优化，也需要政府改革；国有企业的战略性改组，更需要政府改革。在这个基础上，我提出了4个问题：第一，如何适应社会主义市场经济体制的需要，让政府更好地履行公共管理职能？第二，如何有效地发挥政府作用，积极促进市场中介组织的发展？第三，如何科学分析我国政府人员的素质结构及其对实现政府职能的影响？第四，如何确保在中央统一领导和宏观调控下，合理划分中央与地方经济管理权限，充分发挥地方政府在推动市场化改革进程中的作用？

会后，中改院于1997年2月1日形成了《中国经济转轨时期加快政府改革（25条建议）》，提出：改革开放以来的实践表明，凡是重视市场作用、运用市场机制好的企业、地方和部门，经济就有活力，发展就快；相反，发展就慢，困难也多。但是，我们也认识到，市场绝不是万能的，特别是在我国市场还不发育，各种市场因素并不成熟的情况下，一味放任让市场的盲目性误导资源配置，对整个经济的发展，负面效应也是很大的。因此，政府的宏观调控不可缺少。但是，政府的宏观调控必须符合市场经济的运行规律。目前，我国的市场尚处于发育的阶段，整个市场经济还不规范，市场规则也很不健全，在这种情况下，政府的宏观调控一旦违背市场运行的规律，就会变成不必要的行政干预，就会阻碍经济的发展，危害市场的发育。因此，在体制转轨中我们很重要的一个任务就是要研究市场规律、熟悉市场规律、努力把握市场规律，任何与市场规律相冲突的政府宏观调控行为都必须审慎，都应尽可能避免发生。政府要重视企业和个人的首创精神及有效竞争。政府的宏观调控，必须尊重和保护企业、个人的首创精神，创造必需的环境，推进公平和有效竞争。政府应当把该管的事管好，把不该管的放开，让企业自主经营。

会后，中改院形成了《深化政府行政管理体制改革 加快政府职能的转变》的研究报告，提出公共管理职能是市场经济中政府最基本的职能，认为要实现经济体制的转轨和经济增长方式的根本性转变，必须对现有的行政管理体制作重大改革，彻底转变政府职能。

四、债务托管方案被采纳

我国经济体制转轨时期面临的一项艰巨任务，是如何积极妥善地解决传统计划经济体制所造成的大量债务问题。20世纪90年代中期，我国企业债务数量大，负债率高，达80%以上；相当多的企业实际上已无偿债能力，从而导致银行不良资产急剧上升，银行的资本结构进一步恶化。不少国有企业不但缺乏生产经营资金，连发工资、交税付利息也要依靠银行贷款。债务问题已使国有企业和金融业处于高风险状态，弄不好可能会因此诱发经济与社会风险。不全面解决债务问题，国有经济的战略性改组和国有银行商业化、市场化改革都难以迈开步子、取得实质性进展。

在这一背景下，中改院召开了中国商业银行体制改革国际研讨会，提出以解决不良债务为重点加快商业银行体制改革的思路，引起国家相关部门的重视和讨论。

1. 以解决不良债务为重点加快推进商业银行市场化改革

1995年，中国人民银行法、商业银行法相继颁布，进行商业银行体制改革的时机和条件已经成熟，形势迫切要求银行商业化能迈开实质性步子。正是在这样的背景下，1995年11月15日—17日，中改院、中国银行、中国经济体制改革研究会、联合国开发计划署、德国技术合作公司等几家发起单位经过较长时间的筹备并在多方面的协助下，包括与会专家的支持下，召开了中国商业银行体制改革国际研讨会。

如何从中国的实际出发，借鉴各国商业银行的经验，改革中国商业银行体制，是一个需要深入研讨的大问题。本着大胆探讨的精神，我和我的同事向大会提交了《以市场化为目标加快中国商业银行体制改革》的论文。我们提出了成立债务托管机构解决银行不良资产的思路。文中提出，从中国商业银行和国有企业的债权债务现状出发，迫切需要由政府组织建立一个具有高度权威性的债务托管机构，用3~5年时间一揽子负责经营、管理和处置目前国有商业银行的不良资产，并进而推动国有企业的重组。

这次会上，中国证监会原主席、国家体改委副主任刘鸿儒在发言中说:"我作为金融改革的参与者,讲一点自己的体会和看法。我们分别同国际货币基金组织、世界银行和联合国开发计划署联合召开的有关金融改革国际研讨会,给我印象比较深的有3次:第一次是1986年,在金融改革掀起高潮的时候,是讨论整体改革方案的具体化时;第二次是1991年年底在中改院,重点讨论了中央银行的货币政策问题;今天,又在这里讨论商业银行改革的问题。这几次都是在中国的经济改革进入到一个关键阶段时,讨论一个突出的问题。我觉得,这样的合作对于推进中国金融改革会发挥长远的积极的作用。"

《人民日报》《光明日报》《新华每日电讯》《经济参考报》等国内媒体对这次会议作出了广泛报道。新华社《国内动态清样》还以《迟福林认为商业银行体制改革面临四个难题》为题刊发了内参。

同年12月,中改院参考本次会议上中外专家的若干意见,并在自己研究的基础上,形成《以解决不良债务为重点加快商业银行体制改革(30条建议)》。报告认为:第一,在解决债务过程中,把国有经济战略调整与国有银行商业化同步推进。第二,尽快建立权威性的债务托管机构,全面实行债务托管,力争在"九五"期间彻底解决债务问题。第三,以解决债务问题为契机,稳步推进银行组织体系向公有制为主体的股份化商业银行转变。第四,经济转轨时期,尤其在解决债务过程中,必须把防范金融风险放在首位。这份关于通过债务托管解决不良债务、推进银行商业化、股份化改革的建议,引起国家有关部委的高度重视,并组织专人讨论研究。

2. 建言把债务重组与企业重组结合推进

1996年9月18日—20日,中改院与国家经贸委企业司、中国经济体制改革研究会、德国技术合作公司联合召开了中国国有企业债务问题国际研讨会。当时,国家经贸委副主任陈清泰、副秘书长兼企业司司长蒋黔贵、中国经济体制改革研究会副会长高尚全,以及来自世界银行、德国、荷兰、日本、新加坡和国务院证券委员会、中国人民银行、北京大学、中央党校等各界百余名专家学者参加会议。

会议围绕解决国有企业债务问题的国际经验、企业重组和债务重组、政府作用等问题进行了研讨，并交流了企业试点的一些成功经验，对包括债务托管在内的解决国有企业债务的思路和方案进行了比较分析。会后，形成了《中国国有企业债务问题国际研讨会综述与建议》政策建议报告，提出分类处理、多渠道解决不良债务的思路和办法。此建议报告受到国家经贸委领导的重视。

同年10月3日，中改院形成《中外专家关于解决我国国有企业债务问题的建议》，并呈报给中央有关部委。

3. 探讨经济转型时期国有企业债务问题

这次会后，我就经济转型时期的国有企业债务问题在《经济界》等刊物发表了几篇文章。我提出，国有企业的严重债务是个全局性问题，少量企业的兼并、破产虽然可以在某些局部取得成效，但不能从根本上全面解决问题。为此，必须积极寻求全面的解决办法。从国有企业的债务现状出发，需要由政府建立一个具有权威性和过渡性的债务托管机构，一揽子负责管理和处置国有企业的大量债务，并全面推动国有企业的重组。债务托管机构的主要任务有两项：第一，从国有银行接管企业的不良债务，把银行解放出来，使银行的商业化真正迈开步子；第二，托管机构通过拥有相关企业的债权，参与企业重组，进而推动企业全面的市场化改革。

企业改革没有突破，银行商业化就难有实质性进展；银行不实行商业化，企业改革也难以推进。我们提出的债务托管方案，就是要使政府、银行、企业各方都成为债务重组的责任方，并据此提出化解企业债务的5条设想。其中有一个重大的问题需要得出务实的结论，即当时的国有银行能否成为债务重组的主要责任方。毫无疑问，大量不良债权的形成，国有银行有重要责任。但造成大量不良债权的深层次原因之一，是银行体制的严重不合理。这种体制性障碍在当时尚未有实质性变化。如何加快推进国有银行的商业化改造,已成为那时我国经济转轨的重要任务。

建立债务托管机构,把银行的不良债权接过来,会为银行的商业化改革创造条件。在当时银行体制和现状下,银行难以扮演化解不良债权的主角,弄不好可能由此产生新的更为复杂的问题。银行与企业的债权股权转换是债务重组的关键问题。问题在于,债权股权转换并非要由现有国有银行来做股东。可以通过托管机构把债权转为股权出售。这样做有利于加快银行的商业化改革,这对于化解一部分不良债权和推动企业重组也是十分重要的。

为此,应结合债务问题的解决,逐步对国有商业银行实行股份制改造。当时,从国际上国有商业银行发展的经验和我国银行的现状看,国家控股的股份制银行具有更多的优越性。尤其在处理国有企业债务过程中,国有银行的国有资本金会相应缩减,为保证商业银行资本金的充足率,要吸收各类投资基金等机构投资者入股,以及适当吸收社会公众入股和外来资金入股,由此形成广泛的公有股和较为合理的股权结构。同时,要加快培育和发展一批新的商业银行,为国有银行的改革与债务重组拓展空间。这些观点与建议,对商业银行的改革与转型发挥了重要作用。

五、《加快建设公共服务型政府》论文获得孙冶方经济科学奖

从事改革研究以来,政府改革与政府转型始终是我研究的重点。1984年,我还在中央党校学习时,就开始讨论政治体制改革特别是行政体制改革的相关问题。1986年10月,我调入中央机关工作,研究的主要方向也是政治经济体制改革。到20世纪90年代初担任海南省体改办主要负责人期间,我工作的重点之一是推动海南的"小政府、大社会"实践。主持中改院工作33年来,中改院多次召开关于政府改革的座谈会和国际研讨会,并且受中央相关部委委托,从事多项行政体制改革方面的咨询

项目，为推动政府改革与政府转型的理论与实践发挥了自己的作用。

1. 提出"从'经济建设型政府'转向'公共服务型政府'"

2003年暴发的SARS危机，是我国改革开放20多年来发生的一次最大的公共卫生突发事件。在危机发生初期，多种因素的作用已在一定程度上引发了社会恐慌和社会危机。虽然中央政府采取了一系列重要决策，安定了民心、稳定了社会，但也暴露出政府作为社会性公共服务主体缺失的问题。

2003年6月，中改院向中央有关部委报送了《从"经济建设型政府"转向"公共服务型政府"（14条建议）》；7月12日，中改院在北京召开以"建设公共服务型政府"为主题的改革形势分析会，会议由我主持。会上，部分专家有不同意见，说："政府不搞经济建设，怎么叫政府呢？政府不就是经济建设的主体吗？"会后不久，我在某省会城市向300余位处级以上干部就政府转型作专题讲座。讲座结束后，一位市长直截了当地对我说："我不赞成你的观点。政府就是要做经济建设的主体，否则要政府做什么？"

带着这些问题，我与同事继续深入研究，并于当年的12月向中央相关部门呈报了《加快建设公共服务型政府（24条建议）》；12月24日《经济参考报》以《加快建设公共服务型政府》为标题全文刊发这份建议报告，对政府转型的实践产生了重要影响。后来，《加快建设公共服务型政府》一文获2004年度（第十一届）孙冶方经济科学奖（论文奖）。

回过头看，我国是一个发展中大国，又是一个经济转型大国。适应经济社会发展大趋势，有效地发挥政府在经济社会转型中的作用，是我国改革发展的一条主线，也是我国全面深化改革开放最具有全局性、深刻性的重大课题。

2.SARS危机后出版《警钟》《门槛》

SARS危机中，海南是"无疫岛"。当时，看到形势十分紧张，大家忧心忡忡。中改院由我牵头组成课题组，就SARS危机背后的深层次根源开展研究并提出相关建议。在SARS危机中，我写了若干篇文章，例如《SARS危机为中国改革敲响警钟》《从"经济建设型政府"向"公共服务型政府"的转变》《以人为本与信息公开》。这些文章的核心观点是，尽快实现从经济建设型政府向公共服务型政府的转变。

2003年6月4日，我完成了《加快向公共服务型政府转变——SARS危机后的我国政府改革》一文并提出经过20多年经济的持续增长，在国家财力大幅度增加的情况下，为什么公共卫生和医疗的欠账还如此严重？为什么农村公共卫生和医疗的现状还远不如改革开放以前？从有关数据看出，我国经济增长的成果没有主要投资于公共卫生和医疗、社会保障、教育等社会事业的发展。虽然投资的总量有所增加，但投资比例并未有多大改变，甚至还有所减少。形成这一问题的主要原因在于，政府仍是一个经济建设型政府，远没有完成向公共服务型政府的转变。当然，经济建设型政府，比照传统计划经济体制下的政府职能，这是一个进步。但是，从改革的要求看，这又只能是一个过渡。因为经济建设型政府有两个严重的误区：一是长期作为经济发展的主体力量，起主导作用；二是不恰当地把本应由政府或政府为主提供的某些公共产品，如农村公共卫生和医疗，推向市场、推向社会。从SARS危机中吸取教训，最具实质性的行动步骤是政府改革，即加快由经济建设型政府向公共服务型政府的转变。

后来，我将这些文章汇编为《警钟》、《门槛——政府转型与改革攻坚》（简称《门槛》）。这些观点，成为2004年我国经济学界讨论的重要话题，并逐步在经济学界形成共识。

《警钟》曾被媒体称为是"非典疫情结束后，来自学术界的专题研究报告"，分为8个部分，分别为"SARS危机后的政府改革""SARS危机后的公共卫生体制改革""SARS危机后的信息制度建设""SARS危机后的社会机制建设""SARS危机后的农村改革""SARS危机后的法律制度建设""SARS危机后的中国社会经济发展战略""SARS危机与国际交流合作"。

我们提出，SARS危机后我们需要反思的事情很多，需要做的事情也很多。在我看来，SARS危机后的改革尤为重要。主要的根据有两条：一是SARS危机前期出现的某些失误和问题，暴露了现行经济体制、政治体制的某些严重弊端，也反映了我国在改革发展实践中的某些问题和偏差；二是4月20日以后中央政府应对SARS危机采取的重大措施，包括建立严格的疫情公布制度、相关人员的人事任免、加强应对SARS危机的统一协调、主动与国际社会沟通合作、出台《突发公共卫生事件应急条例》等，都带有某种制度变革的因素。

《警钟》一书有几点概括。第一，改革远未到位。面对SARS危机的压力，应当对改革的现状作出客观的评价。第二，改革要更多地关注民生问题。SARS危机逼迫我们深刻地反思改革和发展的目标取向。第三，政府的主要职能是提供公共产品和公共服务。SARS危机逼迫政府加快由经济建设型转向公共服务型。第四，社会结构失衡。SARS危机逼迫我们积极推进社会体制改革，加快社会文明的建设进程。

《警钟》一书中提出，改革要更多地关注民生问题，政府的主要职能是提供公共产品和公共服务。海内外大量的实践证明，长期以GDP经济增长为主要目标，忽视经济社会协调发展和社会公平的增长是一种不可持续的增长。政府需要由经济建设主体向经济性公共服务主体转变，由以GDP为中心向以制度创新为中心转变，由单纯注重经济增长向同时关注社会发展转变，即政府要成为经济性公共服务、制度性公共服务、社会性公共服务供给的主体。

经验证明，改革需要环境的压力，压力对于加快改革开放进程有十分重要的作用。我借用"警钟"一词，目的是清楚地表达SARS危机中的改革压力。压力之下，清醒的估计和深刻的反思，将对SARS危机后我国的改革进程产生积极影响。记得当时，凤凰卫视主持人杨锦麟主持的节目《有报天天读》就以"SARS危机给改革敲钟"为题对此作了较长时间的解读。

从2003年以后，我沿着政府转型的改革思路，对行政体制改革、行政权力结构调整等政府转型领域更深层次的矛盾问题开展研究，并提出相关建议。2003年5月—2005年9月，我把很多精力放在关注与研究政府转型问题方面。中改院也把重点研究课题放在政府转型上，并且以政府转型为主题多次召开国际研讨会，产生了一些重要研究成果，引起较为广泛的影响。我计划将自己此期间发表的关于政府转型的文章集结出书，一时想不出书名。记得当时我正在参加海南省委的一次会议，脑海里一直在琢磨这本书起个什么名字好，拿起笔在草稿纸上写了10来个名字，突然，"门槛"这个词印入了我的脑海。我一想，这个书名好！

当时将政府转型的书命名为《门槛》，意在说明政府转型是改革攻坚的必经之"坎"。下一步，我国改革攻坚能否取得实质性突破，关键在于我们能否跨过政府转型这道"门槛"。

3. "建设服务型政府"被写入《政府工作报告》

2004年10月18日，我参加了国务院总理主持召开的专家座谈会。在会上，我以调研中了解到的情况为例当面向总理建议：要加大公共服务支出总量与在中央财政总支出中的比例，特别是要逐年加大社会性公共服务的比重，政府要担当起公共服务方面的责任。很高兴地看到，2005年《政府工作报告》中明确提出，"努力建设服务型政府。创新政府管理方式，寓管理于服务之中，更好地为基层、企业和社会公众服务"。

2006年2月6日上午，总理在国务院小礼堂主持召开经济社会领域专家学者座谈会，重点讨论《政府工作报告》和"十一五"规划纲要草案。我在这次座谈会上建议将"加快行政管理体制改革"写入《政府工作报告》，并建议"及早组织力量研讨'十一五'时期行政体制改革总体方案"。总理当场表示，"报告中改革的分量要进一步加强，关于改革的内容不要吝惜笔墨"。令我高兴的是，"十一五"规划纲要，用较大篇幅叙述"行政管理体制改革"。

后来,"建设服务型政府"逐步进入党的文件。2006年10月,党的十六届六中全会通过的《中共中央关于构建社会主义和谐社会若干重大问题的决定》强调,"建设服务型政府,强化社会管理和公共服务职能"。这是首次在党的文件中提出服务型政府的明确要求。2007年10月,党的十七大报告中明确提出,"加快行政管理体制改革,建设服务型政府"。2012年10月,党的十八大报告提出,"要按照建立中国特色社会主义行政体制目标,深入推进政企分开、政资分开、政事分开、政社分开,建设职能科学、结构优化、廉洁高效、人民满意的服务型政府"。

4. 连续召开6次建设公共服务型政府国际研讨会

为广泛征求专家意见,凝聚改革共识,2003—2006年,中改院举办6次国际论坛,围绕"建设公共服务型政府——中国转型时期政府改革国际研讨会""建设公共服务型政府——政府转型与中国经济社会协调发展""政府转型与建设和谐社会""政府转型与社会再分配""中国:公共服务体制建设与政府转型""中国公共服务体制建设:中央与地方关系"等重大问题,专门讨论建设公共服务型政府相关问题。从今天政府改革与政府转型的实践看,这些议题的选择仍然相当有价值。

记得第一次会议上,我以"建设公共服务型政府对中国改革的四大影响"为题作主题演讲。主要观点是:由经济建设型政府向公共服务型政府转变,就是要探索现代市场经济条件下政府改革的新路。政府转型对于我国市场化改革进程具有决定性的影响,对于解决我国社会严重失衡,建设现代社会具有决定性的影响;政府转型是一场深刻的"政府革命",对于"政府再造"具有决定性的影响。

建设公共服务型政府,就是要求政府不应当再扮演经济建设主体的角色;不应当再垄断更多的经济资源和经济权力;不应当拥有部门利益和集团利益;更不应当产生令百姓痛恶的体制性、部门性的腐败问题。政府应当成为为市场主体和全社会服务的公共管理和公共服务机构,应当成为能反映和代表广大人民群众利益的公共服务型政府。因此,建设公共服务型政府，不是简单地对现有政府管理体制的修修补补，不是单纯地对现有行政管理体制的增增减减，也不是一般性的政府职能调整，而是建立一个与经济转型、社会转型相适应的，以人为本的现代政府。从这个意义上说，政府转型实质上是一场深刻的"政府革命"，这场"革命"，对于抑制和解决严重的腐败问题，对于加快建立一个适应现代市场经济社会的有效政府，实现"政府再造"，具有至关重要的作用。

当时，中国新闻社记者在中新网发出一篇报道指出："一个主题为'建设公共服务型政府'的中国转型期政府改革国际研讨会，今天在此间开幕。130多位来自国内外的专家学者，在微寒之中进行了气氛火爆的讨论，凸显内地官商学各界热切关注由中共官方发起的这次政府转型改革。"

再比如，2004年的国际论坛上，全国政协原副主席、中国企业联合会会长陈锦华同志作了题为"认真研究中国改革发展新形势下的政府作用"的演讲，主要强调了三点：一是执政党能力建设对政府转型提出了迫切要求；二是认真研究中国经济社会转型时期的政府作用；三是改革攻坚阶段政府如何领导和谋划改革。我以"建设公共服务型政府与经济的平稳较快增长"为题作了演讲，提出三点看法：第一，在初步建立市场经济体制框架的前提下，我国经济的增长方式要实现由政府主导向市场主导的转变。第二，我国是一个发展中国家，也是一个转轨大国。政府的经济职能要尽快地实现从经济建设主体向经济性公共服务主体的转变。第三，我国仍处于改革的攻坚阶段。通过改革不断地提供更多、更有效的制度性公共产品，已成为经济持续快速增长的关键因素。因此，政府应尽快实现以GDP为中心向提供制度性公共产品为中心的转变。

结合这几次论坛的研讨，中改院陆续形成《以宏观调控为契机，加快建设公共服务型政府的建议（18条）》《以政府转型为重点建设和谐社会（16条建议）》《适应我国公共需求变化，加强政府社会再分配职能（20条建议）》《加快建立社会主义公共服务体制（18条建议）》《以基本公共服务均等化为重点调整和改革中央地方关系（9条建议）》等一系列政策建议并上报有关部门，在政府转型的理论与实践中发挥了积极作用。

六、参加总理座谈会　建言行政体制改革

2006年前后，我与中改院相继提出以政府转型为主线推进行政体制改革的一系列政策建议，对相关决策发挥了一定的参考作用。在我看来，行政体制改革不突破，建设公共服务型政府就难以有实质性进展。

1."放管服"改革：社会智库第一次参与国事评估

进入21世纪以来，中改院积极参与国家改革规划研究课题，为行政体制改革出谋划策。2009年年初，受国家发展改革委规划司委托，中改院课题组完成"'十二五'改革规划研究"课题，提出以发展方式转型为主线的"十二五"改革思路，并提出掣肘发展方式转型的突出矛盾在于政府转型滞后。

2009年8月，中改院课题组形成《推进以政府转型为主线的行政管理体制改革（10条建议）》报告。这份建议报告首次系统提出我国"十二五"行政管理体制改革三个方面的重大任务。第一，适应发展方式转变，实现经济运行机制由政府主导向市场主导的转变。第二，适应社会公共需求变化，确立政府在公共服务中的主体地位和主导作用。第三，加快政府自身建设与改革，形成公共权力行使的规范的制度框架。这份建议报告对政府的经济职能、社会职能进行了具体的设计。这份报告所提出的大部门制改革的方案设想，建立中央地方规范的公共职责分工体制，在公共服务体系框架下整体设计和全面推进事业单位改革等，对我国"十二五"的行政管理体制改革起到了重要参考作用。

2015年7月，中改院受国务院办公厅委托，承担"推进简政放权、放管结合、优化服务"相关政策措施落实情况的第三方评估。当时，国务院办公厅委托中国（海南）改革发展研究院、中国科学院、国务院发展研究中心、国家行政学院、中国科学技术协会等独立第三方开展评估，

社会智库只有中改院一家。这是社会智库首次参与国事评估。

中改院高度重视，立即组成调研组。2015年7月27日—31日，课题组成员分别赴广东、湖南两省进行专题调研。调研组召开政府相关部门座谈会、企业家座谈会，深入政务服务中心、网上办事大厅，查阅被评估单位提供的文字资料，随机走访企业、群众，听取各方面对"推进简政放权、放管结合、优化服务"的进展、问题和下一步深化简政放权改革的建议。此外，中改院评估组在北京先后与商务部、教育部、中编办等相关部委座谈。

简政放权的推进，在服务业领域相当不容易，尤其在教育领域的市场开放上，多方面有不同的意见。记得我担任国务院第三方评估组组长到教育部调研，举行座谈会时参与的有十几位司长。当谈到教育要不要开放时，一位资历比较老的司长马上站起来，说："教育不能谈开放，这涉及意识形态。"我说："是在中国法律制度下、按照中国的要求允许国外高等学校来办大学涉及意识形态呢，还是我们的孩子到国外的大学去学习更涉及意识形态呢？"在我看来，我国教育改革开放程度与教育发展不相适应。职业教育是我国的教育短板，但发起设立一个职业教育学院，面临着行政许可、土地、资金、人事制度等一道道难关。为此，中改院一再建言要推进教育二次改革，优化民办教育发展环境，鼓励社会力量兴办教育，形成民办教育与公办教育平等竞争、共同发展的新格局。

在广泛调研中，2015年8月15日，我带领中改院团队完成《推动简政放权改革向纵深发展——关于"简政放权、放管结合、优化服务"政策落实情况的第三方评估报告》。2015年9月16日，国务院总理主持召开国务院常务会议听取汇报。我代表课题组就参与全国简政放权政策落实情况的第三方评估作简要汇报。汇报的主要内容如下。

（1）监管转型滞后已成为深化简政放权的突出矛盾

监管转型滞后的矛盾问题突出；监管转型滞后掣肘简政放权改革；以监管转型为重点形成深化简政放权的现实路径。

(2) 深化监管体制改革是监管转型的关键

建议把监管转型作为深化简政放权改革的主攻方向，对现有监管体制进行总体设计和系统性重构，以此带动"含金量"更高、社会受益面更广、带动经济转型升级更直接的行政权力下放。完善包括专业性监管和综合性监管在内的监管体系，实现行政审批与市场监管严格分开；推行法人承诺制，形成以企业信用为基础的事后监管；全面实施企业自主登记制度；适时取消企业一般投资项目备案制。

(3) 推进重点领域的监管转型

推动金融监管转型是当务之急，建议尽快形成混业监管的制度性、机制性安排。适应全社会消费需求升级的大趋势，由监管部门牵头，建立国家层面权威的第三方消费品溯源平台，形成统一标准，实现全程溯源，保证溯源数据信息的真实性和完整性。以服务业为重点推进垄断领域的监管转型，建立反垄断审查机构对其审查的机制，尽快对现行行政法规进行系统的反垄断审查，废除各类导致行政垄断的行政法规。

这份报告按照全面深化改革的总体要求，把"市场在资源配置中起决定性作用和更好发挥政府作用"作为评估的重要依据，提出尽快形成纵深推进简政放权改革的行动路线图。所建议的相关内容，比如明确打通"最后一公里"的具体目标，把加快监管转型作为简政放权改革的重点，实现职能定位调整优化与规范部门权责清单有机结合，调整优化行政权力结构与规范部门权责清单有机结合，成为后来深化行政管理体制改革的重要实践。

2. 总理"布置作业"，交办"行政权力结构调整"重要课题

进入新世纪以来，中央一再强调政府职能转变，为什么转变仍不到位？我国的行政体制改革，已经触及深刻的权力结构调整和复杂的利益关系调整。为此，2008年我在向全国政协提交的提案中建议，建立中央改革协调机构，以统筹协调各部门，以及中央与地方的利益关系。这一建议得到中央机构编制委员会办公室的较高评价。

自2012年党的十八大以来,我国持续深化"放管服"改革,以"简政放权、放管结合、优化服务"为主要抓手,三管齐下,为市场主体松绑减负,对行政监管机制进行优化创新,加快推进向服务型政府的角色转变。从当时的改革实践看,"放管服"改革受到行政权力不合理掣肘的矛盾日益突出。

2015年1月26日下午,国务院总理主持召开座谈会,听取专家学者和企业界人士对《政府工作报告》的意见建议。在这次座谈会上,我提出了"行政权力结构调整"的建议。总理当场"布置作业",希望我所在的中改院深入研究从中央政府到基层政府的权力结构。总理在这次座谈会上提到,如果连权力结构都没弄清楚,就给市场"发号施令",代企业规划,这是政府"不该做的工作",很多甚至可能根本就是讲空话![1]

这次座谈会后,我和我的同事加班加点,于2015年6月30日形成《面向2020的行政权力结构改革(60条建议)》和《深化以简政放权为重点的行政体制改革》研究报告,提出行政权力结构改革成为新阶段简政放权改革向纵深推进的关键和重点,在全面深化改革中居于中枢地位,牵动影响全局。中改院关于行政权力结构调整的建议提出了形成现代政府治理的基本框架,突出强调了实现政府职能法定、行政程序法定、执行机构法定、机构编制法定等方面的改革任务。记得当时人民网记者采访我时,我把行政权力结构调整形容为"政府自己给自己动刀子","会带动整个经济体制的深化,推动经济转型"。

后来,国务院主要领导批示要求相关部门认真研究如何充分利用"60条建议"。中央编办发专函对中改院行政权力结构调整研究成果给予高度评价。这份报告中建议的"市场监管总局""金融监管总局""国家移民局""国家监察委员会"等都在后续的机构改革中有所反映。

今天,我国处理好政府与市场关系的改革任务远未完成,政府转型和政府改革的任务也远未完成。党的二十届三中全会突出强调"聚焦构

---

[1]《政府不要总给市场"发号施令"》,2015年1月28日,中国政府网。

建高水平社会主义市场经济体制，充分发挥市场在资源配置中的决定性作用，更好发挥政府作用"，并对"推进政府机构、职能、权限、程序、责任法定化""建立权责清晰、财力协调、区域均衡的中央和地方财政关系"等作出重要部署。[①] 中改院33年来所提出的政府转型与改革的相关建议，如"推动政府职能法定化""推动行政程序法定化""推进机构编制法治化""建立中央与地方公共职责分工体制"等，对于新时代构建高水平社会主义市场经济体制，深化行政管理体制改革仍具有一定参考价值。

七、10年政协委员5次大会发言

2008—2017年，我担任了第十一届、第十二届全国政协委员。以一名政协委员的身份，在人民政协的平台上尽心履职，为改革建言献策，我将这段经历视为宝贵的人生履历。这10年间，每次到全国各地参加研讨活动，主持人在介绍我是中国（海南）改革发展研究院院长之前，都会先介绍我是全国政协委员，这让我深感压力，更觉责任重大。特别是作为一名改革研究学者，我深感有责任为全面深化改革多建言、多发声。在内心深处，我时刻提醒自己作为政协委员，就是要关注社会民生问题，体恤民众困苦，改善民生环境。这10年来，我向全国政协大会提交提案46份、口头发言9份、书面发言13份。

政府与市场关系是中国改革的核心问题。担任第十一届、第十二届全国政协委员期间，我有幸5次在全国政协大会上发言，在每次发言中，我都以处理好政府与市场关系作为主题，积极建言改革。

2008年3月9日，在人民大会堂举行的全国政协十一届一次会议上，我以"推进新阶段全面改革的三点建议"为题作大会发言。围绕"要以新的思想解放推动新阶段改革开放的突破""要以行政管理体制改革为重点推进新阶段的全面改革""尽快建立高层次的改革协调机构"三个方面

[①] 《中共中央关于进一步全面深化改革　推进中国式现代化的决定》，人民出版社2024年版。

发言，这次发言受到国内外媒体的广泛关注。这也是我第一次作为全国政协委员在人民大会堂发言。

第二次大会发言是2011年3月10日，在全国政协十一届四次会议上，我以"推进以转变经济发展方式为主线的政府转型"为题作大会发言。我在发言中指出，"十一五"规划曾明确把加快行政体制改革作为改革攻坚的重点。行政体制改革虽有多方面进展，但经济发展方式转变的体制性障碍仍十分突出。我提出三点建议：一是尽快改变政府主导型的经济增长方式；二是确立并实施民富优先的改革导向；三是以公益性为重要目标优化国有资源配置。

第三次大会发言是2013年3月7日，在全国政协十二届一次会议上，我以"以政府改革带动全面改革的突破"为题作大会发言。我指出，能不能抓住当前政府换届的改革时间窗口，以政府改革为切入点实现全面改革的突破，全社会有着很大的期待。我在发言中强调，改革更需要加强顶层设计、统筹规划和综合协调，建议尽快建立一个高层次的改革协调机构，加强对全面改革的组织和协调。

第四次大会发言是2014年3月7日，在全国政协十二届二次会议上，我以"以发挥市场决定性作用为重点深化全面改革"为题作大会发言。我认为，党的十八届三中全会《决定》提出的"使市场在资源配置中起决定性作用"，是一个历史性突破：不仅牵动经济体制改革，也将倒逼全面改革。

第五次大会发言是2017年3月9日，在全国政协十二届五次会议第二次全体会议上，我以"供给侧结构性改革重在处理好政府与市场关系"为题作大会发言。我指出，要紧紧抓住政府与市场关系这个"牛鼻子"，实现全面深化改革的重大突破。我提出五点建议：一是处理好"三去一降一补"中的政府与市场关系；二是处理好深化国企改革中的政府与市场关系；三是处理好深化农村土地制度改革中的政府与市场关系；四是处理好服务业发展中的政府与市场关系；五是处理好监管变革中的政府与市场关系。

全国政协、大会发言人选都是"百里挑一",发言稿也都是经过层层把关。记得党的十八届三中全会召开后,2014年3月7日,在全国政协大会上的发言结尾,我由衷地说了一句:"各位委员,我们有责任为推动这一具有历史性意义的全面改革尽心竭力!"其实,这句话是脱离稿子之外的,现场的工作人员紧张极了:迟委员这是要说什么?!发言结束后,不少委员笑着说:"老迟,你最后这句话很动情呀!"也有一些熟悉的委员对我说:"你坚持研究改革30多年,在海南岛待了27年,不容易!"还有的委员说:"老迟,在全面深化改革的大背景下,你这个改革研究学者,就是要多讲讲,多发出点声音。"说句心里话,我很感谢大家的鼓励,作为研究改革的学者,需要在建言国是的重要场合多争取机会,多发表有价值的建议。

第三章
建言深化农村改革的历史责任

城乡融合发展是中国式现代化的必然要求。必须统筹新型工业化、新型城镇化和乡村全面振兴，全面提高城乡规划、建设、治理融合水平，促进城乡要素平等交换、双向流动，缩小城乡差别，促进城乡共同繁荣发展。

保障进城落户农民合法土地权益，依法维护进城落户农民的土地承包权、宅基地使用权、集体收益分配权，探索建立自愿有偿退出的办法。

发展新型农村集体经济，构建产权明晰、分配合理的运行机制，赋予农民更加充分的财产权益。

——党的二十届三中全会《中共中央关于进一步全面深化改革　推进中国式现代化的决定》

至今为止，我国农村人口占比仍然很大。农村的发展决定我国发展的前景，农民的富裕决定中国的富裕程度，这是一个基本国情，也是一个基本判断。我至今清楚地记得30多年前杜老（杜润生）的教诲："小迟，你要不断为深化农村改革建言！"我国的改革开放是从一个农业大国起步的。解决好农村问题，尤其是让农民走向富裕之路，才能实现改革中多数人的利益。

正是基于这个基本认识，33年来，我与中改院的同事坚持建言农村改革，尤其是全面落实农民土地财产权。我们在农村土地制度、农村经济发展、农民权益保护等方面提出了"赋予农民长期而有保障的土地使用权""让农民工成为历史""让城乡二元户籍制度退出历史舞台"等建议，在农村改革的政策决策中发挥了自己的作用。

一、20世纪90年代初提出"农村经济改革60条"

1995年，中改院在充分调查研究的基础上，向中央有关部门提交了《关于深化农村经济改革（60条建议）》，提出要从制度上稳定广大农民的预期。这份报告在深化农村土地使用制度改革、深化农产品购销体制改革、完善农产品宏观调控等方面提出许多重要建议。记得原国家体改委副主任张皓若看到这份建议后对我讲："老迟，这'60条'太好了，直接报！"

1. 吃不饱饭的记忆

改革开放之初，我国9.6亿人中，8亿人在农村，但是农业凋敝、农民吃不饱饭是常有的事。在我的记忆中，那时有一个总不变样的事，就是几乎天天吃土豆，由于没有油，土豆只能煮着吃或烤着吃。直到今天，土豆仍然令我难以下咽。记得那个年代，我肚子饿得实在受不了，就爬上树采榆钱儿吃，有时候不小心连虫子都一块儿吃下去。我院的一位同事的老家在河南农村,改革开放之初他家的主食是地瓜,常吃地瓜干。我小时候也吃地瓜干,嚼一嚼挺香,但是嚼多了胃里就反酸水,不吃咸菜是吃不下的。

1968年,我参军入伍,自此穿了20年的军装。1970年,部队派我到乡下"支农",早、午、晚三顿饭,我每天到不同家庭去吃饭,把全村100多户几乎都吃遍了。但是,部队有规定,不允许到村民家里吃米、吃面,只能吃糊糊和窝窝头。3个月下来,我瘦了十几斤。

1978年,安徽省凤阳县小岗村的18位村民挤在一间破旧的屋子里,为什么他们会冒着"杀头"的风险,在土地承包责任书上按下红手印,决定实施"大包干"?当年,在农民生活难以为继的背景下,安徽省委作出"借地种粮"决策,唤起了农民的生产自救积极性。凤阳县小岗生产队成为全国农村搞"包产到户"的一个典型。1978年11月24日,小岗村18位农民在严宏昌的带领下,在一张"包干到户"的字据上写道:"我们分田到户,每户户主签字盖章,如以后能干,每户保证完成每户的全年上交和公粮,不再向国家伸手要钱、要粮;如不成,我们干部坐牢杀头也甘心。社员们也保证,把我们的小孩养活到十八岁。"这就是由18位农民冒险签下的"生死契约"。就是这份契约,拉开了我国农村改革的序幕。实行"大包干"后的第一年,小岗村在遭遇罕见大旱的情况下,仍然取得了大丰收,1年的粮食产量相当于以往5年的总和。小岗村人不仅吃饱了肚子,还上交粮食给国家和集体,当年实现人均纯收入400元,是上一年的18倍。[①] 此后,小岗村的创举有如星星之火燎原,成为全国农村改革的先锋。

农村的经济改革,被普遍誉为中国经济体制改革中最为成功的一个领域。人们赞誉农村改革的成就,不仅在于近年来农村经济的高速增长,更主要的在于农村的改革使农民转变了观念——"交够国家的、留足集体的、剩下的都是自己的"。农村改革首战告捷,彰显了改革的

---

① 《"红手印"见证中国改革的一声惊雷》,《光明日报》2021年3月23日。

"威力"。

2. 筹备建院之初的第一个课题组

参与改革研究以来，农村问题特别是农村土地问题就是我关注的重点课题。尤其从中央机关到海南后，当时推进县级综合改革是海南省体制改革办公室的工作重点之一。县是城乡的接合部。县级综合改革必须从县的特点出发，使农村改革同县的改革配套进行。按照深化农村改革的要求，逐步进行县一级的各项改革。

筹备建院之初，中改院就将"土地改革方案与操作方案"列入《中改院发展规划》。1990年，我邀请陈锡文、史维国一起组成了中改院农村经济改革课题组，还邀请杜润生主任担任课题顾问。陈锡文同志是我国农业经济研究战线的干将，曾担任中央农村工作领导小组成员兼办公室主任，是中改院最早的网络成员之一。当时，陈锡文同志的工作还没有正式安排，在我邀请下，他来到了海南，在中改院待了一段时间。史维国教授是我在中央党校的老师，曾担任中央党校理论部主任。课题组经过系统研究，并邀请杜润生、王郁昭等著名农业问题专家座谈交流，最终形成《九十年代农村经济改革与发展的主题：结构变革与组织创新》，这是中改院建院后的第一份研究报告。

在这份报告中，我们提出必须采取有效措施来促进农村经济结构的变革，主要有两个途径：一是通过调整农产品的品质结构来发展优质高效农业，二是通过转移劳动力来增加农民的非农业收入。这两个途径是并行不悖的，但它们的前提都是要调整城乡之间的资源分配格局。只有更充分地发挥市场机制的作用，才能达到预期的效果。从这个意义上说，结构调整的前提，就是深化改革，促进社会主义市场经济体制发育。

3. 建院半年后接连举办深化农村改革座谈会

1992年6月1日，建院半年多以后，中改院主办、新世纪周刊社承办的深化农村改革座谈会在北京举行。会议由我主持，杜润生、于光远、王郁昭、陈锡文等十几位我国著名农业问题专家应邀参加座谈会。会议听取了中改院农村问题课题组提交的"农村改革和发展问题"研究提纲，对中国农村改革的现状和出路进行了广泛、深入的分析和探讨，并就农村经济发展模式和完善农村经营体制等问题展开了认真、热烈的讨论。

当时，正值邓小平同志发表南方谈话，深化农村改革面临更为紧迫的形势，可以说是到了攻坚战的阶段，杜老等专家学者们一致认为，在当时召开这样一个会议非常必要、及时，应当让社会知道农村深化改革的重要性和紧迫性，要让更多的人重视和关心农村改革。大家认为，农村改革进入了一个新阶段，或者说是第二阶段，主要目标是从温饱向小康转化。农村第一阶段改革进展比较顺利。农村普遍实行了以家庭联产承包为主的责任制，使农民有了自主权，基本上解决了温饱问题。但20世纪90年代中国农村改革的形势不容乐观，要达到从温饱走向小康的目标，重点是保证农民收入逐步提高。会议上，有专家提出，"家庭联产承包责任制具有很强的生命力，要继续稳定，50年都不要变"。这给我留下了很深的印象。

专家们建议，要深化农村改革，促进农村经济发展，必须发展商品经济。农村商品经济发展的基础是千家万户的积极性和创造性，靠的是家庭联产承包责任制。杜老在会上提出：改革应当为发展创造条件，这条件就是市场经济，核心是市场化，是社会主义市场化在农村的全面实现；突破统购统销，由市场形成价格，这是第一个大解放，没有这一条，其他都谈不上。此外还要有资金市场、劳务市场、土地市场。有市场，农民才有所选择。

这次会议是中改院作为一个新成立的改革研究机构在建院历史上第一次讨论中国农村改革的会议，当时，中改院刚成立不久，就在北京举办了这样一个高层次的农村改革座谈会。会议上所提出的很多观点和精神，为下一步中改院农村问题研究打下了重要基础。

为了进一步组织开展对农村产权问题的研究，促进我国农村经济的发展，1994年5月31日，中改院在北京再次邀请有关方面的专家、学者，就农村改革面临的重要研究课题进行座谈。杜润生、史维国、陈锡文等几十位专家出席了座谈会。

我主持了这个会议。会议一开始，我向与会者汇报了中改院关于开展农村问题研究的考虑。杜老在这次会议上作了一番讲话，我听了很受鼓舞。杜老在发言中说："迟福林同志提出来，要把农村问题列入中国（海南）改革发展研究院的课题计划，我十分赞成。我们搞了15年改革，在此以前搞了近30年的改造，证明想改变中国农村的面貌是非常困难的。但又不能不改变农村的面貌。如果每次革命都只是城市里有点变化，农村没有变化，是不成功的。"

杜老还指出，当前农村改革一定要抓住两个主要的方面进行研究和反思：一是建立微观经济结构，特别是产权制度改革；二是宏观经济政策的改变，包括贸易、金融，以及其他政策。这两项都是制度性的改变，都是带有深层性质的东西。当时，与会专家学者就深化农村改革中的一些重要的和迫切需要研究解决的问题发表了看法。概括起来，主要包括以下几个方面：一是农村产业结构的根本性变革问题；二是我国的工业化道路问题，要把它与农业问题结合起来研究；三是农村流通体制问题；四是农产品价格问题；五是进一步完善农村经营体制问题；六是农村剩余劳动力转移问题；七是农民收入增长缓慢，导致城乡差距加大问题，等等。

说起杜老，令我无比钦佩，也无比怀念。杜老是党内最资深的农村问题专家之一，曾任国家农业委员会副主任、中共中央书记处农村政策研究室主任、国务院农村发展研究中心主任。杜老被大家称为"中国农村改革之父"。他一直认为"中国最大的问题是农民问题，农民最大的问题是土地问题"。杜老高度肯定和支持中改院研究农村问题，曾14次参加中改院组织的农村研讨活动。记得有一年邀请杜老到中改院参加会议，因为大雾飞机无法降落，他在广州滞留了一晚。会议也因此推迟了半天，第二天上午从广州把杜老接过来，下午才正式开始开会。杜老和我说，

"小迟，好好研究农村怎么改"，令我十分难忘。中改院关于农村问题的研究，离不开杜老等老领导、老专家的鼓励、支持和参与。

4. 组织召开中国农村经济改革国际研讨会

1992年、1994年两次深化农村经济改革座谈会后，我深切感到，要在国民经济发展和农村经济发展的结合点上，找准有分量的东西和关键的问题进行研究，特别是战略调整问题。从当时的情况看，与20世纪80年代相比，农村土地问题发生了重要变化。改革越来越触及深层的利益矛盾，不彻底解决产权关系，建立可靠的产权制度；不尽快实现农产品价格市场化，加速形成稳定的农村市场机制，就很难在新的形势下充分调动广大农民的积极性。

1995年3月21日—23日，中改院联合中国经济体制改革研究会、联合国开发计划署主办了中国农村经济改革国际研讨会。这个会议的层次很高，既有国内研究农业的著名专家，如杜润生等，也有高尚全等国内知名的经济学家。此外，来自美国、英国、德国、越南、韩国等8个国家及联合国开发计划署、世界银行等国际机构的代表共100余人参加了会议。

这次会议就中国农村经济改革面临的重大问题进行了广泛深入的研讨，提出了许多重要的建议和意见，对推进中国农村经济的市场化进程具有非常重要的意义。有领导同志在开幕时说："刚刚结束的全国人大、政协会议上，农业、农村、农民问题成为代表们广泛关注和深入讨论的热点问题。在此背景下，召集海内外专家探讨深化中国农村改革这一关系全局的问题，具有重要的现实意义。这次国际研讨会，从改革的角度来研究中国农村问题，抓住了当前农村问题中带有根本性、长远性的问题，对于下一步中国农村经济的进一步发展有着长远的意义，对于有关中国农村改革的决策会产生积极影响。"

中改院课题组向这次大会提交了题为《加快以市场化为目标的中国农村经济改革（纲要）》的论文，并提出"以土地使用制度长期化为重点深化农村产权制度改革"。根据调研，中改院课题组建议：一是改革和创新农村土地产权制度才能重新激发农民的积极性，并为现阶段农村其他问题的解决奠定最可靠的基础，如果没有土地制度产权关系的明晰，任何改革思路都只能事倍功半；二是以土地股份化为主要内容推进农村土地制度变革，并通过立法形式确认农民对土地使用权的长期化；三是在土地产权制度创新的基础上实现农村产权制度的全面变革，如乡镇企业的发展方向应当是股份制或股份合作制，以明确产权关系，转变经营机制。同时，针对当时我国出现20%通货膨胀的问题，课题组还建议以加快农产品价格市场化为目标，改革和完善宏观调控手段；以加快农村市场化为目标，合理协调城市与农村、工业与农业的关系；等等。

杜老在这次国际研讨会上发表了"勿忘深化改革"的讲话。他说，为什么说改革尚未成功？原定计划是：第一，建立一个微观经济基础；第二，建立市场经济环境；第三，在此基础上，逐步建立农村新的经济结构。这三条不论哪一条都尚未完全实现。人们有一种误解，认为目前改革重点转到城市，农村主要任务转向抓紧发展生产，保障供给。农村改革任务被淡化了。出现生产波动时，强调重视农业，加强其基础地位，是完全必要的。但如何激励农民生产积极性，在改进制度、政策方面考虑较少，从而减弱了推动开放商品市场和要素市场的力度。建立统一市场是必要的前提。因为只有市场才能提供这种功能，校正过去计划体制下形成的经济扭曲现象，使之进入良性循环，为完成农村结构转变创造必要条件。他还深刻地说道："人们都将我国改革称为'渐进式改革'。如果把'渐进'二字理解为仅仅是时间上延长跨度，那就误解了中国改革经验的真实含义。在方法上，先试验后推广；在进程上，从局部入手，建立新体制，发育市场导向的新经济，不断使它充实壮大，并作为改革的经济依靠，扩大与深化改革领域，形成不间断的体制更新过程，这就是渐进。渐进不是不进。"

在这次研讨会上，我就"转型时期中国农村经济改革面临的问题"

作了发言。我提出，农村经济与宏观稳定之间，在长期中的一致性和短期内的某种冲突性，是我国经济体制转型时期一系列两难决策问题的根源。更为困难的问题是，维持原有体制宏观平衡的整套政策工具已在改革中变形和失效，但新的基于市场经济的宏观调节机制还有待建立。在转型时期，城乡利益互相矛盾的一面一旦突出，我们退不可求完整的统购统销和城乡隔绝，进不可达基于市场机制的灵敏调节。"前不着村、后不着店"，究竟如何有效维持转型时期的经济稳定？如何实施有效的宏观调控政策和手段以适应转型时期农业发展的需要？

5. 提交《关于深化农村经济改革（60条建议）》

在1995年的研讨会上，各位领导与专家讨论热烈，尤其是实现农村土地使用权长期化、股份化等问题成为热议的话题。这次研讨会后，中改院课题组在前期研究基础上，结合各位领导与专家的观点，于1995年3月底正式形成并向中央相关部门提交了《关于深化农村经济改革（60条建议）》。我们从17个方面提出了60条建议，这份万字建议报告的主要主张：一是正确估计当前和今后一个时期农产品供求平衡的形势，在深化改革中找出路；二是农产品购销体制改革的方向是全面放开农产品价格，加快实现农产品价格市场化；三是在有效的宏观调控下，加快粮食的市场化进程；四是加快把国有粮食部门推向市场，实行粮食经营的自主竞争；五是进一步深化农村土地使用制度改革，稳定农民投入收益预期，激发农民的积极性；六是在稳定家庭经营的基础上，适度发展规模经营；七是推进农村经济产业化，加快改造我国传统农业；八是在多渠道和有序分流中缓解农村剩余劳动力转移的压力；九是在进一步明晰产权中，推进乡镇企业制度创新，并发挥规模效益；十是发展小城镇的关键是要调动农民建设小城镇的积极性；十一是以构建村级财政为基础，加强村庄组织建设；十二是适应农村市场化要求，加快县级综合改革；十三是在发育全国统一市场中缓解农产品价格波动和实现区域间资源互补；十四是以加快农产品市场化为目标，改革和完善宏观调控手段；

十五是要把对农民的教育培训作为政府的一项重要职能；十六是依靠制度建设和法制建设，稳定广大农民的心理预期；十七是以加快农村市场化为目标，合理协调城市与农村、工业与农业的关系。现在看来，这些建议对今天深化农村改革仍有参考价值。

二、"赋予农民长期而有保障的土地使用权"被中央文件直接采纳

1984年，国家有关政策要求，土地承包期限应当适当延长，土地承包期限一般应在15年以上。[①] 根据这一精神，全国各地陆续将土地承包期限确定为15年。自20世纪80年代初实行家庭联产承包责任制，到20世纪90年代中期，15年的土地承包期限即将到期，怎么办？当时各种各样的议论很多，其中有两种观点，一种是继续延长承包期限，但也有人说中国已经初步发展起来了，不能搞私有化，要搞集体经济！农村改革何去何从？中改院经过调研认为，必须延长农村土地承包的期限。

1996—1997年，中改院成立农民土地使用权课题组，多次深入农村调研。在此基础上，在以农村改革为主题的党的十五届三中全会召开之前，中改院向中央有关部门提交了《尽快实现农村土地使用权长期化的建议》，其中提出的"赋予农民长期而有保障的土地使用权"，被党的十五届三中全会审议通过的《中共中央关于农业和农村工作若干重大问题的决定》直接采纳。

1. 农村土地承包期限问题争论

1993年，中央农村工作会议审议通过了1993年中央11号文件。文件考虑到最早搞耕地承包的地方从20世纪70年代末就开始了，离1984年定的承包期15年不变的期限不远，因此，要给农民个说法。文件提出，在第一轮承包期满之后，再延长30年不变，这样合起来就是45年时间。在讨论这个文件的过程中，大家的关注点主要在承包期能不能更长一些

---

① 参见中共中央文献研究室编《十二大以来重要文献选编》（上），人民出版社1986年版。

上——能不能跟城里住宅建设用地的使用期一样是70年？或者和工业用地的使用期一样是50年，行不行？可见，到了20世纪90年代初，各地都比较倾向于农户经营的土地要有更长的承包期，都按照中央的政策，在第一轮承包期满后，再延长30年。

1998年，我国第一轮土地承包期限15年即将到期，正处于全国大范围开展第二轮土地承包的重要时间节点。但是，在土地承包经营中，也存在一系列问题。从调研情况看，由于对家庭联产承包责任制适应性和生命力的认识产生分歧，以及利益驱动引发的实际操作中的偏差，导致事实上家庭联产承包责任制在一些地区的不稳定运行和蜕变。从当时全国的实际情况看，国家、集体、农民之间的分配关系未理顺、农民负担过重、土地收益严重流失，直接影响了农民经营土地的预期。在没有权益保障的情况下，规定土地承包期限的长短是意义不大的。上述形势使农民对中央再延长30年不变的政策产生了疑虑，土地制度变革的前途不明朗，影响了农民的预期。如果不对农村经济体制，尤其是不对土地使用制度进行彻底改革，不能长期稳定和保障农民的土地使用权，有可能由此加剧农村经济发展的各种矛盾，对此应当有清醒的认识。

我当时有个观点，如果不给农民稳定预期，农民能改良土壤吗？所以农民土地一定要长期化。如果赋予农民土地永久使用权，把土地使用权由单一的耕作权扩展到事实上的占有、使用、收益、分配和有限的处分权，并且用制度和法律保障其权利，有超过85%的农户愿意接受土地使用权长期化的制度安排，并热衷于对土地进行长期投资。

2. 形成《尽快实现农村土地使用权长期化的建议》

（1）开展农村土地使用权调研

1998年6月，中改院农村土地问题课题组邀请美国华盛顿大学农村研究所的科研人员，深入海南省东方、三亚、陵水等市县，了解第一轮土地承包的情况。随后，我带队与美国西雅图农村发展研究所罗伊·普罗斯特曼教授等组成专家组赴东方市新街镇调查第二轮土地承包的一些问题。在广泛调查研究的基础上，中改院向东方市委、市政府建议并制定了2万字的《东方市农村土地使用制度改革试验方案》。

（2）形成建议报告

1998年7月，中改院研究形成了《尽快实现农村土地使用权长期化的建议》，提出"赋予农民长期而有保障的土地使用权"。该建议指出："目前，我国农村土地制度改革和建设又到了一个新的历史关节点上。如何在第二轮土地承包中把中央关于集体土地实行家庭联产承包制度是一项长期不变的政策具体化，尽快实现农村土地使用权长期化，并且采取有效措施，切实保障农民的土地权益，稳定农民的长期预期，是关系到我国农村经济可持续发展和社会长久稳定的关键性问题。"

该建议提出了"稳定农民土地经营预期是解决我国农业和农村经济发展矛盾的关键所在，实现土地使用权长期化势在必行""以第二轮土地承包为契机，因地制宜，采取多种形式，实现向土地使用权长期化的稳步过渡""以改革和完善农村土地产权制度为中心，对农民土地使用权长期化进行制度性安排""良好的外部环境和配套制度是实现农村土地使用权长期化的重要保证"等4个方面18条建议。

所谓土地使用权长期化，就是保证农户家庭土地承包经营权有足够的期限、广度和确定性。土地承包经营权期限，是实行土地使用权长期化的核心内容，也是保障农民土地权利，稳定农民长期预期的关键性因素。农民土地使用权期限必须足够长，至少保证自己或者后一代人能够收回投资。鉴于农村许多改革试验区试行土地承包经营30年、50年不变的成功经验和部分地区第二轮土地承包已经完成的成功做法，首先规定农村土地承包经营权至少50年不变，基本保证两代人的时间长度；鉴于经济特区和东部沿海地区"土地有偿转让70年不变"政策有效实施，可以考虑将"70年不变"政策引入农村土地承包经营中，生产周期长和带有开发性质的项目和土地，承包期可"100年不变"。这样做，可以彻底消除农民的顾虑，大大提高农民长期投资的积极性。

3. "赋予农民长期而有保障的土地使用权"被中央文件采纳

1998年7月9日，中改院向中央有关部门呈送了《尽快实现农村土地使用权长期化的建议》。当时有关领导在函件上批示："起草三中全会《决定》时，参考此文，并直接采用'赋予农民长期而有保障的土地使用权'这句话。"

1998年10月14日，党的十五届三中全会审议通过的《中共中央关于农业和农村工作若干重大问题的决定》明确提出，"要抓紧制定确保农村土地承包关系长期稳定的法律法规，赋予农民长期而有保障的土地使用权"。

当听闻"赋予农民长期而有保障的土地使用权"这一提法被直接采纳，我们真的感到为农民兄弟做了一件有价值的好事。

1999年1月5日，《人民日报》理论版刊登我与其他两位同事合作撰写的《赋予农民长期而有保障的土地使用权》。这篇理论文章获得了当年中宣部精神文明建设"五个一工程"奖（论文类）。文章提出：第一，赋予农民长期而有保障的土地使用权，必须坚定不移地贯彻土地承包期再延长30年的政策，而且30年以后也没有必要再变。第二，赋予农民长期而有保障的土地使用权，必须抓紧制定确保农村土地承包关系长期稳定的法律法规。第三，赋予农民长期而有保障的土地使用权，必须在农村经济活动中充分体现和保障农民的土地使用权利。

4. 给农民颁发70年不变的耕地使用权证

"赋予农民长期而有保障的土地使用权"被写入党的文件后，我开始考虑能否在海南开展具体实践，看看效果究竟如何。我将这一想法向海南省委主要领导作了汇报，领导很赞同。为了证实这项建议到底怎么样，承包是不是受农民欢迎，中改院一是组织大学生开展农村调查；二是继续召开高层次国际研讨会，听听专家们的意见；三是到海南省东方市抱板镇抱板村开展70年土地改革试点。

东方市抱板镇是一个黎族乡镇，人多地少。当时东方市委书记是我在中央党校读书时的老同学。我问他："能不能选择东方开展试点？"他说："老迟，好，你来吧。"于是，1998—1999年，我们开始进行土地使用权长期化的改革试验。试验方案由我牵头的课题组策划，由东方市国土局具体操作。此后，中改院组成了赴东方市课题组。课题组于1998年6月8日—11日，分别在抱板镇抱板村、新街镇那等村、平岭村、玉章村，三家乡三家村、玉雄村、水东村等地对有关农村土地制度问题进行了调查。同年10月，东方市抱板镇农村土地制度改革试验正式启动。

首先，在试验方案设计上，最大限度地满足农民对土地使用长期化的心理预期。据抱板镇农户问卷调查，赞成耕地承包期70年不变、"五荒地"100年不变的农户占83.71%。显然，大多数农户是认同土地承包期长期不变这个大方向和基本政策的。其次，提出要真正把政策交给群众。抱板镇属于黎族居住地区，经济文化相对滞后，许多有利于保护农民利益的政策，部分黎族农民不太理解。比如，在试验中为了防止土地调整过于碎片化，采取四舍五入法将0.5分地，甚至0.3分的土地调整给近邻农户或舍去分配给别的农户，少数农户再怎么做工作也不肯多要，但也不能少给，等等。

1998年12月22日，海南省东方市委、市政府在抱板镇俄罗村召开农村土地制度改革试验颁证大会。当时，我和东方市委、市政府领导一起，分别为村农民集体颁发"土地所有权证"、为农户颁发70年不变的"土地使用权证"（以下简称"两证"）。这是中改院将理论研究成果运用于实践，在东方市农村土地制度改革试验中取得的初步成果。

这次试点，在五个方面实现了重要突破。一是实行耕地承包期70年不变、"五荒地"100年不变的政策；二是明确村民小组为集体土地所有权主体，解决了土地产权主体缺位问题；三是建立了比较规范和完备的土地承包合同文本，尤其在合同条款设计上注重体现农户权利的授予和合法权益的维护内容；四是第一次通过市政府向农村集体颁发土地所有权证和向农户颁发土地使用权证的形式给予法律上的保障；五是建立公平与效率相结合的土地使用权制度。可惜的是，后来该试点活动中断了。

三、2份建议成为农村土地承包法立法起草的重要参考材料

党的十五届三中全会《决定》公布后，全国人大常委会就根据《决定》中的要求，在1999年年初成立了农村土地承包法起草小组，形成了后来施行的农村土地承包法。同时，物权法也在酝酿。我感到很兴奋，如果这两部法合在一起该多好，如果农村土地承包法能够延长农民土地使用期限，赋予农民长期保障土地使用权，而物权法把农村土地使用权以物权形式固定下来，用法律保障农民的财产权，那真是一件利国利民的好事。那段时间，我与同事们不断奔走。

1. 成立农村土地立法课题组并广泛开展立法需求调研

党的十五届三中全会《决定》明确要求，"抓紧制定确保农村土地承包关系长期稳定的法律法规，赋予农民长期而有保障的土地使用权"，催生了农村土地承包法立法工作。农村土地承包法的起草工作从1999年年初开始，一直到2002年8月底才经全国人大常委会审议通过，2003年3月1日施行。这是一个重要的里程碑，从此农民的土地承包经营权有了国家法律的保障。

我国的土地问题非常复杂。农民的土地承包经营权到底是什么性质的权利？农村土地承包法实际上是要解决这个问题的，但难度很大。在此之前，对农村土地承包制的解释，只讲它是集体经济组织内部的承包关系，而回避了土地承包经营权到底是农民的财产权还是农民从集体那里租赁来的经营权。

（1）成立农村土地制度安排与法律建设研究课题组

在中改院提出"赋予农民长期而有保障的土地使用权"的相关建议中，已涉及相关立法建议。例如，《尽快实现农村土地使用权长期化的建议》中的第12条就建议"承包经营权已经成为一种新的物权，应当用法

律的形式予以固定"。其中提出，与其他的物权一样，承包经营使用权在市场经济条件下必然表现为一种具有交换价值的资本。那么占它可以取得相应的利润，转让它可要求获得等价的补偿。与此同时，根据国家土地法规对农户的土地承包经营使用权进行必要的限制。

1999年，中改院成立了由我任组长的农村土地制度安排与法律建设研究课题组，进一步研究农村土地立法的相关改革问题。当年3月26日、29日和4月1日，课题组在海口市秀英区、澄迈县、东方市三地开展专题调研，以小型座谈会的形式就土地使用权立法问题征询各市县、区政府的有关领导，农业局、林业局、国土资源局、水利局、信访局、司法局等科局的领导和干部，以及乡镇干部和承包农户的意见和建议。我们了解到，现行的有关农村土地管理的法律很多，比较分散，包括土地法、农业法、森林法、水土保持法等，这些法律并非农村土地管理的专门法律，因此，法律规定过于笼统，条文不够细化，难以操作。同时，不同立场对法律条文有不同理解，弹性大，有分歧。还有，现行法律不完整，比如，新土地法关于国有土地和集体土地的界定仍不清楚，实施细则也没有具体化；农村土地使用权到底包括哪些权利、有哪些义务、怎么管理和规范，确实需要有一个完整的法律。

在完成海南三市县、区的调查之后，课题组于1999年4月6日—13日赴广东、云南两省，就农村土地经营管理立法问题做了进一步的调查。调研时，当地政府和农民反映，我国农村集体土地家庭承包经营是由政策层面逐步推开的，许多政策虽好，但执行缺少强制性，加上各级地方政府过多地强调省情、市（县）情、乡（镇）情不同，以此为借口修改或抵制中央的统一政策。化解基本政策要求的统一性和规范化与执行政策的多样性的矛盾，只能依赖法律。农村人地矛盾、集体经济组织成员内部承包与外来劳力竞标承包之间的矛盾，稳定承包权与放活使用权的矛盾，各类土地管理之间的矛盾，国家、集体、农民之间土地权利分配的矛盾，等等，均已充分暴露出来，现实呼唤农村土地经营管理法规。

（2）建议"尽快制定农村土地使用权法"

在调研的基础上，我们撰写了16万多字的研究报告和《尽快制定农村土地使用权法（15条建议）》，期望能够把农村土地制度改革和建设的研究由政策层面逐步推进到立法保障层面。从我们调研的情况看，尽管政策三令五申土地承包期限30年不变，但农民就是没有30年不变的安全感。

中改院课题组提出，"赋予农民长期而有保障的土地使用权"既是立法的依据，又是立法的根本宗旨。同时，该建议提出了农村土地使用权立法的框架建议。在这份建议结尾部分，我们写道：农村土地使用权立法是一项开创性工作，涉及国家、集体及千千万万个农户家庭的利益，把土地长期的使用权赋予农民，并从立法上予以保障，它的意义已大大超出了使用权立法的本身。"耕者有其田"是中国农民长期追求的一种理想目标，通过立法真正实现这一目标，满足了农民的心理需求，将再次极大地激发农民群众的生产热情。

为了跟踪农村土地制度安排的新动向，及时总结农村土地制度改革经验，推动农村土地使用权立法，从而保障农民长期而稳定的土地使用权。2000年8月，中改院组织来自全国11个省的海南大学学生，利用暑假，深入黑龙江、海南、云南、贵州、甘肃、河北、陕西、四川、广东等10余个省30个县（市）的广大农村，进行了农村第二轮土地承包及其制度安排现状的入户问卷调查。调查的主要内容：一是第二轮土地承包"30年不变"政策的执行情况，以及存在的问题。二是农村土地制度安排现状与成文政策、法律存在的差异。三是农村妇女土地权利的历史和现状，传统习惯与法律规定的偏离。四是农民以土地权利为核心的权益保护。五是农村基层民主政治建设等。

调研发现，第一，有些地方土地承包方案未经2/3以上村民同意，是由干部或者一些有权势人物决定的，违背了土地发包公开、公平、公正原则。第二，有的地方随意缩短土地承包期限，调整土地。有许多承包合同和经营权证书中明确规定"承包期限内要调整土地";有的合同文本赋予发包方在承包期限内调整土地的权利;有些地方在合同中用甲乙双方"约定"的方式规定"中途每5年小调一次";有的地方在"集体土地承包经营权使用证"上作出补充规定"按政策规定的程序报批后,可以在户与户之间进行小调整";有的承包合同和使用权证对土地调不调整只字不提、不作明文规定。第三,有些地方甚至有两种不同的文本,为应付上级部门检查而准备的合同文本"严禁承包期限内进行土地调整",而与农民私下签订的合同文本则规定"承包期限内每5年调一次"。

2. 邀请立法决策层、专家广泛开展立法研讨

(1)召开中国实行长期而有保障的农村土地使用权国际研讨会

1999年1月11日—13日,由中改院和联合国开发计划署联合主办的中国实行长期而有保障的农村土地使用权国际研讨会在海口举行。会上,中改院农村土地政策研究课题组提交了30多万字的研究报告——《赋予农民长期而有保障的土地使用权》,与会者提交了50余篇论文。为期3天的研讨会,分别就"农村土地制度的现状及趋势""农村土地所有权的实现""实行长期而有保障的农村土地使用权的政策、制度与法规""农村土地市场发展及税费制度改革""农村土地制度改革与非农产业发展"等重大问题展开了热烈而认真的研讨。

我向大会提交了《农村土地使用权立法建议》。当时的主要观点是:第一,建议以村民小组为单位重新界定农村集体土地的产权主体。第二,明确土地产权主体的权利和义务,并且界定产权与行政权的职能边界。第三,根据一定规则对集体成员的边界予以确认。第四,稳定农民承包权,必须在延长土地承包期限的同时,拓展和延伸使用权的范围。

(2)尽快将研讨成果概括提交给土地使用权立法起草委员会

为了进一步深入贯彻党的十五届三中全会《决定》精神,落实2000年年初全国农村工作会议提出的我国农业和农村经济发展新阶段战略任务,中改院与联合国开发计划署于2000年1月12日—14日联合举办了中国农村土地使用权立法和制度安排国际研讨会。为期3天的会议集中讨论了"农村土地使用权现有政策、法律、制度框架及改革需求""赋予农民长期而有保障的土地使用权的法律建设""政府在农村土地法制建设中的作用"等议题。

会议期间，在杜老的主持下，中改院召集部分国内著名农业、农村经济专家学者对农村土地承包法修改稿进行了讨论。杜老在会议上发表了"尊重和保护农民的土地权利"的演讲，并对这次会议评价道："现在召开这个会议，时机很好。人大常委会正准备搞一个土地家庭承包法，我们要是能提出一些恰当的意见来，正是时候。"

当时，中央农村工作领导小组办公室段应碧主任发表了"准确领会和全面贯彻'中央土地承包期再延长30年不变'的政策"的演讲。他提出，这次立法要解决的重点问题是赋予农民长期而有保障的土地使用权。这是党的十五届三中全会提出土地使用权立法的最基本的原因和最主要的目的。

（3）在农村土地承包法草案二审之际召开中国农民土地使用权法律保障国际研讨会

2002年年初，由全国人大农业与农村委员会组织起草的农村土地承包法草案已经提交全国人大常委会进行了第一次审议，按照立法程序，还要进行第二次、第三次审议，并计划于当年的8月通过。

在这个背景下，2002年1月23日—25日，中改院召开了中国农民土地使用权法律保障国际研讨会。当时，全国人大常委、农业与农村委员会副主任柳随年，全国政协常委、经济委员会副主任、中国扶贫基金会会长王郁昭等领导出席了这次会议。

会前，我们根据当时的形势和农村土地制度改革、立法的实际进程，经过多方征求意见，将会议主题确定为"中国农民土地使用权法律保障"，重点研讨我国经济转型中农村土地制度面临的新情况、新问题及其制度创新问题，研究新形势下农村土地使用权立法和农民土地权益的法律保障问题。在这次会议上,我作了题为"把土地使用权真正交给农民"的发言。

柳随年主任在研讨会开始时说了一番话:"中改院过去对我们起草农村土地承包法提出了许多好意见,作出了贡献。这次又邀请我们参加会议,与中外专家学者一起讨论中国农民土地使用权法律保障问题,让我首先对中改院表示感谢。"他提出,"土地承包经营权视为物权,至少30年不变,承包期内不得调整承包地,承包方不得收回承包地,土地承包经营权可以依法转让、转包、入股、互换等,可以依法继承"。

对于中改院关于立法的建议,柳随年主任特别赞成。当年动员了七八位全国人大常委都签字。他对我说:"好!福林,我到国外考察回来就给全国人大建言。"没想到出国前一天晚上,他因心梗去世了,我感到特别痛心。后来,制定的物权法明确规定,农村土地承包经营权是农民的用益物权。

四、3次全国政协提案:尽快从法律上赋予农村土地使用权的物权属性

农村土地承包法公布实施后,我和中改院的同事没有放弃对农村土地的相关问题研究。我于2013年、2014年、2017年3次向全国政协提案,建议尽快从法律上赋予农村土地使用权的物权属性,从法律上把农民土地纳入财产权法律保护范畴,尽快落实农民土地财产权等。直到今天,我还一直在各种场合、各项研究任务中为全面落实农民土地财产权鼓与呼。

1. 举办农村土地制度创新与农民组织发展改革形势分析会

农村土地承包法颁布后,各方面的评价很高,但从执行实践看,其效果并不理想。这不能不引起人们的反思。在我们看来,农村由土地引起的经济纠纷、社会纠纷,包括农民同基层政权组织的矛盾,都与土地关系直接或间接地联系在一起。农村土地承包法出台,可是农村土地问

题及有关矛盾纠纷却越来越严重，表明农村土地制度设计的矛盾，根源在于城乡二元制度结构没有被彻底打破，使整个社会发展过程中的矛盾越来越突出。

2004年4月17日，中改院在北京举办农村土地制度创新与农民组织发展改革形势分析会。来自农业部、国务院发展研究中心、中国社会科学院、中国人民大学、中国农业大学等部门和机构的20余位领导、专家、学者出席了会议。会议围绕"农村土地制度创新与农民组织发展"这一主题，集中讨论了三个问题：一是当前我国农村土地制度改革的形势、面临的问题，以及改革思路；二是真正"赋予农民长期而有保障的土地使用权"需要研究解决的问题；三是当前我国农民组织发生、发展的趋势，以及法律和政策问题。

2. 三次全国政协提案：尽快落实农民土地财产权

2013年、2014年、2017年我三次向全国政协会议提交提案，建议尽快从法律上赋予农村土地使用权的物权属性，从法律上把农民土地纳入财产权法律保护范畴，尽快落实农民土地财产权。

为什么我一再呼吁这件事情？从当时农村土地领域暴露出来的一系列新问题看，都与法律尚未赋予土地使用权完整的物权性质直接相关。例如，农村征地强拆、补偿标准过低等问题，深层次的原因在于农村土地实际上为债权而非物权，农民难以成为征地中的谈判主体。农民难以通过承包地和宅基地流转获得资本，并带着资本进城，由此导致人口城镇化严重滞后等。此外，党的十八届三中全会《决定》提出"赋予农民更多财产权利"，但如何将其进一步具体化尚未破题。

农村土地制度改革的新突破，就是要把农民土地使用权真正物权化。要改变农村土地承包权限于集体成员内流转的相关政策规定；在法律上明确农民土地的物权属性，明确农民土地用益物权主体地位，从法律层面落实土地承包；从法律上赋予农民长期而有保障的土地使用权，从法律上赋予农民土地使用权的完整产权，打通城乡资本、土地和住宅市场双向流通，推进乡村房地产与城市国有房地产两个市场接轨；打破城乡建设用地市场分割，统一城乡用地市场，建立两种所有制土地"同地同价同权利"的平等制度，打破地方政府行政垄断供地的格局，实现不同主体平等供地，简化农村土地承包权流转程序。

3. 关于农村土地是否由市场决定的讨论

党的十八届三中全会后，我们感到十分兴奋。记得2013年12月，我在北京参加一个高层次的研讨会，会上有位专家提出，使市场在资源配置中起决定性作用和更好发挥政府作用，不包括农村土地。在会上，我直接亮明我的观点。我说，市场决定在经济生活领域应当是没有例外的。比如，国有资本配置、农村土地资源、文化产业资源等能不能由市场决定？我在发言中提出，市场决定资源配置的范围应当包括农村土地。但是，由于农村土地的特殊性，要有两个限制条件：严格的土地规划管理、严格的土地用途管制。我主张，在"两个严格"的前提下，农村土地资源可以由市场配置，以使广大农民享受土地财产权。我一直认为，这是一个需要深入研究讨论的重大问题。

党的二十届三中全会《决定》提出"赋予农民更加充分的财产权益"。今天看来，落实《决定》要求，我认为有四个方面需要破题：一是改变农村土地承包权流转限于集体成员内流转的相关政策规定；二是在法律上明确农民土地的物权属性，特别是需要在《中华人民共和国土地管理法》第二条中增加一款"赋予农村土地使用权人的土地用益物权，使其拥有对土地使用权依法享有占有、使用、收益、让子女等继承的权利"；三是从法律上赋予农民土地使用权的完整产权，特别是使宅基地真正成为商品；四是打破城乡建设用地市场分割，统一城乡用地市场。我和我的同事仍将为此持续深化研究并鼓与呼。

五、呼吁"让农民工成为历史"

前不久，我和家人看了电影《逆行人生》，给我很大的感触。外卖小哥大部分是农民工,他们真的很不容易,工作繁重、危险系数高,一旦受了伤,除保险以外什么都没有。这让我感到,农民工的社会生活太难了,改革需要做的事情太多了。过去我们说的农民工问题,今天已经演化成多种形式存在。怎样给人们创造一个城乡平等的环境,需要对此作出回答。徐峥演的主人公最后说了一句"我们努力了",让我不禁流了泪。改革如何为民,仍然任重道远。

1. "孙志刚事件"与台湾居住证制度引发的思考

2003年3月10日,我和同事苗树彬应邀赴宝岛台湾进行为期2周的学术交流。到台湾地区考察给我留下一个很深刻的印象。2000年前台湾就实行了户籍制度改革,当时叫居住地登记制度。台湾地区规定,凡是在一个地方居住3个月以上的都算本地人口,而居住地登记的信息和地方警察信息网是连在一起的。台湾户籍制度有一条做得很好,如果白天家里没人或者没有时间去当地有关部门登记,晚上有关部门的工作人员可以上门办理居住证。

就在这次学术交流期间,发生了引起社会广泛关注的悲剧"孙志刚事件"。2003年3月17日晚,任职于广州某公司的湖北青年孙志刚在前往网吧的路上,因缺少暂住证,被警察送至广州市"三无"人员(无身份证、无暂居证、无用工证明的外来人员)收容遣送中转站收容。次日,孙志刚被收容站送往一家收容人员救助站。在这里,孙志刚受到工作人员及其他被收容人员的野蛮殴打而致死。此事件经媒体报道后,在全国引起强烈反响。

"孙志刚事件"暴露出进城务工人员权益缺失的问题,但更深层次的是权利平等、制度公平问题。当时外来务工人员受到一些歧视政策制约,这也促使我和同事不断研究城镇化进程中的农民工市民化、基本公共服务配置、户籍制度改革等重大问题并提出相应的改革建议。

2. 农民工能成为历史吗

进入新世纪以后,中改院在研究农村改革的过程中持续关注进城务工农民问题。在市场经济下,农民从农村中转移出来已经是大势所趋,但转移出来的农民工面临的一个问题是如何融入城市,这成为改革中需要研究和解决的重大经济问题、社会问题。

(1)提出"给农民全面的国民待遇"

2003年1月,中改院与联合国开发计划署主办中国农村妇女土地权益保护暨农村改革新突破国际研讨会,我在这次研讨会上作了"给农民全面的国民待遇"的发言。我提出,农业部按离开本乡镇就业3个月以上的口径测算,2001年有8800万农村劳动力在流动就业。根据新口径统计,估计至少有1.2亿农村人口在城乡间流动。要清除对农民工进城的歧视性政策,如放开户口、身份、工作岗位、子女上学、社会保障等方面的限制,逐步建立城乡统一、开放的劳动力市场,真正做到城乡居民在发展机会面前地位平等。要通过发展小城镇来转移过多的农村人口,带动农村经济的综合发展,为农民增收带来更多的机会。要取消对农民工流动的种种限制,创造条件为进城打工的农民提供社会保障及子女教育等方面的服务。

(2)不能再让农民依靠"两个肩膀"进城

农民工是改革开放催生的新群体,是改革开放的亲历者、见证者和奉献者。这个特殊群体为工业化、城镇化作出了历史性巨大贡献,但却难以公平分享到改革发展成果。

农民工融入城市是一个客观现实。首先,农民工已经成为城市产业工人的主体。2009年农民工总量达2.3亿人。其中在第二产业从业的农民工占57.6%,在加工制造业从业的占68%,在建筑业从业的占80%。同时,农民工是城市新增人口的主要来源。2.3亿农民工,在城市务工的约有1.5亿人。这些年城市新增人口主要来源于增加的农民工。其次,第一代、第二代农民工回到农村后面临很多社会问题。为什么农村现在返贫?现在50岁左右的第一代、第二代农民工,当初大多是十几岁、二十几岁进城,后来三十几岁进城,回到农村已经没有办法种地。最后,我国农民工结构发生了重要变化。出生在20世纪八九十年代的农民工数量不断增多，那是一个物质生活水平相对丰裕的年代，又是一个受教育水平普遍提高的年代。他们属于"无土"一代，他们大多数人都没有分到土地，很少人有农业的生产技能和经验。"前进之路已经堵死，后退之路早已关闭"，这部分农民工能让他们再回到农村去种地吗？

我在很多场合讲，农民工不是一个科学的称呼，农民、工人都是职业，而不应该是身份，农民工实质是产业工人，要让农民在城镇留得下、待得住，不能让农民"两个肩膀扛一个脑袋"地进城。

（3）呼吁"让农民工成为历史"

正是在这一背景下，2008年前后我在一次国际论坛上正式提出"让农民工成为历史"。当年有人问我："农民工能成为历史吗？"我反问一句："农民工不成为历史行吗？"

当时，我的主要分析是：第一，当"80后""90后"成为农民工主体的时候，传统依靠以农民工为主体的劳动红利还能维持下去吗？第二，还维持着人为压低劳动力价格，维持农民工这样一个特殊群体来支撑经济增长，有可能吗？第三，如果再往后10年，不解决这个问题，它将不仅是一个经济问题，更是一个严重的社会问题。况且，实现农民工市民化既有很强的需求，又有现实条件，争取最晚到2020年农民工应当成为历史，是一个完全可以实现的目标。

2010年上半年，我走访了辽宁某些市县，在与当地干部和农民交流的过程中，我更加深刻地感受到解决好农民工问题的重要性。基于这个思考，2010年8月7日—8日，在中改院召开的"城乡一体化：趋势与挑战——中国'十二五'时期的农村改革"国际论坛上，我再次提出了"让农民工成为历史"。这一观点也得到大多数与会者的赞同。

当时，我的主要分析是：第一，农民工市民化有助于形成消费主导的格局。农民工市民化可以将2.3亿人的潜在消费需求变成现实。目前农村外出从业劳动力约1.5亿人，假定其中的20%变成市民，其消费水平达到城市居民的平均消费水平，以2008年消费水平计算，新增的城市消费规模能促进经济增长率提高近1个百分点。第二，农民工市民化有助于加快新型城镇化进程。农民工市民化不仅有助于提升农业规模和生产效率，也有利于城市服务业的发展。更为重要的是，农民工市民化将释放巨大"质量型"人口红利。第三，农民工市民化有助于社会稳定。特别是新生代农民工，面临城市生活、工作压力及相关制度障碍，使得他们普遍处于"进退两难"境地，导致社会不稳定因素增加。

这些年来，调研国内外公共资源配置的过程使我有诸多感触。记得有一次坐车路过北京市儿童医院，简直堵得水泄不通。谁不想自己的孩子得到最好的医疗资源呢？大家都知道北京医疗资源最好，全国各地老百姓都希望到这里来看病。我国特大城市、大城市的人均道路面积，每万人拥有的公交车、图书馆和影剧院、三甲医院、重点高校数量等公共设施指标，都远远高于中小城镇。

多年前，我到挪威北部小城市调研，当地仅2000常住人口的一个小城市办了一所大学。我问市长："为什么人口这么少能办一所大学？"她告诉我说："尽管学校无法与首都奥斯陆大学相比，但是这里的生活条件、公共资源配置与奥斯陆基本没有区别。"为什么我国大量农民工即使无法获得与城市户籍人口同等的公共福利也争相涌向大城市，不愿意在中小城镇落户？主要原因在于不同规模、不同等级城市之间的公共资源配置严重失衡。我认为，如果实现均衡的公共资源配置，部分农民工也可能愿意在中小城镇工作生活。

3. 全国政协提案"让农民工成为历史"成为"十二五"约束性指标

无论是推进城镇化、城乡一体化，还是解决城乡差距、贫富差距，都绕不过农民工这个坎。在这个背景下，我向全国政协提案，建议"让农民工成为历史"列入国家"十二五"规划，争取"十二五"末期，最晚到2020年农民工应当成为历史。

（1）全国政协联组会的发言

2011年3月，全国政协大会召开期间，我在政协联组会上作了"关于'十二五'规划的5点建议"的发言，并再次建议"十二五"加快推进农民工市民化进程。我提出，农民工已成为城乡差距、贫富差距的焦点所在。"十二五"农民工市民化问题解决得好，将加快城镇化和城乡一体化进程；解决得不好，可能为中长期经济社会发展埋下重大隐患。为此，应当把"有条件的农民工市民化"作为"十二五"的约束性目标，并建议国务院进一步出台农民工市民化的新政策，采取包括加快农村土地流转、实行城乡基本公共服务均等化、扩大城市保障房和廉租房等综合性措施，以在"十二五"加快推进农民工市民化进程，努力使"农民工成为历史"。

什么是"有条件的农民工"？我的看法：一是有相对稳定的工作，例如，有半年到一年相对稳定的工作，2005年有57.8%的农民工有稳定工作；二是有固定居所，包括租住房或单位安排的宿舍，这样的农民工现在至少占80%左右；三是有留在城市的意愿。预计不愿意返乡的农民工，尤其是"80后"农民工将达到1亿人左右。按照这个分析，"十二五"有60%左右的农民工是有条件实现市民化的。此外，农民工市民化的时间和历史条件发生了重大变化。农民工市民化是大势所趋。有人说15年都解决不了这一问题。如果把这个问题再留15年，不仅对扩大消费需求产生负面影响，而且社会稳定也将受到很大的影响。

（2）有没有条件实现"让农民工成为历史"

记得当时有人提出，目前农民工市民化的程度只有25%左右，"十三五"时期恐怕都难以解决这一问题。有人给我提意见，说"迟院长，你太乐观了"。在我看来这件事不是乐观不乐观的问题，而是历史条件发生了变化，只要下决心，5年内完全有可能让有条件的地区实现农民工市民化。

为客观评估"十一五"农民工市民化中面临的趋势、问题和挑战，中改院于2011年4月组织了"农民工市民化"问卷调查，参与调查的专家普遍认为，"十二五"是农民工市民化的关键时期，需要尽快作出合理的制度安排，加快推进农民工市民化进程。75.37%的专家认为，在全国范围内逐步推进农民工市民化的时机和条件已经成熟，其中11.82%的专家认为完全成熟，需要尽快推进。

六、建言以居住证制度取代城乡二元户籍制度

随着研究逐步深化，尤其是2010年以来农民工所带来的社会矛盾日益凸显，我与同事提出要尽快推进规模城镇化向人口城镇化的转型，这就引出破题户籍制度改革的必要性与迫切性。2014年12月4日，国务院法制办就《居住证管理办法（征求意见稿）》向社会征求意见。我认为，以居住证取代城乡二元户籍制度是一条可行的办法。因此，我和我的同事开始呼吁建议，以全国城乡统一的居住证制度取代城乡二元的户籍制度，让城乡二元户籍制度成为历史。

1. 人口城镇化是我国转型发展的最大红利

从我国城镇化的特点来看，规模城镇化的特点比较突出，而人口城镇化严重滞后。因此，我在2012年提出要"明确人口城镇化的转型方向"。2013年，在中改院出版的《改革红利》一书中，我认为人口城镇化是释放内需的最大潜力。在我看来，推进人口城镇化才是扩大内需的根本举措。因为如果人口城镇化实现重要突破，就能带来巨大的消费与投资需求。实现人口城镇化的重要突破，关键在于破除城乡二元户籍制度，在于实现城乡基本公共服务均等化，在于实现城乡公共资源配置均等化。

2013年8月10日，我受邀参加由国家发展改革委城市和小城镇改革发展中心、新京报社共同主办的2013中国城镇化与企业家论坛。在论坛上我提出了"人口城镇化是我国转型发展的最大潜力"的观点。如果城乡二元户籍制度实现重大突破，人口城镇化速度能明显提高，并使进城

的农民工享受城镇人口的公共服务和公共设施水平，其消费水平大体达到城镇居民的平均水平，将释放巨大的消费潜力。农民只进城务工，人均消费支出将提高171%；但如果农民进城务工并且成为市民，人均消费支出将提高214%。[①] 初步测算表明，1.3亿~1.5亿新增农业转移人口如果能顺利实现市民化，到2020年有望释放至少5万亿元的潜在消费需求。未来10年，如果城乡二元户籍制度实现重要突破，到2020年，我国人口城镇化率完全有条件达到50%以上，将再增加2亿农民进入城镇，加上现有的1.6亿农民工，新增城镇人口将达4亿人左右。按较低口径，农民工市民化以人均10万元的固定资产投资计算，也能够增加40万亿元的投资需求。

2. 建言推进人口城镇化转型

2013年3月，我参加了全国政协十二届一次会议第一场提案办理协商会，会议主题是"积极稳妥推进城镇化，着力提高城镇化质量"。在会上，我提出新型城镇化是一个大战略，人口城镇化是新型城镇化的核心。2012年我国名义城镇化率达到52.6%，但人口城镇化率只有35%左右，高达2.6亿农民工尚未真正融入城市。未来5~10年，新型城镇化重在推进人口城镇化的转型发展。需要把人口城镇化作为新型城镇化的出发点、落脚点，争取到2020年人口城镇化率达到50%以上，实现这一目标关键在于以户籍制度为重点的体制机制创新。会后，新华网以"城镇化是一个大战略"为题作了报道。

2014年、2015年，我在多个场合呼吁建议尽快实现规模城镇化向人口城镇化转型。在我看来，人的城镇化是方向、是目标，如果没有形成人口城镇化的大格局，怎么会有全面的人的城镇化？

3. 把2020年作为让城乡二元户籍制度退出历史舞台的时间节点

2014年开始，北京、深圳等部分地区开始试行居住证制度，此后试

---

① 根据中国人口和计划生育委员会流动人口服务管理司《中国流动人口发展报告2012》及国家统计年鉴2012年相关数据测算。

行范围不断扩大。我曾先后在多个试点地方调研。在调研中，我发现有些地方把"暂住证"换个名变成"暂时居住证"，也有人认为要长期实行户籍制度和居住证制度"双轨制"。

在我看来，这两个思路都不可取。当时，我国改革开放已经30多年了，已实现由工业化初期到工业化后期的历史跨越，二元户籍制度带来的经济社会矛盾问题日益凸显。我认为，要积极创造条件，到2020年让城乡二元户籍制度退出历史舞台。于是，在2016年、2017年我向全国政协会议提交的提案中，建议明确将2020年作为城乡二元户籍制度退出历史舞台的时间节点。

其中，在2017年向全国政协会议提交的提案中，我就如何使居住证制度取代城乡二元户籍制度提出了四点建议。

第一，把全面实施居住证制度作为深化户籍制度改革的重大目标。建议从中央层面下决心，着力推进居住证取代城乡二元户籍制度进程与省际居住证制度的相互衔接，到2020年基本建立以身份证号为唯一标识、全国统一的居住证制度，并使人口城镇化率（居住证率）达到50%以上，由此基本形成人口城镇化的新格局。

第二，进一步完善全面实施居住证制度的条件。一是逐步扩大为居住证持有人提供公共服务和便利的范围，提高服务标准，使"居住"与"福利"挂钩；二是构建国家财政、农民工自身收入、土地财政和国有企业分红及社会资本参与的成本分担机制；三是尽快落实"全面实施城乡居民大病保险制度""整合城乡居民医保政策和经办管理"等改革举措，为"十三五"以实施居住证制度为目标推动城镇常住人口基本公共服务均等化创造有利的政策条件；四是完善信息科技手段，为推行居住证制度提供技术保障。

第三，重在加快推进"三个转变"。一是由对人口的控制向对人口的服务与管理转变，构建现代化的社会治理体系；二是按照"扩大覆盖范围、降低申领门槛、提高服务水平、完善技术手段、推进制度并轨"的基本思路，实现由城乡二元户籍制度向居住证制度的转变；三是由治安部门的管理向人口服务部门的管理转变，探索建立以民政部门为主，公安、统计、卫生、工商、教育、社保等部门共同参与的人口综合服务管理系统。

第四，加快推进配套制度改革。一是尽快出台居住证暂行条例实施细则，明确全国范围实施居住证制度的具体管理办法；二是强化中央政府在基本社会保障服务中的责任，尽快实现由中央统一标准，并以流动人口变动为基础，建立财力与事权动态匹配的中央地方财税体制；三是到2020年基本实现"实际全覆盖、保障基本需求、城乡制度统一、转移接续无障碍"的城乡统一的社会保障制度；四是从法律上赋予农民长期而有保障的土地财产权，让农业转移人口带着土地财产权进城。

党的二十届三中全会《决定》提出："推行由常住地登记户口提供基本公共服务制度，推动符合条件的农业转移人口社会保险、住房保障、随迁子女义务教育等享有同迁入地户籍人口同等权利，加快农业转移人口市民化。"看到这一条，令我和我的同事感到很高兴。这些年来，中改院提出"让农民工成为历史""加快推进农民工市民化"等建议和主张，在全国政协平台和媒体上不懈发声呼吁。数以亿计的农民和农民工问题不仅关乎农村发展，而且在很大程度上决定着城镇化的可持续发展。它既是统筹城乡关系的焦点问题，也是实现共同富裕的重点之一。

第四章
建言"两个毫不动摇"的自觉行动

毫不动摇巩固和发展公有制经济，毫不动摇鼓励、支持、引导非公有制经济发展，保证各种所有制经济依法平等使用生产要素、公平参与市场竞争、同等受到法律保护，促进各种所有制经济优势互补、共同发展。

——党的二十届三中全会《中共中央关于进一步全面深化改革　推进中国式现代化的决定》

企业是社会主义市场经济的微观主体。从建院之初研讨股份制改革，到提出从"国有企业"转向"国有资本"，再到为民营经济一再呼吁发声。33年来，中改院提出了许多重要观点和主张，为坚持"两个毫不动摇"践行了智库的自觉行动。

一、股份制改革的"黄埔一期"

20世纪90年代初期，中改院围绕股份制改革开展了一系列研究：建议把国有企业的债务重组与企业重组结合，利用资本市场，加快国有企业战略重组；主张实现国有资产市场化，更多地在竞争中寻求国有资产的最大价值量和货币量；等等。

1. 举办全国首个股份制改革培训班

（1）股份制改革的"黄埔军校"

建院半年后，1992年5月7日—21日，由国家体改委、中改院联合主办的全国体改系统首次规模较大的股份制研讨班在中改院举行。当时，国家体改委的领导到研讨班作了重要讲话和授课。来自国家体改委有关方面的负责同志和中央党校、北京大学、中国证券交易研究中心等单位的专家和全国知名学者王珏、肖灼基等为学员授课。学员来自全国44个省（自治区、直辖市）、计划单列城市和股份制试点企业，约140人。

研讨班的主题集中在三个方面：一是学习和讨论我国股份制改革实践中的若干重大理论问题；二是广泛交流和讨论了全国各地股份制改革试点的情况和经验，研讨股份制实践中的若干问题及建议；三是学习和讨论股份制改革的法规、法律和有关政策，以及股份制经济运作方面的专业技术知识。研讨班气氛热烈，学员们畅所欲言、各抒己见。大家普遍认为，在中国经济体制的转轨时期，进行股份制改革实践，是一种新的、大胆的尝试，没有现存的经验教训。我国股份制实践正处在起步阶段，积累的经验有限。在股份制实践中不可避免地出现这样或那样的问题。在加快市场化改革的背景下，国家体改委和中改院联合举办这样实用性强的培训活动，很有意义。同时，在我国最大的经济特区举办股份制研讨班，对于宣传海南、促进海南改革开放和股份制改革实践，也具有重要的意义。这次研讨班后，中改院把形成的《关于股份制改革的若干问题——全国股份制实践研讨班提出的主要问题和建议》发给各位学员。这份报告就股份制改革、股票市场等10个问题提出建议。

说句实话，当时尽管股份制的试点开始铺开，但相当多的官员与企业对股份制知之甚少。当年主管股份制改革的各省体改委官员参加了研讨班，大家从什么叫股票、资本市场等基础知识到股份制改革试点等基础性问题学起。后来，这个班和1993年中改院举办的全国股份制企业规范化管理培训班被大家称为股份制改革的"黄埔一期""黄埔二期"。

（2）建言建立股份制为主体的现代企业结构

20世纪90年代，在社会主义市场经济体制改革目标确立之后，国有企业改革从过去的"放权让利"阶段进入制度创新阶段，改革既要有连续性，又要有新思路，这就要求从明确产权关系入手，向现代企业制度过渡，加快推进国有企业的股份制改造。

1994年10月24日—26日，中改院与中国经济体制改革研究会、联合国开发计划署、德国技术合作公司联合召开中国国有企业改革国际研讨会。这是全国较早的一次国有企业改革的国际论坛，引起各方的高度关注。来自国家体改委、国家国有资产管理局等相关部委的领导和国内知名经济学家，以及国际货币基金组织、联合国开发计划署等相关国际组织，德国、美国、荷兰、智利、韩国、越南、匈牙利和中国台湾的相关专家学者出席了研讨会。国家经贸委向大会发来贺信。

这次研讨会的主要议题是讨论中国国有企业的股份制改造、国有企业改革的国际比较、国有企业产权制度改革、国有企业的管理、国有企业与银行的关系、政府职能转换与国有资产管理体制改革等热点问题。

来自海内外的官员和专家学者就国有企业改革的热点、难点和焦点问题，进行广泛而深入的讨论，发表了许多富有建设性的意见和建议。会议的主要观点如下。

第一，国有企业面临的许多问题和困难，其根源在于经济体制深层次的矛盾没有解决，只有加快改革，才能从根本上使国有企业走出困境，不改革就没有出路。

第二，中国已经实施许多方面的经济改革，如果国有企业改革滞后，不仅会使已出台的宏观改革各项措施不能落实到位，甚至拖后腿，而且还会影响整个市场经济体制建立的进程。

第三，国有企业改革滞后，还会影响整个经济的稳定增长和健康发展。通货膨胀居高不下，与国有企业不能适应市场经济的改革、不能适应市场机制有很大关系。比如，国有企业对价格改革因素消化不了，造成成本推动型的通货膨胀；银行利率过低，但又不敢上调，因为国有企业不能承受，如此又很难抑制过高的投资需求；企业大面积亏损，资金严重短缺，使货币总量难以控制。所以，控制通货膨胀要从根本上解决国有企业的问题，加快推进国有企业改革。

研讨会自始至终讨论踊跃，气氛热烈，节奏紧凑。与会代表普遍反映这次国际研讨会开得很成功。当时，中国经济体制改革研究会会长安志文在闭幕式上说："这次国际研讨会抓住这个主题进行讨论是很适时的。会议期间，国内外专家对明确产权关系和国有企业制度创新的必要性，它的难点，应该实现的目标，需要采取的步骤、方法，以及相应的配套改革，从各个不同的角度，结合国内外的实践经验和比较研究，进行了比较充分的探讨和论证，为我国大中型国有企业向现代企业制度过渡，从正反两方面提供了很多有益的经验。"国际货币基金组织驻华首席代表回北京后来信讲，本次研讨会是他"来中国参加过的组织最好、信息量最大的"一次会议。

《人民日报》《亚太经济时报》《经济学消息报》《海南日报》及中央

电视台、海南电视台等多家媒体报道了本次研讨会。新华社、中新社分别向国内外发布了电讯。会后，中改院形成了《"以建立国有控股公司为重点深化国有企业改革"的建议》报告，上报给中央有关部门，受到有关方面的关注。

（3）提出推进国企股份制改革建议报告

党的十五大对股份制经济作出重要论述，并提出"用三年左右的时间，使大多数国有大中型亏损企业摆脱困境，力争到本世纪末大多数国有大中型骨干企业初步建立现代企业制度"[①]。如何发展股份制经济，走出国企改革的困境？为适应这个需求，1997年，我与几位同事研讨，以中改院课题组的名义形成《以国有大型企业为重点，积极稳妥地推进股份制改革（22条建议）》。

该建议提出分三个阶段推进国有企业的股份制改革。第一步，在未来几年以国有大中型企业为重点，基本完成对处于竞争性行业和国有企业的股份制改革。第二步，以基础产业和公用事业领域的国有企业为重点，加快国有公共部门（包括通信、电力、航空、铁路、公路等）的股份制改革。第三步，以国有商业银行为重点，选准有利时机，加快我国金融领域的股份制改革。在此基础上，积极推进配套改革，采取相应措施，以实现国有经济重组和经济结构调整的目标。

2. 建言加快推进股份制改革

截至1997年，我国经过股份制改革的国有企业有9000余家，在数十万户企业中所占比例不到5%，其中上市公司不过530多家，占股份制企业的比重不过6%，并且上市公司的国家股和法人股还不能流通。[②]可见，我国的股份制企业不仅数量少，且很不规范。我在1997年发表的《转轨时期中国资本市场发展的几个问题》一文中建议，应当把发展股份

[①]《中共中央关于国有企业改革和发展若干重大问题的决定》，人民出版社1999年版，第41页。
[②] 中改院课题组：《转轨时期中国资本市场发展的几个问题》，《投资与证券》1997年第7期。

制企业作为国有企业改革的一项重要任务，并且尽快形成以股份制企业为主体的现代企业结构。一些经营性的国有企业只要基本符合条件，经过改造，要大部分改组为股份制企业。特别是要加快把大中型国有企业改造成股份制企业的步伐。

（1）提出股份制是国有资产优化组织的重要形式

党的十四届三中全会审议通过的《中共中央关于建立社会主义市场经济体制若干问题的决定》提出"建立现代企业制度，是发展社会化大生产和市场经济的必然要求，是我国国有企业改革的方向"。在我看来，首要的是股份制企业的建立和发展。

1997年，我在期刊《经济研究参考》上发表的《股份制已成为国有资产优化组合的基本组织形式》一文中提出，市场经济条件下的公司制企业，是财产组合、生产经营的组织形式。它根本不同于传统体制下的企业所有制分类。企业实行公司制，就是寻求资产配置、生产经营的有效形式。

股份制是公司制的基本形式，它能实现资产的有效合理配置。我国股份制的初步实践证明，它是国有资产优化组织的重要形式，不仅可以明晰产权，而且可以实现国有资产的保值增值。例如，1994年9000多家股份公司的净资产平均增长率为42.4%，1995年可统计的1600多家的净资产平均增长率为12.5%，这显著高于同期其他类型国有企业资产增长率。我还提出，我国股份制企业的发展正处在起步阶段，对其作用估计不足，甚至作出错误的评价，会直接影响股份制企业的发展，对改革和发展的全局极其不利。

（2）加快国有大中型企业的股份制改革

1998年，我发表的《我国股份制经济健康发展的正确方针》一文中列举了一组数据：我国目前有6.8万家国有企业，其中有5.3万家是小企业，大中型企业只有1.5万家。在这1.5万家大中型企业中，属于国家级重点型企业的有5000家。在实际推进国有企业股份制改革进程中，为了防止因试点失败而对国民经济造成不良后果，我们大多选择与国计民生关系不大的行业和小型企业进行股份制改造，从而形成了上市公司盘子小的问题，股市所涵盖的企业总体实力在国民经济中只占很小份额，很难充当宏观经济"晴雨表"和资本市场"稳定器"的作用。这是导致股市投机过度、波动频繁的一个重要原因。因此，我们建议尽快培育一批增长性高、竞争力强的集团化上市公司，增强其市场主体地位，发挥市场"稳定器"的作用，对保持资本市场的稳定发展有着十分重要的意义。

（3）以股份制改革为基础、发展多种形式的混合经济

那些年，中改院提出的主要建议是：股份制经济是各类资本有效结合的基本形式，是实现国有资产和非国有资产结合、实现国有资本自由进入或退出某些领域的交易成本最低的形式。调整和完善所有制结构不是从公有制走向私有制，它实际上是要实现在单一公有制基础上的资产形态及股权结构的调整和优化。

在大力发展股份制经济中推进所有制结构的调整和完善。发展混合经济是大有可为的，例如，除关系国家安全和国民经济长远发展，而又不宜由非国有企业控制或民间无力兴办的战略产业外，在一般竞争性领域，国有企业在原则上将逐步不再充当主要经营者的角色，在某些行业和部门可以减少国有经济比重，通过售股变现，扩大非国有资本的参与和取得可供国家机动支配的资金，用于急需的方面，不应当也没有必要强调和规定国有资产的绝对控股。微观层次，在国有独资企业中，要打破单一国有股，实现多元法人股结构，在多元化的股权结构下，将克服企业资产所有者缺位的弊端，有利于公司治理结构的改善，使国有企业成为有较强竞争力和控制力的微观主体。

2003年10月，党的十六届三中全会审议通过的《中共中央关于完善社会主义市场经济体制若干问题的决定》提出，要"大力发展国有资本、集体资本和非公有资本等参股的混合所有制经济，实现投资主体多元化，使股份制成为公有制的主要实现形式"。2013年11月，党的十八届三中全会审议通过的《中共中央关于全面深化改革若干重大问题的决定》提出,"积极发展混合所有制经济""国有资本、集体资本、非公有资本等交叉持股、相互融合的混合所有制经济,是基本经济制度的重要实现形式",进一步将混合所有制经济上升到"中国基本经济制度的重要实现形式"的高度。2017年10月,党的十九大报告明确提出,"深化国有企业改革,发展混合所有制经济,培育具有全球竞争力的世界一流企业"。从当前和未来的情况看,混合所有制改革是新时代深化国有企业改革的重头戏,牵一发而动全身,仍面临诸多需要研究和实践的重大课题。只有混合所有制改革实现实质性突破,才能真正实现从"管企业"向"管资本"转变。

3. 全力推动海南股份制改革

海南建省办经济特区之初,中央就支持海南推进股份制改革。1988年,国务院24号文件明确提出,海南要"积极推行股份制,包括国家控股和部门、地区、企业间参股,也可以向本企业职工和社会上发行股票"[1]。《国务院批转国家体改委、国务院生产办关于股份制企业试点工作座谈会情况报告的通知》又提出:"向社会公开发行股票(不上市)的股份制试点,目前只在广东、福建、海南三省进行,其试点办法和发行股票的规模必须经中国人民银行和国家体改委批准。"[2]

(1)成立省股份制试点领导小组及其日常工作机构——联审办

建省办经济特区的头两年,海南在企业改革方面进行了一些探索,取得了一定的改革成效。但从总体上看,企业改革的步子不大、成效不明显。尤其是企业产权不明晰等深层次问题还基本没有破题。正是在这个背景下,当时以我为主要负责人的海南省体改办提出,要抓紧时机进行规范化的股份制改革试点,为企业改革探索出一条新路子。

---

[1] 《国务院批转〈关于海南岛进一步对外开放加快经济开发建设的座谈会纪要〉的通知》,1988年4月14日,海南省人民政府网。
[2] 《国务院批转国家体改委、国务院生产办关于股份制企业试点工作座谈会情况报告的通知》,1992年4月28日,中国政府网。

1990年12月，海南省体改办向省委、省政府提交了《建议加快海南股份制改革试点的报告》，报告提出五条主要建议：一是要尽快成立一个由省政府主管领导牵头，相关部门负责同志参加的股份制改革联审领导小组；二是要尽快颁发股份制改革试点意见，海南省体改办当时提交了《关于我省进行股份制改革试点的若干意见》；三是分步推进股份制试点，可先在海口罐头厂、海南化纤厂、海南国际房地产发展有限公司、海南中海水产有限公司（外商独资）和海口新能源有限公司进行股份制改革试点，因为当时这5家企业发展情况比较好且有代表性，有进行试点的一定基础；四是进一步完善试行股份制的基本规则；五是要对现有的股份制企业进行清理和认证。

在当时，股份制改革还存在很大争议。对此，海南省体改办在报告中明确提出股份制改革的基本原则：一是坚持社会主义方向，不能以股份制改革为名搞私有化；二是切实维护国家财产不受侵害，不准把国家财产以股份形式分给集体或个人，不准把属于集体的财产以股份形式分给个人；三是要贯彻产业政策，促进产业结构、产品结构和企业组织结构的调整；四是入股自愿、股权平等、利益共享、风险共担；五是从企业实际情况出发，有计划、有步骤地进行改革，先行试点，逐步推开，防止一哄而上。这几条原则得到海南省委、省政府主要领导的高度重视，也为接下来规范化地推进股份制改革奠定了基础。

1991年年初，海南省成立了以省长为组长的省股份制试点领导小组。我作为副组长兼办公室主任，负责全省股份制改革工作及对企业股份制改革的日常联审工作。1993年，由于海南省主要领导的调整，省委、省政府批准设立海南省证券委员会及其常设办事机构——海南省证券委员会办公室，原海南省股份制试点领导小组及其联审办公室同时撤销。

（2）试点工作全面铺开

1991年上半年，海南省开始进行规范化的股份制改革试点。先后批准设立了海南新能源股份有限公司、海南化纤工业股份有限公司、海南港澳实业股份有限公司、海南珠江实业股份有限公司、海南民源现代农业发展股份有限公司等5家股份制有限公司，5家公司的股本总额为4.54亿股。1991年5月27日，海南省政府颁发了《海南省全民所有制企业股份制试点暂行办法》《海南省股份制企业内部发行股票试行办法》。与此同时，建立了省级的资产评估机构，完善了会计、审计制度和相关管理办法。

1992年，股份制改革试点工作全面铺开。3月，海南省体改办提出了《关于加强海南股份制改革试点工作的几点意见》，提出尽快推开和完善企业内部职工持股的股份制试点，积极推进法人持股的股份制试点，积极稳妥地搞好向社会公开发行股票的试点等。4月9日，海南省体改办提出《关于海南向社会公开发行股票的意见》，吸引了许多企业纷纷申报股份制改革试点，还有内地股份制企业来海南设立分公司。截至1992年12月31日，海南省有86家企业申报股份制试点，当年批准改制的20家企业普遍经营业绩良好。

1992年，经海南省股份制试点领导小组审查批准，海南推出了第二批股份制试点企业34家，股本总额为48.36亿股。1993年，海南省共批准设立股份制企业86家，股本总额为153.69亿股。截至1993年年底，海南省共批准股份制公司125家，批准发行总股份206.6亿股；个人股上市公司9家（均在深圳证券交易所上市）。其中，在全国证券交易自动报价（STAQ）系统上市3家，在NET系统上市2家，在海南证券交易中心参与企业法人相互持股试点6家。

当时，在国家体改委的直接指导下，海南省的股份制改革在全国创下了多个第一：国内第一家民营上市公司是海南新能源股份有限公司；国内第一家股份制航空公司是海南航空股份有限公司；从1992年至1993年上半年，深圳异地上市公司只有9家，海南就占了4家；北京法人股交易系统开始只有10家，海南就有5家。可以说，股份制改革在海南经济发展起步阶段发挥了重要作用，对于推动全国股份制改革也起到了积极的促进作用。

（3）员工持股是"化公为私"还是"化私为公"

在海南，股份制改革不是一帆风顺的。当时的分歧很大，股份制改革究竟是私有化还是社会化？是"化公为私"还是聚集社会资本搞建设？

当时，对于海南省体改办提出的要设立20%的内部职工股的做法，有人担心这是不是在搞私有化，是不是侵占国有财产？在一次省政府专题会上，人民银行分管领导当面质问我，员工持股是什么目的，是不是"化公为私"？我当场反驳说，职工自己拿钱买企业的股票、支持企业建设，怎么是私有化？与其说是"化公为私"，用"化私为公"概括可能更客观。

（4）成立海南省股份制企业协会

为加强股份制企业之间及与政府、研究机构、社会团体的密切联系和联谊，由5家股份制企业倡议发起、经海南省政府办公厅批准成立的海南省股份制企业协会就挂靠在中改院。

1993年2月26日下午，海南省股份制企业协会在中改院召开成立大会。国务院原副总理、外交部部长黄华和海南省政协主席姚文绪受聘担任名誉会长。协会首届理事会共有理事65名，由各股份制企业推选出的董事长、总裁、总经理等组成，大家推选我担任会长。

二、建言从国有企业走向国有资本

国企改革是经济体制改革的重头戏，伴随我国40多年改革开放全过程。20世纪90年代初，国企出现大面积亏损，国企改革陷入了进退维谷的境地。

我的观点是，从单纯地搞活国有企业，进而发展到搞活国有资产，从国有企业的概念转变为国有资本的概念，这是从传统计划经济向市场经济过渡的一个质的飞跃，是建立现代企业制度的最根本的问题，也是建立社会主义市场经济体制的一个核心问题。为此，在20世纪90年代初，我提出了从国有企业向国有资本过渡的观点。

1. 提出由国有企业转向国有资本

进入20世纪90年代初，国企进入新一轮改革阶段，方向是建立现代企业制度。建立现代企业制度，重大任务是调整优化国有经济布局，探索适应市场经济的"国有资产实现形式"。

（1）20世纪80年代合作研究国有资产管理体制

1985年，我在中央党校学习期间，与刘克崮（后来担任国家开发银行党委委员、副行长）、王飞欣（后来担任国家发展改革委干部）三人研究提出国有资产管理体制改革的建议。主要内容：一是政府国有资产管理权和企业的生产经营管理权相分离；二是施行包括国有资产分权分层、各级政府税收在内的纵向管理分权制；三是加强政府的行业管理职能，建立健全国有资产部门。在这个课题基础上，后来我们又形成了一份内部报告，1986年年初，国务院总理听取了刘克崮的汇报后说："刘克崮刚才说了一个新观点，将国有资产管理职能独立，既可以解决、加强和改进国有资产管理的问题，还能有利于解决部门分割、条块分割的问题。"

（2）提出从国有企业到国有资本

记得1990年，我对国企改革能不能从管企业向管资本过渡还拿不准，专门打电话给当时国家体改委宏观调控体制司司长楼继伟。他说："老迟，我看这个提法可以。"

从1992年到1994年，我先后在相关报刊上发表了几篇文章，例如《加快实现国有资产市场化》《把国有资本推向市场》等。1993年1月，我发表的《把国有资本推向市场》明确提出"国有资本"的概念。这篇文章发表以后，有人质疑说这会造成国有资产流失，不利于巩固社会主义基础。在我看来，国有资产的实物形态转化为价值形态，是按照等价交换的原则进行的，国家收回了同等价值的货币资本，拥有价值形态的资产所有权，国家并没有失去这部分资产。更重要的是，很多国有企业当时明明亏损，也不敢采取拍卖、兼并、破产等果断举措，如果继续以这种状态存在下去，久而久之，又是一种什么样的结果呢？

1993年7月1日，在中改院和中国留美经济学会、中国经济学会（英国）举办的中国市场经济理论与现实研讨会上，我在演讲中提出，经济体制改革的关键是产权问题，产权问题的核心是国有资产市场化。

1994年，我发表题为《从国有企业到国有资本——关于建立现代企业制度的一种主张》的文章，继续呼吁国企改革要从国有企业走向国有资本。国有经济应主要在关系国计民生的领域进行控制和经营，对于一般性的行业和产业，国有经济应当也完全可以通过与非国有经济共同发展、公平竞争，在质量、效益和竞争实力上发挥主导作用。

我认为，国有企业改革，首先不是企业自身问题，也不是企业内部机制问题。国有企业改革的核心，或者说整个经济体制改革的中心环节，最终应当归结为搞活整个国有资产。只有搞活国有资产，解决国有资产的整个管理体制和运营机制问题，才有可能搞活国有企业，解决企业内部的经营机制问题。

为什么提出从国有企业走向国有资本？我的主要观点是，国有企业改革的核心，应当归结为搞活整个国有资本。只有搞活国有资本，解决国有资产的整个管理体制和运营机制问题，才有可能搞活国有企业，解决企业内部的经营机制问题。

2. 建言利用资本市场加快国有企业战略性重组

1996年9月18日—20日，中改院与国家经贸委企业司、中国经济体制改革研究会、德国技术合作公司联合召开了中国国有企业债务问题国际研讨会。会议围绕解决国有企业债务问题的国际经验、企业重组和债务重组、政府作用等问题进行了研讨，会后，形成了《中国国有企业债务问题国际研讨会综述与建议》政策建议报告。

1997年4月，中改院与国家体改委生产司、德国技术合作公司联合举办了资本市场与国有企业改革国际研讨会。与会代表百余人。会议围绕资本市场与企业重组、资本市场与金融体制改革、资本市场的规范发展等问题进行了探讨。会后，提出了"关于利用资本市场加快国有企业战略重组"的建议。

这份报告首次提出利用资本市场加快国有企业战略重组。主要建议是：第一，实现国有资产向国有资本的过渡，是国有企业战略改组的关键性步骤。经营性国有资产的资本化，直接依赖资本市场。第二，我国的资本市场要以实现国有资产资本化为主要任务，大大提高国有经济的市场化程度。此外，目前利用资本市场加快国有企业战略重组的时机和条件都已基本成熟，应当及时采取措施，取得实质性进展。第三，把资本市场与国有企业战略重组紧密结合，互相推动，能加快实现经营性国有资产资本化的进程，由此能明显增强国有企业的竞争力，充分发挥国有经济在社会主义市场经济条件下的主导作用。

这份报告所建议的采取"多种形式、逐步过渡"的办法实现了国有企业规范化的股份制改造；基础产业和公用事业领域的股份制改革应提上重要议程，尽可能减少了国家独资公司的比重；逐步增加了真正具有竞争力的国有大型企业上市的比重等，在推动国有企业股份制改造实践中发挥了重要的参考作用。

基于这个认识，中改院在1997年上半年相继形成《利用资本市场加快国企重组——中外专家关于"资本市场与国有企业改革"的建议》《关于利用资本市场加快国有企业战略重组（20条建议）》。同年9月，中改院又在北京召开"运用重组企业投资基金推动企业改革"专题座谈会，就我国重组企业投资基金的建立、运作、监管等问题提出了相应的政策建议。

3. 实现国有资产向国有资本的过渡

我在1995年7月发表了《市场竞争环境下国有经济的发展》一文，文中明确提出尽快实现国有资产向国有资本的过渡，从总体上搞活国有经济。这篇论文后来被评为"蒋一苇企业改革与发展学术基金首届优秀论文奖"。其主要观点如下。

第一，在市场经济条件下，国有企业改革要着眼于国有经济的总体竞争力和整体素质，以充分发挥国有经济对国民经济发展的主导作用，要力求解决企业管理者、劳动者同企业的稳定的利益关系，以奠定企业长期发展的动力基础。

第二，实现国有资产向国有资本的过渡，这同国有企业担负某些重要的社会职能并不矛盾。一些仍然需要国有企业重点承担的社会职能，可以运用经济手段进行调节，原则上应取消政策垄断，让非国有企业在适当范围内参与经营和竞争。至于转轨过程中，国有企业仍然在承担的企业办社会职能等方面的问题，都应当在改革中进行职能分解，逐步由社会承担和解决。

第三，实现国有资产向国有资本的过渡，要解决国有资产实物化管理与价值化管理的矛盾，让国有资产走向市场。同时，需要着力解决传统国有资产管理体制上的深层矛盾，改变传统计划经济体制下的政资不分、政企不分、多头管理等做法。

第四，实现国有资产向国有资本的过渡和转化，就是要从总体上搞活国有资产，而不是单纯地搞活每个国有企业。国有企业应当按照市场经济的要求，优胜劣汰。要推动竞争领域的国有企业资产和产权进入市场，实行有偿转让和重组，实现资源和要素的重新配置、优化组合，保障资产价值的最大化和经济效益的最优化。

4. 完善公司治理结构的建议被用作中央文件起草参考资料

（1）开展长春一汽、上海石化、宝山钢铁等国有大中型企业调查

为探讨在新形势下如何使中国大企业集团继续健康发展，中改院课题组于1998年2月22日至3月7日对中国第一汽车集团公司、宝山钢铁（集团）公司、上海石油化工股份有限公司进行了调研，并形成了《我国经济转型时期发展大企业集团的若干问题》的报告。报告中提出：第一，要正确借鉴国际经验，让企业自主选择发展大企业集团的模式；第二，实行适度有限的政府主导型大企业集团战略，逐步实现以市场为基础组建和发展大企业集团的目标；第三，以低成本扩张的联合兼并来实现优势互补，通过资产重组奠定大企业集团多元化投融资体制的制度性基础；第四，依靠技术创新是大企业集团经营战略的重要基础，调整产业结构必须坚持分类、抓住重点；第五，保持公司化企业治理结构的合理性内核，规范与完善大企业集团的管理方式；第六，切实解决人员负担和债务处理问题，使大企业集团能够轻装前进。

（2）举办中国公司治理结构国际研讨会

如何坚持建立现代企业制度的改革方向，对国有大中型企业实行规范的公司制改革，使企业成为适应市场的法人实体和竞争主体？基于改革的实践需求，针对公司治理中的矛盾问题，1998年12月14日—16日，中改院召开中国公司治理结构国际研讨会。我带领中改院课题组形成了题为《中国国有企业公司治理结构研究》的背景报告，并发表了题为《我国转轨中公司治理结构的若干问题》的报告。报告建议：第一，在企业制度创新中实现政企分开；第二，国有资产的管理运作机构应当从政府机构里分离出来；第三，政府应注重研究和总结公司法人治理结构规范运作。

（3）建议完善公司治理结构，加快建立现代企业制度

这次论坛结束后，在已经形成的背景报告及我发言报告的基础上，结合与会专家的讨论观点，中改院课题组形成了《完善公司治理结构，加快建立现代企业制度（30条建议）》《中国国有企业公司治理结构研究》，以及对修改公司法的具体建议。这份建议报告被党的十五届四中全会《中共中央关于国有企业改革和发展若干重大问题的决定》起草组调用50份作为重要参考资料。

2021年，在中改院建院30周年晚会上，原国家经贸委副主任陈清泰在会上作了一番发言。他回顾道："1999年，我参与党的十五届四中全会《中共中央关于国有企业改革和发展若干重大问题的决定》的起草工作时，中改院报送的《完善公司治理结构，加快建立现代企业制度》的研究报告，成了起草组重要的参考文件。"

（4）举办第一期大中型国有企业工商管理培训

1994年10月，中改院举办了中国国有企业改革与现代企业制度培训班，这应该是全国比较早的专门针对建立现代企业制度的培训班，时任中央政治局委员、国务委员兼国家经济体制改革委员会主任李铁映同志出席开班仪式，并作了重要讲话。

1997年1月，中改院被国家经贸委认定为全国首批78所具有工商管理培训资格的院校。此后，中改院为一汽集团、宝钢集团、上海石化、海南省31家骨干企业和海南农垦系统培训了600余名企业领导干部。

中改院第一期大中型国有企业工商管理培训班经过近半年的紧张筹备，于1997年10月20日正式开学。参加培训的学员共60名。其中包括宝钢集团后备干部25名、一汽集团直属企业的厂长或党委书记15名、海南省19家骨干企业的高级管理人员20名。学员中3人具有研究生学历，28人具有本科学历，26人具有大专学历，18人拥有高级技术职称。年龄在26~30岁的有6人，31~40岁的有21人，41~50岁的有26人，51岁以上的有7人。学员们经过两个多月的紧张学习，顺利地完成了当时国家经贸委颁布的指导性教学大纲规定的全部学习任务。经过严格的考试和考查，有57名学员成绩合格，准予发给工商管理培训结业证书。1997年12月28日，中改院第一期大中型国有企业工商管理培训班圆满结业，并在中改院举行了隆重的结业典礼。时任外经贸部副部长、中国入世首席谈判代表龙永图，以及海南省委领导等出席了结业典礼并讲话。

在实际培训活动组织过程中，中改院邀请了14名著名专家学者、部委领导、知名企业领导作专题讲座。例如龙永图副部长的《对外经贸中应按国际规则办事》、中国经济体制改革研究会常务副会长高尚全教授的《十五大与所有制结构调整》、中国证监会原培训中心主任许美征研究员的《企业治理结构与资本市场发展》、中国社会科学院博士生导师樊纲博士的《企业改革与现代公司治理结构》、中央党校副教育长王瑞璞教授的《全面正确地把握邓小平理论》、北京大学国际关系学院学术委员会主席、博士生导师黄宗良的《中苏（俄）改革之比较》等讲座。培训班还邀请了来自美国、德国等国家的知名教授作专题讲座。我在这个培训班上分别以"十五大对社会主义理论的重大贡献"和"劳动力产权与股份制经济的发展"为题作了两次专题讲座。

培训的学员都是来自生产经营管理一线的管理骨干，在实际工作中遇到过不少问题，是带着问题来参加培训的，学习的自觉性很高。他们认真聆听老师的讲解，虚心向老师请教，积极查阅大量的资料，踊跃参加案例分析和小组讨论。

本期培训期间共有10个双休日，其中9个未安排休息，照常上课，学员们毫无怨言，都非常自觉地利用这些休息时间进行学习，常常读书至深夜。此外，他们每人还写了8篇平均字数为3000字左右的论文，得到了任课教师的较高评价。

（5）举办企业重组与政策法规国际培训班

1996年4月2日—7日，中改院与国家体改委政策法规司、荷兰马斯特里赫特国际管理学院联合举办企业重组与政策法规国际培训班，来自全国体改系统及企业的120余人接受了培训，学员多为省市体改委的负责人和处长及部分企业负责人。培训班就国有企业的现状、国有经济的战略性重组、现代企业制度试点情况、国有控股公司的组建与运作、西方现代企业理论与中国国有企业改革、企业重组的基本概念、法律规范、途径方法、具体操作技术等作了专题讲座。

学员们普遍反映，此次培训班举办很成功，既讲授现代企业制度的一般理论，又探讨企业重组的具体操作问题，既有中国改革的理论与实践问题，又介绍国际企业重组的理论与技术，既有从中央到省市体改战线的干部，又有生产一线的企业管理者，使研讨培训更具针对性、操作性。

除此之外，中改院还举办多次职工持股培训班。1996年4月，举办了职工持股暨股份合作国际研讨班；2000年上半年，为江苏省体改系统干部、海南省政府的企业领导干部举办了职工持股专题培训班；2000年8月，再次举办了中国职工持股培训班；等等。

三、做优国有资本仍是一篇大文章

党的二十届三中全会《决定》提出，"促进各种所有制经济优势互补、共同发展"。新阶段充分有效发挥国有资本的重大作用，是中国式现代化的重大课题，是实现高质量发展的重要条件，是进一步全面深化改革的重大任务。无论从现实需求还是从发展趋势看，进一步做优国有资本，是中国式现代化对国有资本的战略需求。从现实看，发展新阶段国有资本大而不优的矛盾突出，并成为制约国企与民企优势互补、共同发展的突出掣肘。落实党的二十届三中全会精神，要把做优国有资本作为深化国企改革的重大任务。

1. 提出以公益性为导向调整优化国有资本配置

（1）20世纪90年代中期研究优化国有资本配置

1995年4月25日—27日，中改院与联合国开发计划署联合召开了亚太区域国有企业改革与管理比较国际研讨会。来自国内外的专家学者和官员40多人参加了研讨会。会议重点讨论了国有经济在国民经济中的地位和作用、国有资产管理、国有控股公司、产权制度改革与公司制改造、国有企业管理等问题。中改院课题组形成了《从整体上搞活国有经济（20条建议）》的报告并上报给中央有关部门。我们提出，在市场经济条件下，国有企业改革要着眼于国有经济的总体竞争力和整体素质，充分发挥国有经济的主导作用。为此，我们应当采取的改革思路是：加快实现国有资产向国有资本的根本转变，从国有企业数量目标的追求转向国有资本总体效益的实现；建立国有控股公司，着力培育国家"种子队"；优化国有资产管理，实现国有资产的保值增值；大力深化与国有企业密切相关的配套改革。

（2）提出以公益性为目标调整国有资本配置主张

2011年3月，由我主持编撰的《民富优先》一书比较完整地提出以公益性为重点优化国有资产配置的相关观点。2012年3月，我向全国政协十一届五次会议提交了《以公益性为目标调整国有资本配置》的提案，建议以公益性为目标，调整优化国有资本配置，把更多国有资本投向涉及公共福祉的领域；加大国有资本的分红比例，把国有资本分红比例提高到25%~35%。这份提案得到了财政部与国务院国资委的答复。财政部认为，严格限制国有资本投资范围很有必要，逐步把国有企业的资源使用租金和利润分红纳入财政预算收入体系很有道理。国务院国资委认为抓紧制定相关法律法规很有必要，下一步将认真研究。回过头看，这与党的十八届三中全会《决定》提出的"提高国有资本收益上缴公共财政比例，二〇二〇年提到百分之三十"改革目标基本吻合。

2012年4月28日，中改院与越南中央经济管理研究院、德国国际合作机构联合举办"走向公平与可持续——转型中的亚洲新兴市场经济体"国际论坛。在这次论坛上，我发表了题为"走向公平与可持续——转型中的亚洲新兴市场经济体"的主题演讲。

会后，中改院汇集各方观点，研究形成了《以公益性为重点调整优化国有资本配置（16条建议）》，并上报中央有关部门。建议提出：发展方式转变，在相当大程度上依赖于国有经济的战略性调整——改变经济结构、调整和优化投资结构，重在国有资本的合理配置；改变国民收入分配格局，理顺利益关系，需要国有资本及其收益能够成为社会福利的重要来源。具体建议是：首先，适应国家产业结构转型升级的要求，调整投资结构，使新增国有资本投资主要配置在自然垄断领域、公共产品领域，以及事关国计民生和国家安全的战略性领域；其次，国有资本逐步从一般竞争性领域退出，重点转移到公共产品领域；再次，把竞争性领域的国有资本，集中配置在事关中长期国民经济持续快速增长的能源、资源和高科技等新兴战略产业，充分发挥国有资本的优势，参与更高层次的国际竞争，以提升国家竞争力；最后，对确有必要保留在其他竞争性领域的国有资本，要提高收租分红比例。

（3）建言调整优化国有资本布局

2020年9月14日，我与几位同事赴鞍钢集团进行调研，与鞍钢集团相关人员就东北地区国资国企改革问题、中央企业综合改革试点问题等进行了座谈交流。2021年5月18日，我受邀参加国务院国资委"十四五"规划专家座谈会，并就调整优化国有经济布局的几个问题作了发言。我认为，我国改革开放40多年了，仍然没有国有经济布局总的规划，缺乏国有经济布局战略性安排，协调起来就很难。优化国有经济布局是一件十分重要的事情，是涉及全局的战略性大问题。

我在发言中提出，能不能从未来10年、20年，甚至是30年更长远的角度出发，在结构布局、产业布局、区域布局、开放布局上下功夫。第一，从结构布局来看，如果没有国有经济布局的优化调整，东北地区很难实现经济一体化。第二，从产业布局来看，比如鞍钢、本钢合并已经提了很多年，表面上看是两个钢厂的问题，实际上是产业布局和产业集中度的问题。产业布局严重不合理，导致产业集中度不够，效益比较差。第三，从区域布局来看，东北地区国有经济布局严重不合理。三个省之间形成了同业竞争的产业布局。通过国有经济的布局优化，推动东北区域经济一体化，进而才能使东北在东北亚区域经贸合作中发挥一定的作用。

我认为，优化国有经济布局至少有四个方面很重要。第一，战略性。一定要从战略上重视国有经济布局，使得"十四五"期间实现突破。第二，基础性。比如，能不能抓住时间窗口，布局数字经济产业，在这方面我国具有竞争优势。第三，协调性。既然是面向全国国资系统，那就需要有一定的协调性。但谁来协调？如果没有统一的安排，仅靠某个部委，会比较难。第四，制度性。东北地区国有经济布局调整需要制度性安排。

2. 到招商蛇口产业园区调研

2023年11月22日，人民论坛杂志社就"招商蛇口：打造新时代产业园区新产业新生态新格局"开展课题调研，邀请我作为调研组专家。调研组参观了招商局历史博物馆和招商蛇口产业园区智慧体验中心，考察了南海意库和蛇口网谷的八位堂科技有限公司、深圳奥雅设计股份有限公司、敢为软件技术有限公司、联新移动医疗科技有限公司等企业，并与南山区政府有关部门、企业代表进行座谈交流。

招商局是招商蛇口产业园区的主要管理者，其中有好几个不同类型的产业园区。这个以央企为主导的产业园区吸纳了上千家各个类型的创新型中小企业。比如，蛇口网谷产业园区以高科技产业为主，产业基础与相关服务做得很好，园区内上千家各类中小企业以民营企业为主，有的还是世界领先的。比如，一个专门做游戏手柄的公司，包括微软都是它的采购商。

调研中有企业反映，如果物业管理成本和税收再降低一点，企业都会待在这里。我当场问产业园区的领导，他们感到很难。第一，招商局对国有企业利润有指标要求，不追求利润，自己考核达不了标。第二，南山区政府对它有税收目标要求。我在座谈会上提出，能不能把利润指标调低一些？如果成本降低一点，更多的企业到这来，更多的企业发挥效益，国有资本的基础作用不就出来了吗？况且，由于新冠疫情等多种原因，中小企业境地十分困难。招商蛇口产业园区的负责同志回答说，这不符合规定，难以做到。

我认为，这是十分值得我们思考的大课题。今天央企国资的重大战略职能，不仅看它的利润指标，更看它的总体利润，要看国企央企所带动的一大批民营中小企业的综合利润指标，这样就真正起到带动作用，起到了其他企业起不到的战略作用。央企是以企业为主体的产业园区的基础设施提供者、建设者，也是重大科技创新的孵化器，它的考核指标应该和一般的竞争性的企业的考核指标不一样。

调研结束后回到海口，我将自己的思考形成了《新时代央企国资的重大职责使命》一文。后来，这篇文章在人民日报社《国家治理》杂志上发表。

今天，改革开放面临的国际国内形势发生了深刻复杂变化，深入研究深圳招商蛇口产业园区的实践探索，重新研判央企国资产业园区在中国式现代化和高质量发展中扮演的重要角色具有重要意义。新时代央企国资在产业园区高质量发展中应该扮演什么角色？我认为，要跳出园区看园区，从国家战略层面考虑央企国资产业园区的重要地位和重要作用。央企国资要成为基础设施的主要建设者、创新创业环境的主要提供者、构建和形成产业集群与产业链供应链的促进者、国家高新科技创新和高质量发展的推动者。

深圳调研不久后，招商局位于三亚崖州区的一家房地产公司请我到北京讲课，那天我发烧比较严重，硬着头皮上去讲。我在会上提出，三亚的基础设施开发和规划，能不能由央企承担，盖房子、物业管理能不能由民营企业来做？我认为，这样国有企业的基础作用会发挥得很好，也会带动民营企业发展。

做优国有资本的核心是政府角色要转变，政府不能把国有资本当作一般的资本，追求短期利润，成为一般的市场竞争主体，而是按照中央要求，做长期资本、耐心资本，我认为这对于下一步国有资本转型是一个重要思路，对于创造民营经济发展环境也极为重要。在我看来，做优国有资本是一篇事关国家发展全局的大文章，是一篇战略性文章、长期性文章。在建设金融强国的背景下，如果按照中央的要求做长期资本、耐心资本，国企央企就能够形成国家发展资本的长期红利。

3. 新阶段做优国有资本仍是一篇大文章

2024年6月23日，党的二十届三中全会召开前，应中央党校张占斌教授的邀请，我参加了由中共中央党校（国家行政学院）中国式现代化研究中心、中共中央党校（国家行政学院）马克思主义学院、公共经济研究会、中国马克思主义研究基金会共同举办的以"进一步全面深化改革 以新质生产力推进中国式现代化"为主题的第三届中国式现代化论坛，我在会上作了"新阶段做优国有资本仍是一篇大文章"的演讲。

我在演讲中提出，中国式现代化对充分有效发挥国有资本作用提出了新的战略需求，但是大而不优成为有效发挥国有资本作用的重要掣肘。适应我国现代化建设的战略需求，更好发挥竞争领域部分央企国资的基础性作用，应当成为做优国有资本的重大任务。例如，若能聚焦基础创新调整优化国有资本结构，不仅将增强央企国资在我国应对大国科技竞争中的战略支撑作用，也将明显提升国有资本的使用效益，并将在实现以民企为重点的应用创新协同发展中赢得整体优势。做优国有资本，使国有资本真正成为以人工智能为重点的重大基础设施的主要建设者、基础创新的重要推动者、战略性新兴产业集群与关键产业链供应链的重要带动者。为此，要深化央企国资的考核机制改革，支持央企国资建设基础作用有效发挥的重大平台，严格政企分开，赋予企业更大经营自主权，同时，选择部分竞争领域央企开展对标《全面与进步跨太平洋伙伴关系协定》（CPTPP）中的竞争中性规则试点，在充分激发试点央企发展活力的同时，增强内外企业对我国打造公平竞争市场环境的信心。

四、为民营经济发展建言发声

一个国家企业家数量的多少、素质的高低和受重视程度，在一定程度上决定着这个国家的经济竞争力。国家的发展、社会的发展、企业的发展，需要更多、更优秀的企业家。中改院诞生于市场经济的大潮下，33年来一直坚持不懈为民营经济发展建言发声。

1. 20世纪90年代研讨民私营经济

党的十四大报告明确提出，"多种经济成分长期共同发展""国有企业、集体企业和其他企业都进入市场，通过平等竞争发挥国有企业的主导作用"。党的十四届三中全会进一步提出,"坚持以公有制为主体、多种经济成份共同发展的方针""国家要为各种所有制经济平等参与市场竞争创造条件,对各类企业一视同仁"。[1]如何正确认识我国的民私营经济,推动和促进民私营经济健康发展,成为我国20世纪90年代改革与发展中的重大问题之一。

1994年4月2日—4日,围绕中国民私营经济进入快速发展的新阶段这一背景,中改院与中国民私营经济研究会、《中华工商时报》联合举办了中国民私营经济90年代发展方向与政策研讨会。中央和国务院部委的领导、高校和研究机构的专家学者,以及来自全国10多个省市的企业家等100多名代表参加了会议,围绕20世纪90年代民私营经济发展展开热烈的讨论。

当时有会议代表说:"90年代是我国民私营经济稳定发展最好的时期之一,或者说是又一个春天。"许多代表指出,民私营经济的迅速崛起,给我国经济注入了生机和活力,促进了我国经济体制改革的深入和市场经济的快速发展,作用是很大的。例如,解决了就业问题,既扩大市场又搞活流通,既发展生产又增加财源,大大促进了市场机制的加快形成,推动了中国整个经济体制改革的深化和向市场经济的过渡。

会议重点研讨民私营经济发展面临的需要探索的重大理论问题。首先,关于民营经济的概念就有不同观点。一种观点认为,民营经济实质上就是私营经济,而且由于私营企业改造为股份制企业,不同经济成分相融合的混合所有制企业越来越多,所以民营经济与私营经济无论从企业财产性质角度,还是从经营方式角度,已经越来越难区分,私营经济完全可以说是民营经济。另一种观点认为,民营经济和私营经济是两个不同的概念。民营比私营含义更宽泛,它可以是国有民营,也可以是民有民营。还有一种观点认为,民营、私营经济是一个暂时的、过渡性的

---

[1] 《中共中央关于建立社会主义市场经济体制若干问题的决定》,载中共中央文献研究室编《十四大以来重要文献选编》(上),中央文献出版社1996年版。

概念，以后变成以混合经济为主，将以现代企业制度、公司制来代替这个概念。

我向本次会议提交了论文《积极扶植和引导民私营经济向股份化方向发展》。我在会上提出，20世纪90年代民私营经济发展的基本方向是向股份化和公司制过渡。许多代表同意这一看法。他们认为，实行股份化和公司制，不仅有利于筹集资金，增强实力，扩大生产规模，实行社会生产方式，采用现代高科技，也有利于改造企业内部的产权结构、组织结构和权益体系，引进现代企业管理方式，提高经营者的素质，以及分散风险，增强企业的可信度，提高企业的形象，等等。

2. 连续5年召开基础领域改革国际研讨会

世纪之交，世界各国的基础设施产业经历了重大变革，中国也在积极探索基础设施产业从垄断向有效竞争转化的模式，如何在充分考虑基础设施产业特殊性的前提下，构建适合我国国情的改革模式及途径，成为新世纪经济建设和改革的重要任务之一。

1998—2002年，我主持基础领域改革课题，重点研究电信、电力、铁路、民航等垄断性公共部门的市场化改革。中改院连续5年举办了5次国际论坛，形成并向中央有关部门递交了4份建议报告，10份研究报告，10份背景报告，7份赴德国、意大利等发达国家的调研报告，包括德、英两国公共部门改革报告，德、意两国基础领域改革、电信改革和铁路改革等考察报告。

1999年11月1日—2日召开基础领域改革第一次国际论坛，主题为"打破垄断、引入竞争"，重点对基础领域竞争机制的建立、投融资体制改革等问题进行讨论。会后，中改院出版了《走入21世纪的中国基础领域改革》一书，并向中央有关部委提交了《加强我国基础领域改革（22条建议）》。

2000年11月1日—3日召开基础领域改革第二次国际论坛，以"中国非国有经济发展与基础领域改革"为主题。论坛集中讨论非国有经济参与基础领域改革的作用、时机、途径、政策和制度环境。会后，中改院出版了《走向开放与竞争的中国基础领域改革》一书，并向中央有关部委提交了《促进非国有经济参与我国基础领域改革的建议》。

2001年10月22日—24日召开基础领域改革第三次国际论坛，主题是"WTO·开放市场·反垄断"。这次论坛对加入WTO、开放市场与基础领域促进竞争及反垄断的有关内容进行了研讨。会后，中改院出版了《走进WTO的中国基础领域改革》一书，并向中央有关部委提交了《WTO条件下加快基础领域反垄断（19条建议）》。

2002年11月2日—3日召开基础领域改革第四次国际论坛，主题是"中国基础领域的下一步"。重点围绕基础领域的公司治理结构、支持民间资本进入基础领域的相关政策、基础领域的政策规制、基础领域的反垄断及其立法等议题，对基础领域的下一步改革任务进行了研讨。

2003年10月17日—18日召开基础领域改革第五次国际论坛，以"新阶段 新抉择 新路径"为主题，集中对我国基础领域改革的进展情况、面临的主要矛盾、下一步的改革重点和方向等议题进行讨论。会后，中改院向中央有关部委提交了《我国改革新阶段加快基础领域改革的建议（28条）》。

3. 让非国有经济逐步成为西部大开发的市场主体

2001年6月13日—15日，中改院与贵州省人民政府发展研究中心、中国民营科技促进会、德国技术合作公司联合主办西部大开发与非国有经济发展国际研讨会，来自WTO总部、美国、英国、澳大利亚、德国、印度的高级官员、知名专家和驻华使领馆的官员，国家西部开发办、有关部委、政策研究机构、高校及全国部分省市的理论和实践工作者共128人参加了此次研讨会。

会后，中改院形成《重视非国有经济在西部大开发中的作用（22条建议）》。建议中提出，在我国加入WTO、国际市场竞争日趋激烈的大背景下，实施西部大开发战略，加快全国市场化改革进程具有全局性、长远性意义。以政府的推动促进民间资本参与，以国家投资带动民间资本的进入，并创造各方面的条件，使民间资本在西部大开发中逐步发挥重要作用，是推动西部大开发的有效途径。基于这一基本判断，我们建议国家出台西部大开发的一系列优惠政策，鼓励非国有经济发展。

4. 举办发展方式转型与民营经济发展研讨会

2010年6月19日，中改院与中国中小企业协会在北京召开鼓励和引导民间投资健康发展——发展方式转型与民营经济发展研讨会，中国中小企业协会会长李子彬主持会议，来自国家发展改革委、财政部、工信部、工商总局、中国人民银行、中央政策研究室、全国工商联等单位的政府官员、专家学者共40余人参加会议。与会专家就"非公经济新36条"公布后发展方式转变与民营经济发展进行了深入探讨。

专家普遍认为，"非公经济新36条"的出台"意义重大，亮点很多"，新阶段推进民营经济发展"重在落实，难在落实"，不仅要尽快出台实施细则，更要着眼于转变发展方式的大背景，在政策调整与体制改革上有大的举措。

我在这次会上就"发展方式转变与民营经济发展"作了发言，提出了四个问题：一是如何估计现行发展方式对民营经济发展的影响和制约。投资主导的增长方式不利于民营经济发展，尤其是现行经济发展方式某些缺陷的凸显，对民营经济的发展空间有挤出效应；以低成本为主要特点的民营经济发展模式开始走入"死胡同"。二是如何判断发展方式转型对民营经济发展的基本需求。随着公共产品短缺成为突出矛盾，国有资本需要从一般性、竞争性领域逐步退出来，从而为民营经济发展提供更大的市场空间。三是如何认识"非公经济新36条"对新阶段民营经济发展的政策导向作用。我的看法是，"非公经济新36条"不仅拓展了民营经济发展的政策空间，更重要的是在本质上反映了发展方式转变对新阶段民营经济发展的政策导向。民营经济要成为市场竞争的主体、可持续增长的内生动力和公平发展的重要力量。四是如何尽快推动发展方式转型背景下民营经济发展的重大突破。新阶段民营经济发展的突破，需要某些具体政策的突破，需要尽快出台"非公经济新36条"的具体实施方案。

5. 为民营企业发展敢于直言

（1）回答大学生关于资本家之问

2021年9月27日，我在东北某大学给近600名师生作了一次改革开放史的讲座。没想到讲完以后，一名学生站起来向我提问题，拿着手机念了一段话，中心意思是："我们是生长在社会主义新时代的青年，为什么一毕业就要给资本家打工？"我问他："谁是资本家？"他的回答令我吃惊："民营企业家都是资本家！"更令我没想到的是，他的话音刚落，全场响起热烈掌声。

如何认识和回答这个问题，十分重要，涉及我们对改革开放历史的重要的、基础性的判断，更是要给青年学生一个解答和教育。我当场讲了四条。第一，经济发展是有规律的，不能把资本主义等同于市场经济，也不能把社会主义等同于计划经济。我们不能用"主义"来区分经济客观规律，这是人类文明的共同产物，否则我们就会陷入思维固化。第二，我们讲公有制为主体、多种所有制经济共存的制度是社会主义初级阶段的基本特征；我们讲"两个毫不动摇"，符合宪法，符合发展规律，符合社会主义初级阶段的基本国情。因此，不能把民营经济等同于资本主义，也不能把公有制简单等同于社会主义。第三，当前，中国的经济发展、实现共同富裕离不开民营经济，中小民营企业的发展是目前经济发展需要解决的重大问题。否则哪有创新创业？哪有稳定就业？第四，今天我们讲制度型开放，就是要学习借鉴发达国家的技术、管理、标准、服务等，这些不是资本主义独有的。

讲座结束后，该大学的党委书记和我说："老迟，一方面我为青年人这种爱国主义热情所感染；另一方面也真的为他们这种不了解历史、不符合实际所产生的片面的甚至有些民粹的倾向感到担忧。"怎样全面、客观地学习改革开放史，怎样充分了解改革开放的历史性作用，理解党中央反复强调的"改革开放是决定中国前途命运的关键一招",真的是一篇大文章。

(2) 浙江"八八战略"座谈会讲民营经济

2023年6月29日,由中共浙江省委主办的"八八战略"高峰论坛在浙江杭州召开。我应邀出席,并在"第一单元:'八八战略'与构建新发展格局"分论坛发言。

上午有10位重要嘉宾演讲,没有一个人谈民营经济,更没有人讲民营经济在浙江发展中的作用。中午吃饭时,我问一名上午发言的嘉宾:"为什么你们的发言不提民营经济?"他说:"老迟,这样的话由你来讲合适!"我感到很不解。我在下午第一个发言中提出,"八八战略"中第一条就是体制机制创新,大力推动以公有制为主体的多种所有制经济共同发展,不断完善社会主义市场经济体制。浙江践行"八八战略",以民营企业为主要载体的民营经济发展,成为浙江体制机制创新的突出优势。我说,2023年是改革开放45周年,是党的十八届三中全会召开10周年,也是"八八战略"提出20周年。当前,毫不动摇地支持民营经济做大做强,是提振民营经济信心与预期的重大举措,是深入实施"八八战略"、坚持完善社会主义市场经济体制的重大任务。后来,《浙江日报》记者采访我,并刊登了我的发言摘要。

(3) 召开民营经济促进法立法座谈会

2024年全国两会期间,多位全国人大代表、政协委员围绕民营经济促进法积极建言,引起各方热议与关注。2024年3月24日,由中改院支持,海南中改国浩自贸港法律研究中心承办,贵州省律师协会、海南省律师协会、四川省律师协会和深圳市律师协会主办的民营经济促进法立法建言座谈会在海口召开。来自政府相关部门、相关省份律师协会、商会协会、智库、高校、科研单位等的与会嘉宾共计50余人,为民营经济促进法立法积极建言献策。这也是中改院第一次召开有这么多来自广东、上海、贵州、四川、海南等全国各地律师参加的座谈会。

我在发言中指出，促进民营经济发展是我国40多年改革开放的重要经验，民营经济是我国发展社会主义市场经济的重要成果，是中国式现代化建设的重要力量，需要形成相应的法律规范。民营经济促进法需要反映企业发展的时代需求，需要同高水平社会主义市场经济建设、高水平开放相适应。我在发言中提出以下建议。

第一，从法律上将民营经济定性为社会主义市场经济的内在组成部分，赋予长期稳定、合法的法律地位。把坚持"两个毫不动摇"作为立法原则，把民营经济与国有经济在发展社会主义市场经济中具有同等价值作为立法的重点，从法律上明确规定民营经济作为国家基本经济制度的重要组成部分。

第二，从法律上把促进中小企业发展、保护民营资本作为立法的重大任务。民营经济与中小企业高度重合，需要形成共同的法律保护支撑。我国2002年制定、2017年修订的中小企业促进法体现了对中小企业的特殊保护，但由于缺乏所有制方面的法律规范，未能有效排除影响民营企业发展的市场和非市场因素。为此建议：民营经济促进法要突出与中小企业促进法的衔接与配合，重点从制度层面形成中小企业发展的相关法律规范，明确规定国家对中小企业的相关保护制度。

第三，从法律层面保障民营企业平等参与市场竞争。我国的高水平社会主义市场经济体制建立在公平竞争的规则之上，其重中之重是为各类企业创造平等竞争的市场环境。要突出公平竞争规则，充分反映制度型开放需求，民营企业进入服务业领域"法无禁止皆可为"。

第四，从法律层面规范政府的行为。要充分反映市场经济法治原则，推进市场监管法治化，从法律层面支持民营企业家参与政策制定。

五、弘扬企业家精神

企业家精神是现代市场经济的灵魂。发展现代市场经济，需要大力弘扬企业家精神，充分发挥企业家才能，企业家的潜在价值才能得到最大限度的释放。

1. 企业发展与企业家价值

关于企业发展与企业家价值，我（当时兼任中国企业联合会、中国企业家协会副会长）曾在2004年5月举行的2003—2004年中国最受尊敬企业评选颁奖典礼暨高层论坛上讲了四个观点。

第一，创新是企业发展的动力，是企业保持和提高竞争力的根本所在，企业家是企业创新的灵魂，是企业创新的第一推动力。

第二，建立和健全现代产权制度，处理好企业内部的利益关系，既是企业发展的基础，又是企业发展的动力。企业家是企业利益共同体的首席代表，是企业制度创新的推动者和实践者，企业家承担着代表所有者组织资源、管理企业、谋求发展的责任，将自己个人的事业与企业的成败兴衰紧紧联系在一起，在追求事业成功的同时，较好实现企业各方利益主体与共同利益的最大化。

第三，科学规范的公司治理结构是企业发展的制度保障。企业家既是公司治理结构的主要建立者，又是公司治理结构的主导者。企业家比其他的任何人，更深切地了解规范的公司治理结构对企业高效率决策和管理的重要性，对企业发展的重要性。企业家能够自觉地从本企业的实际出发，积极推进公司治理结构的形成。

第四，企业文化是企业发展的内在源泉，是企业凝聚力的基础，并越来越成为现代企业管理中重要的无形资产。企业家是企业文化的倡导者，企业的发展不仅取决于企业家的管理经验，更在于企业家的价值理念和企业家精神所塑造的企业文化。

我们分析那些成功的创业型企业，几乎在每个企业成功的经验中都可以看到独特的企业文化，企业家在创业过程中所倡导和表现出的某种精神，会直接转化为企业文化的精髓，企业家个人行为和思维的风格，以及价值取向，会直接影响企业文化的特点。对于塑造良好的企业文化，需要企业家倡导和信奉符合时代要求的价值理念和企业家精神。

2. 研究创业型企业家的价值定位

（1）加快形成企业家队伍

20世纪90年代中期，我国企业改革和发展的实践越来越迫切地提出，必须加快形成一支懂经营、善管理的企业家队伍。1996年，我在《新世纪》第11期上发表了《加快形成企业家队伍》的文章，提出要通过改革创造有利于企业家发展的大环境。

我认为，要形成有利于企业家发展的机制，必须加快建立和完善企业家市场，形成企业家和职工的效率分配机制；在改革中确立企业家和职工的正确关系，充分发挥企业家和职工两个方面的积极性，形成一套有利于企业家决策和管理职权的制度；要保护企业家，完善企业家发展的大环境。

（2）承认并实现创业型企业家价值

21世纪之初，我国加入WTO，企业家资源的严重短缺是一个严重问题。2001年，我应邀赴北京在人民大会堂参加中国企业家价值暨"双星现象"研讨会，并在会上以"承认并实现创业型企业家价值具有迫切性"为题作了演讲。我的文章《承认并实现创业型企业家价值具有迫切性——由"双星现象"引发的几点思考》在《新世纪周刊》发表。在我看来，当时经过20多年的改革开放，中国已初步形成了一批有中国特色的创业型企业家，这是最值得珍惜的宝贵财富。创业型企业家是我国企业家的杰出代表，已成为众多的企业经营者和管理者学习的楷模。尽快承认和实现他们的价值，对我国企业家队伍的形成将起到积极的促进作用。

2002年4月，我在《经济社会体制比较》发表了题为《中国创业型企业家的价值定位》的文章。我提出创业型企业家在企业中的"两大作用"：一是企业利益共同体的首席代表；二是企业制度创新的推动者和实践者。我认为，现代企业制度安排中有"两个转变"：一是由传统企业制度主要强调货币资本在企业中的核心作用向货币资本、人力资本（以企业家为核心）和其他利益相关主体共同作用的现代企业制度转变；二是在公司治理结构中由以出资人为中心向以企业家为主导的治理结构转变。要承认创业型企业家的"两种价值"：一是创业型企业家应当成为企业产权的拥有者；二是创业型企业家应当成为企业治理结构中的主导者。之后，中改院形成了《承认并实现创业型企业家价值的框架建议（22条）》报告。

2005年，在全国企业家活动日上，我作为时任中小企业联合会、中国企业家联合会副会长以"改革攻坚与企业家制度建设"为主题作演讲。我指出，我国正处在经济体制转轨的关键时期，弘扬企业家精神，前提条件是建立企业家制度。从总体情况看，我国企业家制度建设同市场化改革进程不相适应。其一，我国已初步建立社会主义市场经济的体制框架，与此同时，企业家制度的雏形尚未形成。其二，这些年，一些企业家，特别是创业型企业家的落马，不能不说同企业家制度的缺失直接相关。我们在指出落马企业家个人因素的同时，更需要清楚地看到我国企业家制度建设滞后的客观现实。我提出国有企业改革与企业家制度安排的三个问题：一是发展以股份制为主体的混合所有制经济必须发挥企业家的作用；二是现代企业制度凸显企业家地位；三是建立健全现代产权制度理应重视企业家价值。

创业型企业家的兴起是中国成功走向市场经济的重要标志之一。当然，第一代创业型企业家很多不在任了，有的已离世。我认为，他们创建的企业文化是民营企业发展的宝贵财富。

3. 形成激励创业型企业家成长的制度安排

2017年12月13日，《人民日报》刊载了我的文章《建言：实体经济如何做大做强做优》。我在文章中指出，把发展创新型企业作为混合所有制改革的一个重要着力点，注重通过完善企业内部治理结构使国有资本做大做强做优，并为社会资本参与提供更大的体制空间；以培育世界一流企业家队伍为目标，营造良好环境，依法保护企业家财产权和创新收益。我建议以发展中小企业为重点完善公平竞争市场环境，加快落实中小企业促进法；以税制改革为重点降低企业成本，进一步降低间接税比重。

2018年6月，我的专著《劳动力产权论》正式出版。在书中，我提出要以劳动力产权激励创业型企业家。我认为，要鼓励广大科技人员依靠知识产权创办企业，实现创业型企业家的劳动力产权。一方面，以实现劳动力产权降低科技人才创业门槛。支持科技人才以知识产权入股兴办企业，对企业注册资本中无形资产所占比例不设限制、上不封顶；对科技人员申请设立企业注册资本在50万元以下的内资公司允许"零首付"；对各类科技人才以知识产权入股兴办合伙制企业采取税收优惠政策；对知识产权入股兴办企业暂不征收个人所得税。另一方面，要以实现劳动力产权推动科技成果转化。建议借鉴国际经验，明确界定高校、科研院所科技人员职务发明成果转化所得收益权，并以至少80%的比例分配给参与研发的科技人员及其团队。同时，还要发展各类创业投资。

六、《赢在转折点》获得中华优秀出版物奖

记得2004年在深圳，我受邀参加了一次关于企业的发展、企业家价值的讨论，组织者请我就走向伟大企业作一个发言。我结合转型问题的研究提出，从国际来看，伟大企业大多数产生于重要的转型期间。相对而言，历史转型时期往往给企业带来更多的战略机遇，善于把握转型趋势的企业，往往会取得人们意想不到的成绩，从而成就伟大的企业。

1. 与浙江70位民营企业家交流，提出"赢在转折点"

改革开放的实践表明，无论是一个地区，还是一个企业，往往不是赢在起点，而是赢在转折点。这是我与企业家座谈时得出的一个重要启示。

2016年4月10日下午，我应邀出席在杭州湾信息港举行的一次浙商智库闭门会暨浙商全国理事会主席沙龙，围绕"'十三五'：结构性改革

与新经济"作主题演讲，并与参会的70多位企业家座谈。这次座谈给予我一个深刻的体会，即在经济转型的大趋势下，哪些企业转得好、转得早，就发展得好。有的钢材企业转型做起动漫，有的开始从海水中提炼生物医药。这使我得出一个体会：一个企业也好，一个地区也好，常常不是赢在起点，而是赢在转折点。我演讲后，与企业家进行座谈讨论。

2.《赢在转折点》获得中华优秀出版物奖

这次与企业家对话座谈给了我灵感和启发。进入新发展阶段，无论是一个地区，还是一个企业，主要不是赢在起点，而是赢在转折点。中国经济转型呈现时代性、阶段性新特点，未来几年的经济转型不仅对中国的中长期增长有着决定性影响，而且对全球经济增长和推进世界经济治理格局的调整也将产生某些重要影响。

在对经济转型升级大趋势与结构性改革的研究基础上，2016年，浙江大学出版社出版了我的专著《赢在转折点》一书。这本书系统阐述了我国经济转型升级的大趋势，"十三五"是我国经济转型升级的历史关节点，增长、转型与改革高度融合，经济转型升级蕴藏着巨大的增长潜力和市场空间。产业变革正处在由工业主导向服务业主导的转折点；城镇化正处在由规模城镇化向人口城镇化的转折点；消费结构正处在由物质型消费为主向服务型消费为主的转折点；对外开放正处在由货物贸易为主向服务贸易为重点的转折点。适应经济转型升级的大趋势，如何"赢在转折点"是方方面面共同面对的重大问题。这本书提出了"十三五"以经济转型升级为主线的结构性改革的行动建议。

2016年9月25日，中改院与浙江大学出版社、中央人民广播电台《经济之声》在北京共同举办了"大转型时代的中国：赢在转折点——'中国经济转型与创新发展丛书'座谈会"，围绕"经济转型大趋势""经济转型与经济增长前景""经济转型与结构性改革"等议题进行了探讨。

2017年2月，正值党的十九大召开前夕，我与中改院同事提交了《赢在2020转折点的改革行动（30条建议）》，系统提出了"十三五"以经济转型升级为目标的结构性改革建议。这份建议被列为党的十九大报告起草组参阅件。

令我没想到的是,《赢在转折点》及"大国大转型丛书"得到多方面的肯定。2019年12月,《赢在转折点》荣获第七届中华优秀出版物奖图书奖,这是我国出版奖中的最高奖之一。

这本书还被评为"2016年度中国30本好书"、年度中国十大数字阅读作品,入选了"十二五"国家重点出版物出版规划、2017年"经典中国国际出版工程"资助项目,被翻译为英文、阿拉伯文、日文、马来西亚文。2020年9月28日,施普林格·自然（Springer Nature）宣布10部学术图书荣获"中国新发展奖"（China New Development Awards）,《赢在转折点》位列其中。出版社告诉我,"中国新发展奖"是表彰各个出版社出版的对联合国可持续发展目标（SDG）有重要推进作用的学术书籍。

3. 继续为民营经济建言发声

（1）适应结构转型趋势中促进民营经济发展

中国经济转型趋势是我近年来关注并且深入研究的重大课题。在我看来,中国既是一个经济大国,更是一个转型大国。分析中国经济发展前景及其对世界经济的影响,分析民营经济转型发展的方向和机遇,离不开对经济转型升级趋势的判断。

中国经济转型升级蕴藏着民营经济发展的巨大机遇。例如,我和我的同事对服务业市场开放和以服务业为主导的产业结构转型进行了投资空间的测算。2019年,我国制造业领域私人控股企业固定资产投资占该行业的比重为75.8%,国有与集体控股企业占比仅为9.1%;但服务业领域私人控股企业固定资产投资占比仅为36.1%,扣除房地产业后占比更低,要达到制造业的开放程度还有30个百分点左右的空间。

从趋势看,随着消费对投资引领作用的增强,与消费升级相关的行业各类投资仍将保持较快增长态势,并促进产业结构升级和创新消费供给,逐步培育形成有效的供给体系。

（2）建议强化竞争政策基础性地位　促进民营经济发展

竞争是市场经济的本质。针对我国经济发展面临的内外挑战，2019年10月21日，我在《经济日报》撰文《强化竞争政策的基础性地位　发挥民营经济作用》，提出以"三大转变"强化竞争政策的基础性地位，发挥民营经济作用。

第一，实现经济活动由地方政府间竞争向企业主体间竞争的转变。一是地方政府间的某些竞争仍然存在，并成为阻碍企业主体公平竞争的重要因素。近年来，地方政府间的竞争格局已有重大改变，但在财政分权、GDP考核等尚未完全消失及经济增速下行压力加大的背景下，地方政府间的相互竞争，以及由此导致的地方保护现象在某些领域仍然存在。由此，造成重复建设、产能过剩、资源配置效率低下等突出问题。二是按照竞争中性原则改变某些不平等的政策与规定。民营经济贡献了60%以上的国内生产总值，但民营企业所获得的融资额仅占企业融资总额的20%，且融资成本高于国有企业1.5~2.5个百分点。确立竞争中性原则，就是要使各类企业平等获得资源要素，建立完善产权保护的相关制度，以稳定企业预期，激发企业家精神和创新活力。三是推进地方政府简政放权的实质性突破。经济领域仍保持某些不合时宜的行政审批和行政管制，行业准入、项目审批还存在某些过度保护现象，有的地方政府过于重视对特定领域和行业的扶持，过于重视对本地国企的保护。强化竞争政策的基础性地位，就是要处理好政府与市场的关系，充分发挥市场在资源配置中的决定性作用。

第二，实现经济政策由产业政策为导向向竞争政策为基础的转变。首先，强化竞争政策的基础地位，要改变差异化、选择性的产业政策。以强制清除、限制开工等行政化手段为主推动的"去产能"政策，"有保有压"的选择性、歧视性特征明显，在多方面加大了民企的压力，加大了民企与国企间的不平等竞争。2014—2018年，民间投资增速由18.1%下降至8.7%，不能不说与行政手段为主的产业政策直接相关。其次，按照竞争中性原则推进产业政策转型。要改变以往以倾斜性的行政力量对市场资源的直接配置，大幅减少现有中央各部门、地方产业补贴与扶持项目；制定适用产业扶持政策的负面清单，将产业政策严格限定在具有重大外溢效应或关键核心技术的领域。最后，强化竞争政策的基础性地位要有重要举措。中央已经公布一系列进一步放宽市场准入、降低企业税负的重要举措。当前，降成本的重点、难点在于降低制度性交易成本。例如，全面实施企业自主登记制度与简易注销制度，取消企业一般投资项目备案制，尽快推广企业法人承诺制，等等。同时，明确地方政府审批管制事项"只减不增"。

第三，实现市场监管的重点由一般市场行为监管向公平竞争审查的转变。一是市场监管的主要对象要由商品为主向服务为主过渡。在我国服务型经济及服务型消费快速增长的背景下，监管标准体系缺失，难以实现服务业开放发展与风险防范的平衡。应尽快在人民群众高度关注的食品、药品、金融等服务业领域实现监管标准、行业标准与国际接轨。二是落实竞争中性原则，强化市场监管机构对公平竞争政策的审查。从现实情况看，妨碍公平竞争审查的重要体制因素，在于综合性的市场监管与专业性的部门监管还难以统筹协调，难以形成合力。建议由国家市场监管总局或国务院反垄断委员会牵头系统清理现行涉企政策中妨碍民营企业发展、违反平等竞争的规定。三是把反垄断，尤其是反行政垄断作为市场监管变革的重大举措。迄今为止，服务业领域的行政垄断尚没有纳入反垄断的范围。建议尽快修订反垄断法，增加并细化反行政垄断的内容，并将竞争政策及相应的公平竞争审查制度纳入反垄断法。同时，推进反垄断执法体制机制建设，将反垄断局与价格监督检查和反不正当竞争局作为具体执法机构。

第五章
惠及 13 亿人基本公共服务的价值追求

在发展中保障和改善民生是中国式现代化的重大任务。必须坚持尽力而为、量力而行，完善基本公共服务制度体系，加强普惠性、基础性、兜底性民生建设，解决好人民最关心最直接最现实的利益问题，不断满足人民对美好生活的向往。

——党的二十届三中全会《中共中央关于进一步全面深化改革　推进中国式现代化的决定》

"建立惠及13亿人的基本公共服务制度和体系,逐步实现基本公共服务均等化,是我国人类发展的必由之路。就其所涉及的人口规模而言,在世界上是空前的;就其制度建设对于我国全面建设小康社会和和谐社会的意义而言,可以同过去30年的市场经济体制改革相提并论。我国政府正在为惠及13亿人的基本公共服务做出巨大努力。无疑,我国人类发展将迈上一个新台阶。"

这是中改院承担联合国开发计划署委托的《中国人类发展报告2007/08》结尾的一段话。为了写这个结语,我从晚上七点思索到半夜两点多。与其说是写出来的,不如说是想出来的,是长期思考的结晶。"惠及13亿人的基本公共服务"是我与中改院以坚守改革为民的价值导向,并为之追求的目标之一。33年来,这里面有太多的事值得回忆。

一、"为什么不同所有制有不同的劳保待遇?"——对社会保障制度改革的思考

1. 为什么我对社会保障制度改革如此热衷?

我从事改革研究40余年,其间社会保障制度改革是我长期关注的重大课题。曾有人问我:"老迟,作为经济改革研究专家你为何对社会保障制度改革有如此大的兴趣?"这与我个人的成长经历有直接关系。我的父亲、哥哥、姐姐是不同所有制单位的职工。我的父亲当年是集体合作企业的小头头,我的妈妈也在这个合作企业工作,我的哥哥是人民医院化验室主任。一天晚上,我陪父亲在单位值守夜班,父亲突发急性胃溃疡穿孔,疼痛难忍,我推着车子把他往医院送,连续做了两次胃溃疡手术。母亲为了照顾父亲,半年不能上班就被自动辞退。更棘手的是,父亲的医药费是一笔很大的开支。由于父亲在"集体"企业工作,生病产生的医疗费用最多报销60%,实际只能报销50%以内,而且病休的半年,

工资不能全发。不巧的是，那一年我的哥哥也因病住院了。哥哥是国有事业单位工作人员，医药费全额报销。更巧的是，同一年我的姐姐也生病住院，她的医药费可以报销60%。由此，全家一下子陷入因病致贫的窘境。为了减轻家庭负担，从小学三年级到六年级的3年，我坚持冬天拾粪、夏天假期拾柴，挣些钱补贴家用。东北的冬天，早上至少零下二三十摄氏度，凌晨4点左右天还未亮，我套个外套，拿着手电筒就出门了。暑假期间我到二三十公里外拾柴，有时候早上4点左右起床，拿着一根黄瓜、一个饼子就出门了。为什么国有单位和"集体"单位的职工，劳保待遇差别如此之大？这在我心里存下了疑惑和不解。

从事改革研究之初，我就十分关注社会保障制度改革。海南建省办经济特区之初，由我牵头研讨全省社会保障制度改革的方案设计，并提出建立海南新型社会保障制度的综合改革思路。在中改院成立后，社会保障制度改革也是我与同事们研究的重点之一。1992年，中改院不仅提出了中国社会保障制度改革系列研究报告，更举办了当时全国第一个关于社会保障制度改革的高层次国际研讨会，对后来全国研究、讨论社会保障制度改革都产生了积极影响。

2. 研讨海南新型社会保障制度方案

海南建省办经济特区之初，省委、省政府就明确提出，要加速海南的经济建设，推进经济体制改革，需要加快建立新型社会保障制度，为企业提供平等竞争的社会环境。20世纪90年代初，海南省社会保障体制改革走在了全国前列。不仅较早地组建了社会保障管理机构，而且在全国率先颁布社会保障制度改革的4个相关政策文件。

1989年，国务院把海南省和深圳市列为全国社会保障制度综合改革试点。这样，海南在事实上成为全国唯一的社会保障制度改革试点省份。按照海南省委、省政府要求，我和省体改办的同事在调查研究的基础上，根据海南省经济社会发展的特点和需要，经过深入研究和咨询论证，提出建立海南新型社会保障制度的综合改革思路。并经反复测算，先后设计了《海南省社会保障制度改革总体设想》《海南省职工养老保险制度改革方案》《海南省职工医疗保险制度改革方案》《海南省职工待业保险制度改革方案》《海南省职工工伤保险制度改革方案》。

为了完善全省社会保障制度改革方案，在国家体改委的支持下，1990年1月12日—18日，我们邀请中外专家到海口，在省政府琼苑宾馆海风堂举行了海南省社会保障制度改革国际咨询会。

会议邀请了来自美国麻省理工学院、加拿大不列颠哥伦比亚大学、新加坡中央公积金局、国际劳工组织、美国麻省理工学院斯隆管理学院等国际知名专家，国家体改委、国家劳动部、国家科委、中国人民保险总公司等相关机构的专家。此外，海南省社会保障制度改革领导小组及办公室成员、有关厅局和海口、三亚两市体改办的负责人等参加了这次咨询会。

1991年6月1日，海南省委在原则上通过这些改革方案。随后，我们又草拟了职工养老保险、待业保险、工伤保险、医疗保险和公费医疗等5项暂行规定。1991年11月，以海南省人民政府名义发布了《海南省职工养老保险暂行规定》《海南省职工待业保险暂行规定》《海南省职工工伤保险暂行规定》《海南省职工医疗保险暂行规定》，这4个暂行规定在全国开了先河。

海南的社会保障制度改革总体方案有3大特点：第一，建立全省统一的社会保障制度，突出特点是以社会统筹账户为主、个人账户为辅，逐步提高个人账户比例，提升流动人口加入比例，提高缴费的积极性。第二，实行全省统一的社会保障管理体制，由省政府组建社会保障委员会来统筹全省4大社会保障体系。第三，所有的人员，包括各级领导也都要参加统一的社保。

今天，回顾这段历史，相关讨论仍不绝于耳。新中国成立后，我国颁布了《中华人民共和国劳动保险条例》，依据这个条例所建立的社会保障体制，突出弊端是导致"大锅饭"现象，就是一切由国家包揽，一切由企业包揽。海南省的社会保障方案，革除了保障给付与缴费贡献相脱节的"大锅饭"统筹的弊端，坚持权利与义务、公平与效率相统一的原则，通过保险金给付与保险费缴纳紧密挂钩的办法，形成吸引、制约企业和个人缴费的机制作用，从而保证新型社会保险制度能够正常、有效、稳定地运行。

我记得，当时我国的社会保障制度改革刚刚开始，全国范围内也只是在国有企业开始进行探索和试点。海南省的改革方案，就已经把从个体户到民营企业，从国有企业到机关事业单位，从领导干部到打工者，把所有的城镇从业人员都纳入参保对象，充分体现了敢闯敢试的创新精神。这些社会保障制度改革研究，为后来我和中改院同事们的改革研究奠定了重要基础。

3. 建院半个月后举办全国体改系统社会保障制度改革培训班

作为国家体改委的培训基地，中改院一建院就承担了国家体改委的培训任务。回顾中改院的历史，第一个培训班就是全国体改系统社会保障制度改革培训班。这次培训班后，中改院形成了第一份建议——《全国体改系统社会保障制度改革培训班对我国社会保障制度改革若干问题的建议》，刊发在中改院《简报》第2期。

由于1991年11月1日刚建院，11月16日就要举办全国体改系统社会保障制度改革培训班，时间十分紧迫。为办好这个培训班，全院上下又投入紧张的工作。全国14个省、市、自治区和部分计划单列市体改委有关方面的负责人及海南省直有关单位、各市县体改办的负责人共50余人参加了学习。培训班邀请国内外知名的社会保障研究和管理方面的专家学者讲课。培训只有10天，但大家感到收获很多。

培训期间，学员们不仅较系统地学习了国内外社会保障制度的理论和实践经验，并且对国务院相关文件下发后各地贯彻执行的情况及出现的问题、海南省社会保障改革方案对各地的借鉴作用等进行了广泛的交流和讨论。同时，培训班学员对我国社会保障制度改革中的若干重大问题，提出了一系列富有建设性的构想和建议，为全国各地培训了第一批社会保障制度改革研究和实务骨干，为推进全国社会保障制度改革作出了重要贡献。

二、提出第一份社会保障制度改革建议报告

建院不到一年，中改院提出《中国社会保障制度改革的基本思路》，对探索有中国特色的社会保障制度模式起到了"投石问路"的作用。

1. 1990年到德国考察社会保障制度

1990年5月，我随国家体改委组织的考察团到联邦德国进行了为期半个多月的考察。在联邦德国，社会保障制度是社会市场经济体系的重要组成部分，研究联邦德国的社会市场经济制度就不能不研究其社会保障制度。这次考察后，我写了一份《联邦德国社会保障制度考察》专题报告。国家体改委印发了这份考察报告（《中国体改研究会通讯》）。据说，这是全国体改系统较早的一份关于社会保障的国际调研报告。

我在考察报告中建议，总结我国经验，必须从我国的实际出发，认真寻找一条经济效率和社会公平相互统一的正确道路。这是我们必须着力解决的一个重大问题。随着改革的深入，我国原有的社会保障制度已不适应经济发展。为什么企业破产难以实行、劳务市场形成不了，在很大程度上是因为社会保障制度改革尚未同经济体制改革相配套。我的主要观点是，建立和完善有效的社会保障制度，是我国经济发展、社会稳定和改革开放顺利推进的必要条件。对此，我们要自觉地、积极地把社会保障制度改革作为一件重要的事情抓紧、抓好、抓出成效来。

2. 提出中国社会保障制度改革的基本思路

1992年11月，受联合国开发计划署和海南省人民政府委托，我牵头的中改院社会保障制度改革研究课题组形成了《中国社会保障制度改革的基本思路》，并且形成了《中国养老保险制度的改革思路与海南省改革方案的主要特点》《中国职工医疗保险模式的选择与海南省改革方案的设

计》《中国社会主义市场经济条件下的失业保险与海南省改革方案的主要特点》《海南省职工工伤社会保险的现状与建议》《中国社会保障管理体制改革的思路与海南省改革方案的建议》等6份研究报告。我们当年的主要建议是，从中国国情出发，认真研究世界各国一个多世纪以来和新中国成立40多年以来社会保障的历史经验，探索社会保障制度改革的新路子，建立适应中国社会主义市场经济发展客观要求的新型社会保障体制。"方案"中提出的基本思路，今天来看还有一定的参考价值。

（1）社会保障制度改革要为不同性质的企业平等竞争创造良好的社会条件

在传统的社会保障制度下，国有企业职工的生老病死统统由企业"包"了，使国有企业包袱沉重、步履艰难。外资、私营企业则轻装上阵，发展迅速，但其职工的长远利益得不到可靠的保障，不利于企业的长期稳定和发展。因此，建立新型社会保障制度，不仅能够让国有企业在平等的条件下参与市场竞争，而且有利于外资、民营企业的长期稳定发展。

（2）社会保障制度改革要促进劳动力的合理流动，适应产业结构调整的需要

在市场经济条件下，劳动力和各种生产要素合理流动是资源优化配置的客观需要，也是保持经济生活中的竞争动力和使经济充满活力的一个重要因素。为此，要通过改革，建立有利于劳动力合理流动和产业结构调整的社会保障制度。

（3）社会保障制度改革要使国家、企业、个人三者利益得到合理的调整

在传统的社会保障制度下，各项保障费用由国家与企业大包大揽，个人不必承担任何义务，因此人们不必关心社会保障的利弊得失。在新型的社会保障制度下，社会保障费用由国家、企业、个人三者合理分担，使三个主体的物质利益相互结合起来，兼顾个人眼前利益与长远利益，有利于经济的发展和社会的进步。

（4）社会保障一定要与经济发展水平相适应

经济的发展在客观上提出了社会保障的需求。同时，社会保障的发展取决于经济发展的水平。在公平与效率问题上，应该明确认识公平意味着公正和机会均等，而不是平均主义的"大锅饭"，决不能借公平的名义搞超越经济发展水平的所谓"高保障"，决不能让社会保障成为"养懒汉"的"庇护所"。

（5）中国经济发展的不平衡性要求有不同类型和不同层次的社会保障，不能搞一个模式

社会保障制度改革应当从实际出发，因地制宜，采取不同的模式，允许社会保障制度在全国范围内的多样化和多层次发展。

（6）经济的发展要求有一个稳定的社会环境，社会保障制度改革就是铸造社会的稳定机制，同时培育社会的动力机制

改革必然导致一系列利益关系的调整和连锁反应，社会保障制度作为"稳定器"和"减震器"，发挥着重要的作用。

我们在这份改革思路中提出，我国养老保险制度改革应本着兼顾眼前与长远的原则，既要坚持和完善现行养老制度中社会共济性的长处，又注意克服其"大锅饭"统筹的短处；既借鉴与引入个人账户制中的自我保障机制，又努力避免其缺少社会共济性的弱点。博采众长，把国内与国际、传统与革新的优势结合起来，形成社会保障与自我保障相结合、公平与效率相兼顾、权利与义务相统一的，社会化、科学化、制度化的新型养老保险制度。

三、首次中国社会保障与经济改革高层国际研讨会在中改院召开

1992年12月8日晚上，央视主持人李瑞英、杨柳在《新闻联播》中播送了一条新闻："中国社会保障与经济改革国际研讨会日前在海南省海

口市举行。来自国家计委、体改委、劳动部、卫生部、全国总工会及国外的100多位专家学者参加了研讨会","中国（海南）改革发展研究院提供了中国社会保障制度改革的思路与海南省社会保障制度改革方案的研究报告。海南、深圳、南昌、厦门的代表介绍了各地社会保障制度改革经验。研讨会上，还就中国社会保障改革的现状、社会安全网、养老金、医疗保险、社会保障的管理制度等方面的理论和实践进行了研讨"。

为什么中央电视台《新闻联播》专门用将近2分钟的时间报道在海口举办的这次会议？因为在那个年代社会保障制度改革受到各方高度关注，而且这是一次高层次的国际论坛。

1.国际研讨会上发生激烈争论

1992年12月7日—9日，由国家体改委牵头，中改院与联合国开发计划署、世界银行、国际劳工组织联合举办了中国社会保障与经济改革国际研讨会。国务院原副总理兼外交部部长黄华，以及国家计委、国家体改委、劳动部、卫生部、全国总工会等部委的领导出席会议并作讲话。中央政策研究室、国务院研究室、财政部、人事部、民政部、国家科委、国务院分配制度委员会办公室、中国人民保险总公司、中国国际经济技术交流中心、全国市长协会、中共中央党校、中国社科院、中国人民大学等单位的负责同志，以及深圳市、厦门市、南昌市等社保制度改革试点城市的市长及相关部门的负责同志共100多人参加了这次会议。

中外专家及会议代表在研讨中形成的共识是：建立社会主义市场经济体制，客观上要求建立与之相适应的社会保障制度。社会保障制度的建立和完善，对经济体制改革有着巨大的促进作用。大家在讨论中一致认为，中国传统的社会保障制度尤其是养老保险制度是高度集中的计划经济体制下的产物，其弊端越来越突出，已不适应建立社会主义市场经济新体制的要求。随着改革的不断深入和企业经营机制的转换，失业保险制度的建立和完善是一项十分紧迫的任务，要为不同性质的企业创造平等竞争的环境和条件，就要既承认也允许失业现象存在，尽早建立健全失业保险制度，允许劳动力在地区间和企业间的合理流动，以实现劳动力资源的宏观优化配置。

会议还就即将出台的《国务院关于职工医疗保险制度改革的决定（讨论稿）》进行了讨论。使我印象深刻的是，在这次会议上，劳动部的分管领导就国家体改委领导就某些重要问题提出不同意见，还在会上引发了一次较为激烈的讨论。

据我所知，这是国内较早的一次社会保障制度改革方面的高层次国际论坛，对后来全国研究讨论社会保障制度改革产生了一定影响。《人民日报》、新华社、中新社、《中国日报》、中央电视台《新闻联播》及对外英语广播节目、中央人民广播电台等10多家媒体对此次研讨会作了广泛的报道。

2. 比较借鉴亚洲国家社会保障制度改革

为了更好地推进中国社会保障制度改革，充分研究借鉴国际经验，1994年3月21日—23日，中改院和劳动部等共同召开了亚洲国家社会保障制度比较国际研讨会，来自德国、韩国、菲律宾、印度尼西亚、泰国、越南等国家及劳动部、海南的专家学者参加会议。与会代表交流了各自国家或地区社会保障的现状，并就公平与效率、社会保障立法及社会保障的一些具体问题进行了讨论。

我在会上作了"中国转轨经济中建立社会保障制度的若干问题"的专题发言。我的主要观点是，我国是发展中国家，经济发展是我们的中心任务。只有高效率地发展经济，才能真正解决社会保障问题。因此，在社会保障制度改革中，应该明确认识到，公平意味着公正和机会均等，而不是平均主义的"大锅饭"，绝不能借公平的名义搞超越经济发展水平的所谓"高保障"。

我的发言引起了与会代表的争论。有些专家指出，公平与效率两者必须兼顾，但在社会保障的各个部分，如社会保险、福利、救济、优抚等，公平与效率的体现应是不一样的，如救助主要体现公平，保险等则较多地体现效率。公平与效率应是相互统一的，不能截然分离，在社会保障改革中应有所侧重。

也有代表认为，无论是效率还是公平，都只是手段。如养老保险应使尽可能多的人享受这一权利，并在已形成的养老水平不降低的前提下，渡过老龄化高潮。如能实现这个目的，则越公平越好。因为退休后已不再创造价值，至于工作期间价值大小，则已在工资中体现出来。

有关方面和会议代表普遍反映这次会议反响很好。会后，劳动部社会保险司还特地致函中改院，向中改院及全力为此次会议付出辛勤劳动的同志们表示感谢，并希望今后能和中改院在社会保障研究方面相互交流，以期对社会保障事业有所贡献。

四、总理座谈会建言建立农村最低救济制度

2000年以来，我与同事们多次到海南和西部地区农村调研。调研中印象最深刻的是，医疗、救济、子女教育等基本公共产品短缺，成为制约农村发展、制约农民摆脱贫困的门槛。鉴于此，我们提出"在农村建立最低救济制度""为广大农民提供基本而有保障的公共产品"等改革建言，在服务决策、凝聚共识上尽到自己的责任。

1. 从"老少边穷"地区的调研说起

2003年7月1日—3日，我与中改院的几个同事对儋州市和庆镇、雅星镇、光村镇、白马井镇4个乡镇的农村公共事业现状进行调查。两天半的时间，我们共走访了6个村（道尧村、新村、通共村、新让村、榕妙水村、寨基村）10多家农户，并在7月底至8月中旬期间在儋州市农业局的协助下，对80户农户进行了抽样问卷调查，收回有效问卷64份，涉及64户农户362人。

至今令我记忆犹深的是，7月1日我们到了雅星镇通共村一个黎族农户家里，了解到家中的老汉因故失去一条腿，把犁耙绑在健康的腿上在承包的水稻田里耕作，老太太长年瘫痪，30多岁的儿子从小体弱多病

还有精神残疾。我问同行的乡领导，"这样一个典型困难户，有没有最低救济？"他说："我们申请了3个月，前几天刚下来。"我问他："多少钱？"他说："其实每个月也就5元钱，而且并非每个月都能领到。"这令我十分吃惊，心里真的不是滋味。

这次调研后，中改院课题组形成了《农村公共事业现状调查与思考——对海南省儋州市4个乡镇的调查》，刊发在第457期中改院《简报》上。当时，调查的情况显示，样本中93.8%的农户从未享受过政府提供的任何社会保障，只有4.7%的农户表示曾获得政府救济，1.5%的农户获得自然灾害救济，而且数额非常少，少则3~5元，多则几十元。获得救济的农户甚至不能确切知道这算是优抚还是最低生活保障。

2006年8月，我和中改院同事到西北三省（甘肃、宁夏、青海）就"城乡协调发展与公共服务体制建设"课题开展为期两周的实地调研。这次调研给我留下了深刻的印象。

我在甘肃省刘家峡水库附近的一个村庄调研时了解到，村里有一个"不成文"的公约：如果某家的病人医疗费超过2万，就约定主动放弃治疗回家等死。我问，"为什么？"他们告诉我，"2万元是他们借遍所有农户亲戚的极限。如果还继续医治，会使4~5户家庭同时陷入贫困！"很可惜，当时我没要这份"村民公约"。去年，我通过甘肃省的老领导向他们索要这份"村民公约"时，他告诉我，实行农村合作医疗后，这种情况不再存在，他们不好在这个时候再提这个"家丑"。在西部调研中了解到，西部大约70%~80%的新增贫困人口都是因病致贫、因病返贫。农村公共医疗卫生体制改革初步缓解了西北三省农民"看病难"问题，但农民看病贵、看不起病的问题普遍存在。看不起病、住不起院、小病拖成了大病、大病放弃就医的现象比较普遍。我当时想，如果我国的农村新型合作医疗制度可以尽快全面落地，这些社会问题就可以初步得到解决。

2. 当面向总理建议尽快实行农村最低救济制度

2006年2月，国务院总理在国务院小礼堂主持召开经济社会领域专家学者座谈会，主要讨论当年的政府工作报告和全国"十一五"规划纲要。记得刚一落座，总理就作了一个简短的发言。他说："言者无罪、闻者足戒、有则改之、无则加勉。希望大家畅所欲言，多提意见。我们将认真听取大家的意见，这是为了人民利益。"

在这次座谈会上，我向总理讲了调研的个别案例，并向总理建议，将《"十一五"规划纲要（草案）》中提出的"有条件的地方要积极探索建立农村最低生活保障制度"改为"'十一五'期间在全国范围内建立农村最低生活保障制度"。我说，如果按照现在的规划，那么我国在10年内都很难做到在全国范围实现农村最低生活保障，这和我国的经济发展、社会需求的差距太大。我们改革开放快30年了，农村最低救济制度是不是应该尽快建立起来？即便是由于城乡经济社会发展水平的差异，城乡基本公共服务水平可以有差别，但制度应当统一。

令我没有想到的是，这次座谈会后不久，中共中央、国务院联合发文，决定从当年开始在全国范围内建立农村最低生活保障制度。从"有条件的地方"到"全国范围内"，这比原来的规划至少提早了5年。2006年中央财政增加近1万亿元，在这增加的近1万亿元的收入中，只拿出不到100亿元，就解决了全国农民的最低生活保障制度安排的问题。这件事，给我很大的鼓舞和启示：调查研究，敢于直言，是一个学者应有的品格。

3.为农民提供基本而有保障的公共产品

这几次农村调研让我和同事们不得不反思，在计划经济时代，农村居民的社会保障依赖于人民公社与合作社。伴随着联产承包责任制的推行，原有社会保障的经济基础不复存在。农民既没有享受与城镇居民相同的保障，也失去了传统的互助型保障，使农民不得不直接面对经济社会发展的风险。医疗、救济、子女教育等基本公共产品短缺，成为制约农村发展、制约农民摆脱贫困的门槛。我还记得在四川甘孜藏族的一个家庭看到，只要有一个好劳力，这个家的温饱就没有问题。因为这个劳动力可以到4000米的高山采冬虫夏草和松茸。若家里有一个病人，那么这个家庭的生活将变得困难。为此，我们不断建言为广大农民提供基本而有保障的公共产品。

在儋州农村的调研不到一个月，2003年7月31日—8月1日，中改院在海口召开了中国农民权益保护国际研讨会，来自美国、德国、挪威、印度、尼泊尔等国家，中国政府有关部委、政策研究机构、高等院校的官员和学者，全国部分地区农业部门、基层组织的代表，共有120余人出席了本次研讨会。

会后，中改院形成了《为农民提供基本而有保障的公共产品（8条建议）》，提出尽快建立农村最低生活保障制度、建立和完善农村基本的公共卫生保障制度、建立和完善农村基本的救济制度、切实保障农民对土地的长期使用权、完善农村基本的义务教育制度、保障农村基本公共产品供给的有效性等8条建议。

通过为农村提供基本而有保障的公共产品和公共服务，加快缩小当时仍在持续扩大的城乡差距，是新农村建设的重要目标和广大农民的热切期盼。但是，广大农村居民生存状况的继续改善和生活水平的继续提高，最迫切需要哪些基本公共服务？这些基本公共服务的供给面临哪些体制、制度和机制性障碍？针对这些问题，2007年，中改院设计了涵盖42个问题的调查问卷，寄发给全国各地长期从事"三农"问题研究的200多位专家学者和政策研究机构，以期广泛收集农村基本公共服务的研究成果。

从专家问卷调查获得的结果来看，无论从新农村建设的目标出发，还是从当前经济发展水平现实出发，政府应该而且能够给农民提供他们最关心、最急需、最直接、最现实的基本公共服务，包括基础医疗卫生服务、义务教育、公共基础设施、最低生活保障、农技支持和就业服务。大多数专家认为，应该把缩小城乡差距的"着力点"集中到"缩小城乡基本公共服务差距"上。

2023年9月，为了解农村基本公共服务现状及存在的问题，中改院又开展了涉及29个省（市、区）、230多个村的问卷调查。此次调查共回收有效问卷936份。调查显示，"看病难、看病贵"问题，子女上学难、费用高问题，提高收入问题是农民最期望解决的3种基本公共服务，认同度分别达到70.8%、70%和63.7%。另外，农民对养老、就业、道路、农田水利设施建设等基本公共服务的需求度也较高，分别达到46.7%、42.6%、39.8%和36.6%。在农民心中，各级政府出台的涉及教育、医疗卫生、基础设施建设等惠农、支农政策对提高农民收入产生的效果是否显著，对各级政府及其职能部门履行基本公共服务职能是否满意，是此次调查的重点。

调查显示，86.5%的农民对涉及基本公共服务的中央惠农政策满意或基本满意；64.1%的农民对省、市政府在具体贯彻中央惠农政策中的工作满意或基本满意，选择不满意和非常不满意的农民占到了30%和5.9%；对县、乡政府为老百姓办实事的满意度也较高，达到51.8%，选择不满意的农民占37.9%，选择非常不满意的农民占10.1%。这些从调查中了解到的相关信息，无论是对我们深化研究，还是对服务政策决策都起到一定的参考作用。

五、撰写《中国人类发展报告2007/08》的日日夜夜

自1990年以来，联合国开发计划署一直都在其全球人类发展报告中发布人类发展指数，主要从三个方面评价人类发展：预期寿命、受教育程度和经济发展水平。作为关注全球对主要发展问题的辩论、提供新的评估分析及政策建议的重要智力产品，人类发展报告是联合国开发计划署促进人类可持续发展中的重要工作之一。2006年年底，联合国开发计划署委托中改院承担《中国人类发展报告2007/08》的年度研究。我和同事们在各方参与支持下，以"惠及13亿人的基本公共服务"为主题高质量地完成了这份报告。

1. 历时一年的研讨

从2007年1月正式委托并召开专家咨询会酝酿讨论，到2008年11月16日，《中国人类发展报告2007/08》（中英文）由中国出版集团公司、中国对外翻译出版公司正式出版并在京举行首发式，历时一年半的时间，是中改院迄今为止任务最为艰巨、历时最长的一份研究报告。

这份报告的形成过程也十分波折。一开始，有专家不相信中改院能做成这件事情，有的还说了些风凉话。一位专家说："中改院就这几个人能干吗？连洋墨水都没有。"当时，我们真是憋着一口气，努力要把这份报告写好。

在报告撰写讨论之初，我和同事们也与某些专家发生过争论。记得2008年在北京参加全国两会期间，与中外专家讨论，我还生气地拍了桌子。主要的争论是，老百姓对于物质文化生活的需求由生存型需求为主向服务型需求为主转变是否符合中国实际。联合国开发计划署纽约总部派来的某位专家提出，中国还达不到这个阶段，他不赞成这个判断。我用调研的实际情况反驳："你们看，我们做过若干次调研，农村的贫穷主要来源于医疗、教育，如果谁家得了病，很快陷入贫困，就是因为没有医疗保障。"后来，经过若干次讨论，联合国开发计划署的专家才接受这个观点。这个观点对我国经济社会发展阶段的判断起了"开先河"的作用。后来，"生存型社会向发展型社会转变""私人产品短缺向公共产品短缺转变"等成为很多人的口头禅。

这份报告主题是"惠及13亿人的基本公共服务"。这一主题得到了多方面领导和专家的赞同。2008年年底，在北京正式举办的《中国人类发展报告2007/08》（中英文）新书首发式上，国家发展和改革委员会、国家人口与计划生育委员会、财政部、农业部、教育部、卫生部、人力资源和社会保障部、国务院发展研究中心、中共中央党校、国家行政学院、中国社会科学院、中国扶贫基金会、中国经济体制改革研究会、中国人口与发展研究中心、清华大学、北京大学、北京师范大学、中国政法大学、对外经贸大学等机构的专家学者，联合国开发计划署、联合国人口基金会、联合国妇女基金会、联合国儿童基金会、联合国粮农组织、世界卫生组织等国际机构的代表，日本、菲律宾、印度尼西亚、老挝、尼日尔等国驻华大使馆的官员都出席了，并对报告给予较高评价。

记得在新书首发式上，我作为主笔介绍了报告："30年的改革开放使我国人类发展取得了划时代的巨大进步，我国人类发展指数（human development index，简称HDI）从改革开放前（1975年）略高于低人类发展水平的0.53，上升到2006年开始接近高人类发展国家水平的0.781；国际排名从1991年的101位上升到2007年的81位；人类发展的一些关键性指标，已经可以和一些发达国家媲美。"我还强调："报告的总体结论是，一个国家或地区的基本公共服务的供给水平，在很大程度上决定这个国家或地区的人类发展水平；基本公共服务的均等化程度，决定人类发展的公平程度。"

报告提出，从新阶段中国人类发展的现实需求看，实现基本公共服务均等化，建立"惠及13亿人的基本公共服务"体系，不仅可以为经济的可持续发展创造良好的社会条件，还可以有效地缓解城乡差距、区域差距和贫富差距，促进社会公平正义和社会和谐。报告提出：第一，基本公共服务均等化是保障与改善民生的主要任务。第二，基本公共服务均等化是推进城乡一体化的重要举措。第三，基本公共服务均等化是扩大内需、保持经济平稳较快增长的重要条件。

我们认为，着力推进基本公共服务均等化，重要的是体制建设和体制创新的问题。在过去30多年的改革开放中，计划经济时代的公共服务体制逐步消解，但新的公共服务体制建设还远不适应全社会公共需求全面快速增长的现状。对此，报告提出了"建立政府在基本公共服务供给中承担最终责任的体制机制""按照基本公共服务均等化的要求完善公共财政制度""建立城乡统一的基本公共服务体制""建立权威、系统的基本公共服务法规体系"等9个方面的建议。

在报告研究和撰写中，中改院与联合国开发计划署先后召开5次咨询会，广泛征求各方面的意见和建议。报告还组成了由时任中国发展研究基金会、中国经济体制改革研究会、中国扶贫基金会、中国财经领导小组办公室、中国国家人口和计划生育委员会、中国经济体制研究会、中国社会科学院经济研究所等单位的领导共同组成的顾问团队，并委托时任中国经济体制改革研究会副会长、国家发展改革委地区经济司司长、国务院发展研究中心农村经济研究部部长等负责完成16份背景报告。可以说，本报告得益于大家的关心、支持和参与，得益于相关部门的直接指导，得益于中改院与联合国开发计划署的相互理解和密切合作。

11月16日，新华社发布了题为《联合国开发计划署发〈中国人类发展报告2007/08〉》的报道。开头指出："联合国开发计划署16日在北京发布《中国人类发展报告2007/08》。"报告指出，"改革开放使中国在人类发展方面取得巨大进步，人类发展指数处于历史最高水平，接近'高人类发展国家'的标准"，"这份报告由联合国开发计划署资助、中国（海南）改革发展研究院经过一年半的研究组织撰写而成，是第五份《中国人类发展报告》"。中国政府网、美通社、中国网、《中国日报》等媒体以"联合国报告：改革开放使中国人类发展处历史最高水平"为题对这份报告作出了报道，产生了广泛的国际国内影响。

2. 报告提出诸多创新的观点

在这份报告中，我们提出了很多至今看来仍有深远意义和深刻内涵的观点。例如，报告中提出"我国已经开始从生存型社会向发展型社会过渡""广大社会成员的需求已由私人产品短缺转为公共产品短缺"等。基于此，报告提出，我国社会主要矛盾的内涵已具备阶段性特征。这些观点，直到今天仍然具有参考价值。

报告中还提出，中国在从生存型社会向发展型社会的过渡中，"生存性问题"的压力减弱，"发展性问题"的压力凸显。中国经济总量的大幅增长，在一定程度上缓解了"生存性问题"的压力，但是城乡差距、区域差距、贫富差距的扩大，以及严重的环境污染问题都使"发展性问题"的压力增大。新阶段中国人类发展的许多问题，需要从发展阶段的变化来观察和分析。

在报告中我们大胆提出："虽然我国社会主要矛盾没有改变，但我国社会主要矛盾的内涵已具备阶段性特征。"我们将其概括为：经济快速增长同发展不平衡、资源环境的突出矛盾；公共需求全面快速增长与公共产品短缺的突出矛盾；经济持续增长与收入分配结构不合理的突出矛盾；经济发展、社会进步与公共治理建设滞后的突出矛盾。

3."中国和世界都需要这样的报告"

令我们宽慰的是，报告出版后得到了多方面的高度评价。2008年11月27日，全国政协原副主席、中改院董事局名誉主席陈锦华在中改院上报的"关于《中国人类发展报告2007/08》发布会情况的报告"上批示道："中国和世界都需要这样的报告。要通过报告吸引、联系和团结海内外关心人类发展事业的专家学者。"联合国助理秘书长哈斐茨·帕夏博士指出："这不是一份学术研究报告，而是一份服从于政策决策的重要报告。"

联合国系统驻华协调代表及联合国开发计划署驻华代表马和励评价道："我对参与本报告工作的所有专家学者以及迟福林先生带领的中改院的出色团队，为他们经过漫长而充满挑战的撰写过程所取得的成功，表示衷心感谢和热烈祝贺。"原中央财经领导小组办公室副主任、中国扶贫基金会会长段应碧在会议上说："我高度评价这份报告，就在于这份报告适应了中国新阶段的需求，要尽快把这份报告提供给各方面的决策者，在接下来的政府工作报告、中央经济工作会议报告和中央农村经济工作会议报告起草中发挥更大的作用。"他还说："目前，我国任何机构定量评估基本公共服务均等化，都面临很多技术性约束条件。但本报告资料翔实，数据可靠，分析切中要害，结论客观，对加快基本公共服务均等化的改革政策决策和制定基本公共服务均等化的战略规划，也都有重要的参考价值。"

回忆起来，真的觉得我们做了一件不容易的事。记得在中改院2008年岁尾的年终总结大会上，院里专门对《中国人类发展报告2007/08》团队进行了表彰，因为实在是太不容易了。为了做好这份报告，我们真的费了天大的劲，付出了艰辛努力。记得在北京召开两会期间，我一大早去301医院做了肠胃息肉手术，接着10点就赶到会场参加报告的内部研讨会。

报告正式发布的第4天，我请参与报告撰写的20多个同事吃饭，有人在饭桌上掉下了眼泪。报告发布前的一个多月，我们集中封闭写作，每天晚上也就睡几个小时。有的人连续工作一天一夜，中间只在沙发上躺了半个小时。我有20多天都是靠安眠药强制休息的。今天回过头看这份报告，仍然感觉收获满满，报告提出的很多观点和论断，经受住了历史的检验。

六、编制基本公共服务均等化规划

《中国人类发展报告2007/08》出版后产生了广泛影响。中改院围绕基本公共服务继续开展研究，并不断建言发声。

1. 受托完成广东省基本公共服务均等化规划

2008年3月，中改院形成《加快基本公共服务均等化的制度建设（16条建议）》。广东省主要领导看到这期《简报》，认为很好，批示请财政厅牵头和我们联系，委托中改院开展广东省基本公共服务均等化研究。随即，由我牵头组成课题组，经过调研后形成了《广东省基本公共服务均等化规划（2009—2020年）》咨询报告及5份子报告。

5月8日，广东省财政厅与中改院联合举办了基本公共服务均等化专家座谈会。会上，我作了题为"广东率先实现基本公共服务均等化的几点建议"的发言。我认为，广东省率先在全国实现基本公共服务均等化，有着比较扎实的基础，并且会使广东在我国新时期的改革发展中发挥更大的作用。为此建议：强化政府公共服务职责，率先建立地方基本公共服务分工及问责体系；改革完善公共财政制度，率先推进新阶段的财税体制改革；加强基本公共服务均等化的制度建设，率先创新基本公共服务体制。

后来，广东省财政厅致信中改院，对中改院在广东推进基本公共服务均等化工作的大力支持和在《广东省基本公共服务均等化规划2009—2020》编制中卓有成效的工作表示衷心的感谢。不久后，广东省人民政府印发了《广东省基本公共服务均等化规划纲要（2009—2020年）》，这是全国第一份省级基本公共服务均等化规划。2009年6月，广东省财政厅又委托中改院形成了《珠三角基本公共服务一体化规划（2009—2020年）》咨询报告及4份子报告。中改院在服务和推动广东率先实现基本公共服务均等化政策落地的实践中发挥了自己的作用。

2. 建言把"初步实现基本公共服务均等化"纳入"十二五"规划

2009年，我向全国政协十一届二次会议提交了《关于尽快制定全国性基本公共服务均等化规划的建议》的提案。当时，广东、浙江、海南等省已制定基本公共服务均等化地方规划。但从地方实践看，实现基本公共服务均等化是一项全国范围内的系统工程，许多重要方面需要中央统一规划。例如，上亿农民工问题既跨城乡又跨不同省区，如果没有中央的统筹安排，很难全面解决。为此，建议尽快出台全国基本公共服务均等化规划，由此明确基本公共服务中央与地方的职责划分以及相关政策。我与同事们研究后提出建议：一是把城乡经济社会一体化的政策重点放在基本公共服务均等化上；二是把强化政府基本公共服务职能作为下一步行政管理体制改革的重点；三是出台进一步加大基本公共服务的投资计划。

2011年，国家发展和改革委员会发改提案就我和其他委员所提交的提案作了答复："迟福林等委员建议优化财政支出结构，促进基本公共服务均等化。'十二五'规划《纲要》提出，把基本公共服务制度作为公产品向全民提供，完善公共财政制度，提高政府保障能力，建立健全符合国情、比较完整、覆盖城乡、可持续的基本公共服务体系，逐步缩小城乡区域间人民生活水平和公共服务差距。"函件中说："经国务院批准，我委正在牵头组织编制'十二五'时期国家基本公共服务专项规划。"

3. 受托参与《"十二五"基本公共服务均等化政策研究》

在研究"十二五"改革规划时，还有一件事让我印象深刻。当时国家发展改革委规划司已经委托了几家单位作基本公共服务均等化的政策研究，但几家单位提交的研究报告他们都不满意。规划司找到中改院，说能不能救个急，在一个月内形成一份"十二五"基本公共服务均等化政策的研究报告？

随后，我与课题组成员加班加点研究。不到一个月的时间，我们形成《"十二五"基本公共服务均等化政策研究》咨询报告，提出"十二五"亟须在基本公共服务均等化上取得重大突破，由此构建发展方式转型的体制基础。我国发展方式转型能不能取得重大突破，在很大程度上取决于基本公共服务均等化能不能有实质性进展。第一，加快推进基本公共服务均等化、提高基本公共服务的供给水平与公平程度，是促进发展方式从经济总量导向向国民收入导向转变的重要途径。第二，基本公共服务均等化，是刺激消费、扩大内需的必要条件，是产业结构调整和服务业发展的客观要求，是提高自主创新能力的必由之路，也是应对经济社会危机、加快民族边疆地区经济社会发展的重要手段。第三，基本公共服务均等化是"十二五"促进社会和谐稳定的重要保障，在缩小发展差距、平衡利益关系、促进公平正义、避免"中等收入陷阱"中具有重要作用。从社会需求出发，"十二五"应重点推进公共教育、公共医疗卫生、基本社会保障、公共就业服务、基本住房保障5个领域的基本公共服务均等化，要下大决心，未来5年投资约20万亿元用于基本公共服务均等化。

这份咨询报告在国家"十二五"基本公共服务均等化专项规划决策

中发挥了重要参考作用。

七、选择性退休等建议被采纳

我国已经进入老龄化社会，如何形成适应国情的老龄化社会的政策与制度安排？带着这个问题，近几年，我与中改院同事几次去北欧国家考察，并在这个基础上先后形成了《应对高龄少子化挑战（20条建议）》《实行"选择性退休"——我国退休政策与制度改革的研究建议》《关于实行"选择性退休"（14条建议）》《应对高龄少子化的结构性政策体制创新（16条建议）》等政策建议，在服务决策中产生了重要影响。

1. 提出《应对高龄少子化挑战（20条建议）》

2019年4月，我受邀参加了全球应对老龄化中国策略论坛。这次会议，促使我对老龄化社会如何构建新型医养关系加深了思考。我国已经进入老龄化社会，如何在经济社会发展中妥善解决好数亿人的养老保障问题？如何在老龄化社会中破解医养结合面临的突出矛盾？如何适应老龄化社会的需求，探索形成适应我国国情的新型医养关系？这些问题已成为事关我国中长期经济增长的重大现实因素。

（1）多次出访日本，了解日本养老产业和养老模式

2019年6月，我率团出访日本，拜访了日本立命馆大学、日本国际经济交流财团、日本三井物产战略研究所、日中亚细亚教育医疗文化交流财团等机构。这次出访，使我对日本健康医疗和养老有了深刻的认识。在日本，到了65岁就可以进入养老院接受免费护理。这就是介护养老保险，个人在居家养老中只需负担10%~20%的费用。

12月6日，中改院与中国外交学院、日本国际经济交流财团和韩国东亚财团在东京共同举办第六届中日韩合作对话，这次会议的重要议题之一是"老龄化与少子化对经济增长的影响"。日本前首相福田康夫、日本国际经济交流财团主席日下一正、韩国东亚财团主席孔鲁明出席了这次会议。我还考察了日本立命馆大学医疗介护经营研究中心、日本固

朗苏尔医疗集团，了解日本养老服务体系，充分利用人工智能、互联网技术提高服务质量和效率的情况。日本市政养老政策有一个叫介护养老保险，就是护理保险。我在日本参观了十几个养老院，看到日本提供的养老服务相当到位，百岁老人可以躺着洗澡，而且日本的介护保险做得十分到位，很大程度上解决了老龄化中的居民养老负担问题。

（2）提出《应对高龄少子化挑战（20条建议）》

2004—2022年，在挪威大使馆、挪威研究委员会的支持下，中改院与挪威城市与区域发展研究所长期实施中挪社会政策交流合作研究项目。在近20年的合作过程中，双方重点围绕社会政策问题开展了学术交流与联合研究。共举办国际论坛12次、专家咨询会5次，出版图书10本，形成研究与考察报告近40份，在促进两国间智库交流和交流借鉴中形成了诸多成果，也给我们研究中国社会保障制度、老龄化社会政策、退休政策等提供了重要经验和启示。

2019年8月19日—26日，我和我的同事到挪威进行了为期一周的访问考察。当时，我们访问了挪威城市区域研究所、挪威社会研究所、挪威奥斯陆都市大学、挪威卫生署、挪威统计署、挪威卑尔根市政福利管理局、卑尔根大学和卑尔根阿尔雷克健康创新中心等机构，就挪威老龄化社会的政策与制度、养老金体系、延迟退休的政策与制度、养老健康服务供给体系、医疗健康创新集群等问题进行了深入交流。

在这次调研中，了解到挪威10年前就开始讨论和调整退休制度，目的是应对2060年甚至更长期的养老金可持续性挑战。这使我不得不思考，已经进入老龄化社会的中国，如何解决好增长与养老？如何处理好改革中的社会问题？近14亿人的大国要在经济增长中解决养老问题，在扩大养老服务中释放增长潜力，既需要实行具有超前的、能够延缓和减轻老龄化冲击的产业、就业、人口等政策调整，更需要适应人口结构变化推进相关制度的重大变革。这是具有现实性、长远性的重大问题。

2021年9月23日—24日，中改院与挪威城市区域研究所共同主办了

"应对高龄少子化挑战：国际经验与制度安排"学术研讨会，中外专家围绕会议主题以线上线下方式进行研讨。10月20日，中改院形成《应对高龄少子化挑战（20条建议）》，提出了5个方面的判断与建议：一是我国高龄少子化趋势尚未"固化"，未来10年是应对高龄少子化的重要窗口期；二是要实行降低家庭生育、养育、教育"三育"成本的政策和制度安排；三是要以提高劳动参与率和劳动生产率为重点实行延迟退休政策与制度安排；四是完善老龄化社会服务体系；五是用全社会的资产负债表支撑老龄化社会发展。

在2021年年底第87次中国改革国际论坛上，我们专门设置了一个平行论坛讨论"老龄化社会的政策与制度"。在这次会议上，我在发言中提出了这样几个判断。

第一，尽管我国的高龄化少子化呈现过早、过快的发展势头，但客观看，与日本、韩国等国的高龄少子结构已经"固化"有所不同，我国高龄少子化的趋势仍有动态变化的某些特点。我的判断是，"尚未固化"，随着"三孩"政策的实施，加上有效实施生育友好型的社会政策，部分80后、90后、00后生育"二孩""三孩"还有相当大的可能。

第二，随着我国进入中高收入阶段，城乡居民的生育行为呈现新的阶段性特征。一方面，"传宗接代""养儿防老"等功利性生育意愿逐步淡化；另一方面，家庭越来越重视生育、养育、教育质量，"三育"成本不断水涨船高。总的来说，"三育"成本过高导致"生不起"的矛盾相当突出。

第三，未来10~15年经济转型与社会转型高度融合，且是应对高龄少子化的最后"窗口期"。到2035年基本实现现代化与人口结构优化高度重叠，需要以更大的决心和魄力推动结构性政策调整，实现人口世代更替基本平衡。

2. 提出"选择性退休"等建议

在2019年到挪威考察的过程中，我与挪威城市区域研究所高级研究员特斯里和研究主任米沃尔德举行了工作会谈，会后我将发言整理形成《进入老龄化社会的政策与制度安排——挪威考察的几点体会》一文，中改院形成了《挪威"选择性延退"政策安排对我国的启示》的调研报告。

我的看法是，虽然中国与挪威在国情、老龄化社会的情况等方面有相当大的不同，但是挪威应对老龄化社会的某些政策与制度安排，很值得研究借鉴。挪威改革后退休年龄的选择性特征比较突出。挪威人可以自愿选择在62~67岁退休，即使是67岁后也可以根据自身情况继续工作；有法律保障老年人就业不受歧视，法律规定70岁之前雇主不能因为年龄问题解雇老年员工；62岁以后人们可以根据自身情况灵活选择领取养老金的时间、比例等。人们在领取养老金的同时，还可以选择继续工作。年均养老金与预期寿命挂钩，一些人认为自己活得时间长点，每年领取的少点；一些人认为自己活得时间短点，可以多领点，拿出来给家人或理财。公共财政不补贴自愿提前退休的行为，即自愿退休的越早，每年领取的年养老金越少，延迟退休，则每年领取的养老金越多。

挪威的居家养老也给我们带来很大的启示。挪威鼓励居家养老，目前有90%左右的老年人选择居家养老，并且愿意选择居家养老的老年人比例在逐步提高。完善的服务体系是挪威人愿意选择居家养老的重要原因，而基层政府在居家养老服务体系建设中承担主要责任。此次考察印象较为深刻的是，挪威从政府层面、科研机构层面、市镇政府及社区层面，都把应对人口老龄化作为其重要工作之一，形成从上到下、从政府到社会广泛参与的老龄化社会的公共治理结构与制度安排。

2020年12月24日，中改院形成了《关于实行"选择性退休"（14条建议）》。当时，这些建议在内参上作了报道，还得到了国务院领导的批示。

党的二十届三中全会提出："发展银发经济，创造适合老年人的多样化、个性化就业岗位。按照自愿、弹性原则，稳妥有序推进渐进式延迟法定退休年龄改革。"[①]应当说，进入老龄化社会的中国，如何采取相应的社会政策，是牵动影响全局和长远的重大改革。推行近20年的挪威养老项目，给我们研究的一个重要启示是，如果不把经济政策和社会政策结合起来，改革很难取得成功。中国改革需要继续从基本国情出发，向世界其他国家借鉴和交流养老、保险、劳动力、社区建设等各方面的好的经验和做法，我们还有很长的路要走。

八、公立医院改革总体思路受到好评

健康是老百姓的共同追求，给老百姓提供公平、可及、有效的基本医疗公共服务，是政府的重要责任。在不同时期，受相关部门的委托，中改院就公立医院改革、公共卫生体系与公共治理等课题承担了相关课题研究，提出了一系列政策建议。

1. "公益性、专业性、独立性"的改革总体思路

2011年，国务院医改领导小组委托中改院提出公立医院改革的总体思路。我们组成课题组，召开了一系列的座谈会和调研活动。当时，公立医院面临的矛盾相当突出，解决"看病难、看病贵"的问题成为每年两会呼声最高的议题之一。

经过深入思考，课题组提出了以调整利益关系为主线推进公立医院的改革攻坚的总体思路。

（1）公立医院要确立公益性定位，公立医院不是商业机构，它是公共服务的供给机构

因病致贫一个重要原因在于进医院的费用太高。因此，当时课题组提出，要改革药品加成机制、完善收入补偿机制、强化政府在公共卫生与基本医疗上的责任等，使公立医院可以转变现行的"以药养医"的收

[①] 《中共中央关于进一步全面深化改革　推进中国式现代化的决定》，人民出版社2024年版，第38页。

入模式，更加注重国民健康这一公益性。

（2）公立医院要强调专业性

公立医院不是行政机构，是专业机构，在公立医院管理层面，明确公共卫生与临床医疗的同等地位，完善公共卫生科室，加大公共卫生资源投入，明确公立医院履行公共卫生职责的运作机制、评价机制、监督机制，强化公立医院的公共卫生职能。因此，考核公立医院员工，要以专业性为核心。

（3）公立医院要强调独立性

要推进政医分离。政府履行公共卫生与基本医疗职能，不代表政府直接办医。要赋予公立医院独立的管理权，减少行政干预，使其按照医疗卫生的规律开展日常的运行管理。

中改院课题组提出的"公益性、专业性、独立性"的改革总体思路，不仅得到了委托方的高度认可，而且也产生了广泛影响。有位领导对我说："老迟，'公益性、专业性、独立性'的概括抓住了公立医院的本质，如果能按这个方向进行制度设计与改革创新，公立医院的问题才能得到较好解决。"

2. 提出以健康中国为目标重构公共卫生体系

2019年年初，中央领导提出中改院能否对全国的公共卫生体系进行评估，提出下一步改革的行动建议。后来，国家卫健委委托中改院对全国的公共卫生体系开展评估，尤其是基层公共卫生体系和疫情防控体系。

中改院立即组成了几个调研小组赴北京、甘肃等地调研。这次调研中，我们看到各地的公共卫生体系既有进展，也有隐患。有一次，在一个地方开座谈会，当地疾控部门负责人讲了很多隐患，说到情深处当场流了泪。她说："我们的疾控体系，很难再经受一次SARS危机这样的冲击，需要尽快完善包括疾控在内的基本公共卫生体系。"

经过几个月的调研、讨论，中改院形成了《以健康中国为目标重构公共卫生体系（30条建议）》。其中明确指出七大方面的建议，包括：以强化体制保障为目标，重构政府公共卫生体系；强化公共卫生财政制度保障；改革完善公共卫生人才培养体系与人才管理体制；深化专业公共卫生机构改革；健全基层公共卫生工作的体制机制；在推进健康中国建设中找准抓手、主动作为；加快公共卫生立法进程。

除了总报告，我们还形成了3份专题研究报告，分别是《我国公共卫生体系专题研究报告》《我国疾控体系专题研究报告》《我国基层公共卫生工作专题研究报告》，就疾控体系改革、公立医院改革、重大疫情救治等领域的改革提出了行动建议。这份报告得到委托方的高度评价。没有想到，没过两个月，新冠疫情就暴发了。

九、建言教育二次改革

教育是全社会关注的焦点话题。无论是学生、家长、广大教师还是教育主管部门，对教育改革都有很大期望与诉求。我与中改院的同事们相继提出教育需要二次改革、教育开放等观点。

1. 教育部委托开展"十二五"教育公共服务体系建设研究

2010年，中改院承担教育部委托的《"十二五"教育公共服务体系建设：突出矛盾与主要任务》研究课题。

我们认为，公共需求全面快速增长与公共服务不到位、公共产品短缺成为经济社会发展的突出矛盾。在这个特定背景下，教育公共服务需求全面增长、需求结构快速变化与教育公共服务尚不到位、不适应经济发展方式转变的要求，成为教育公共服务体系建设面临的主要矛盾。适应我国经济社会发展的阶段性变化和经济发展方式转变的客观要求，均衡教育资源配置、调整教育服务结构、深化教育机构改革、加快推进生存型教育向发展型教育的转变，是"十二五"教育公共服务体系建设面临的主要任务。

为此，要加大教育公共服务供给、适应教育公共需求增长及其结构变化，着力推进教育公共服务均衡发展与公平分享，适应教育公共需求结构的重大变化、优化供给结构,进一步完善教育公共服务的分工体制,进一步扩大教育开放,完善多元参与的教育公共服务体系,加快以"去行政化"和"公益性回归"为主要目标的教育机构改革,重构教育公共治理结构。

2. 教育需要二次改革

2015年2月2日,我应邀出席教育部召开的"十三五"教育规划专家座谈会,并就经济转型升级大趋势对教育结构调整的现实需求作了发言。座谈会后,我形成了《教育需要第二次改革——"十三五"教育结构调整与改革的思考》,这篇文章发出以后被人民网、光明网等很多媒体转载。我提出,研讨谋划"十三五"教育结构调整与改革的新思路、新举措,需要"跳出教育看教育"。

总的来看,教育做大总量的特点比较突出,但教育供给结构与经济转型和社会发展不相适应的矛盾更加突出。这就需要尽快全面超越以做大总量为特征的教育发展模式,加快推进以优化结构、提升质量为基本目标的二次教育改革。我当时提出,未来5~10年,新一轮科技革命与我国工业转型升级的历史性交汇成为客观趋势。把握好新一轮科技革命的重大机遇,迫切需要各类专业技术人才和创新型人才,为实现我国制造2025的战略目标提供人力资本支撑。

制造业的转型升级直接依赖于劳动者的受教育程度。2012年我国制造业劳动生产率仅相当于美国的4.38%、日本的4.37%和德国的5.56%。根据第六次人口普查数据,我国制造业从业人员平均受教育年限为9.8年,比2006年美国制造业从业人员13.0年的人均受教育年限少了3年;我国制造业从业人员主要以初高中毕业生为主,具有大专及以上学历的仅有9.8%,美国则达到了32.0%。要从"中国制造"走向"中国智造",需要把加大教育结构调整力度、加快提升教育质量和创新,作为教育二次改革的重要目标。再比如,以健康教育为例,按麦肯锡的估计,2020年我国健康服务业市场的总规模有可能高达8万亿元左右。目前的实际情况是，健康管理的职业教育滞后，健康服务人员严重短缺，仅亚健康管理师、儿童健康管理师等人才的缺口就接近2000万人。由此可见，消费结构升级大趋势对二次教育改革提出新的现实需求。

我们认为，"十三五"是教育改革的关键时期。从现实突出矛盾看，教育结构、教育市场和教育体制三个方面的改革是"十三五"教育二次改革的重大任务。

（1）要加快教育结构的战略性调整

比如，把发展职业教育作为一个大战略，加快把学前教育与高中教育纳入义务教育范畴，调整高等教育结构。

（2）加快教育市场开放

在坚持政府保基本的同时，推进教育市场全面开放。在有条件的地区设立义务教育阶段、高中教育和职业教育的国际合作改革试验区。积极引进世界知名院校开展中外合作办学，允许并支持国外和港澳台地区知名大学、职业教育机构以控股的方式在国内设立合资分校，在特定地区设立独资分校；鼓励外商投资设立外籍人员子女学校，支持外商通过中外合作办学方式投资设立教育培训机构及项目，优化配置内外教育资源优势互补、良性互动。此外，降低社会资本办职业教育的准入门槛，加大社会力量举办教育的政策扶持力度，对民办教育和公办教育一视同仁。

（3）实现教育体制改革的实质性突破

要明确政府在教育管理中的职能，以"公益性、专业性和独立性"为导向改革公共教育机构，形成专业、高效的教育执行系统，要明确中央地方教育职责分工，扩大地方教育自主权，鼓励地方在教育改革上积极探索、先行先试。

记得2015年7月23日，受国务院办公厅委托，我作为国务院"简政放权、放管结合、优化服务"第三方评估组组长到教育部调研。记得当年参加这次调研座谈会的有十几位司长。当我谈到教育应为重点的服务业开放时，一位资历比较老的司长反驳说："教育不能谈开放，这涉及意识形态。"我说："是在中国法律制度下、按照中国的要求允许国外高等学校来办大学涉及意识形态呢，还是我们的孩子到国外的大学去学习更涉及意识形态呢？"就此，座谈会上我与这位司长进行了辩论。

2018年首届中国国际进口博览会开幕式上，习近平主席在主旨演讲中明确提出，"加快电信、教育、医疗、文化等领域开放进程"。习近平总书记的重要讲话，给我们以巨大鼓舞。今天，党的二十届三中全会提出"教育、科技、人才是中国式现代化的基础性、战略性支撑"[1]"推进高水平教育开放，鼓励国外高水平理工类大学来华合作办学"[2]。今天看，当年提出的教育二次改革和教育开放的判断，对深化教育体制改革仍有一定的参考价值。

---

[1] 《中共中央关于进一步全面深化改革　推进中国式现代化的决定》，人民出版社2024年版，第38页。

[2] 《中共中央关于进一步全面深化改革　推进中国式现代化的决定》，人民出版社2024年版，第14页。

第六章
以高水平开放赢得未来的历史主动

必须坚持对外开放基本国策，坚持以开放促改革，依托我国超大规模市场优势，在扩大国际合作中提升开放能力，建设更高水平开放型经济新体制。

——党的二十届三中全会《中共中央关于进一步全面深化改革　推进中国式现代化的决定》

开放是中国式现代化的鲜明标识，这是我国40多年改革开放形成的基本共识。中国的改革开放是从打开国门开始的。发展市场经济、建设社会主义现代化国家，需要广泛的国际合作交流，学习借鉴人类文明先进成果与经验。中改院将"走向世界"作为建院宗旨之一，以开放办院，积极开展国际合作交流。总的来看，33年来，中改院国际交流合作发生着阶段性变化：从接受技术援助到提供"中国方案"；从学习国际经验到讲好中国故事；从双边到多边；从"引进来"到"走出去"；从"参与者"到"主导者"。可以说，中改院团队形成了为构建开放型经济新体制、为坚持以开放促改革、为由大国走向强国而奋斗的行动自觉。

一、坚持广泛开展国际交流与合作

1991年，《中改院发展规划》明确提出"建立广泛的、多渠道的、多形式的国际交流和合作系统"的办院宗旨和目标。一建院，中改院就将推进国际交流合作作为重要任务，积极与国际组织如联合国开发计划署、世界银行等发展形式多样的联系，争取得到研究项目、资金、设备、信息和人员等方面的资助，与国际智库、研究中心和培训中心共同开展合作研究和合作培训，等等。这既是全国和海南改革开放的需要，也是中改院发挥作用、发展自身的需要。

走向大开放，是海南经济特区的根本之策；开放是中改院"走向世界"建院宗旨的重大任务。为此，筹备建院时，我们就开始策划国际合作。1991年10月27日，离建院期间还有几天，正在最紧张的时候，我接待了来访的联合国开发计划署（The United Nations Development Programme，简称UNDP）驻北京代表处代表并举行了中改院向UNDP申请援助项目问题会谈。当时，我和这位代表交流了成立中改院的三个考虑：第一，把研究和培训结合起来，向全国推广海南的经验。第二，过去一些关于海南的研究局限于理论的研究，操作性不强。中改院将完成的不仅是研究报告，而且还包括一系列的方案设计和政策、对策、规划的制定。第三，寻求开放、改革、发展中诸多问题的解决之道。

UNDP是联合国最重要的国际组织之一，是负责对不发达国家进行援助的最大的多边机构，也是改革开放后第一个在华设立办公室的联合国机构。回顾中改院33年国际合作的历史，与UNDP的项目是中改院最早的国际合作项目之一。

1. 特别关税区研究报告"一炮打响"

中改院与UNDP结缘始于1990年。20世纪90年代初，海南正在开展建立特别关税区的研讨。1990年1月13日—17日，受UNDP和国家科委中国科技促进发展研究中心委托，以美国兰德公司国际经济研究部主任兼兰德研究生院院长查尔斯·沃尔夫博士为首的兰德公司专家组来到海南，为海南发展提供战略研究咨询。1月17日，许士杰书记、刘剑锋省长等在海口会见专家组全体成员。其间，我与美国兰德公司专家组交流了关于建立海南特别关税区的方案思路，沃尔夫博士高度赞赏："我们还研究什么呢？要的就是你这个方案！"并邀请我们去兰德公司考察。

1990年6月，应美国兰德公司副总裁莱昂博士邀请，我与时任海南省经济合作厅毛志君厅长陪同鲍克明常务副省长到美国，与兰德公司专家就海南经济发展战略问题进行较深入的交流，其中重点讨论海南特别关税区方案。1991年2月，兰德公司向海南省政府提交了一份研究报告，即《海南实施市场导向政策的综合提要》，其中提及的兰德专家组研究报告中的大部分内容是我的建议。这份报告简明扼要地讨论了海南省是建成一个自由贸易岛还是设立一个自由贸易区或是获得特别关税区地位的问题，并分析了各自利弊。报告提出，在自由贸易岛与自由贸易区这二者之间比较，海南全省建立自由贸易区是一个优选方案。

2. 中改院第一个国际合作项目

正是由于中改院与兰德项目的渊源，我们开始与UNDP谈项目。第一个项目是《海南体制政策设计与人员培训》项目。

1991年4月17日，负责筹备建院的我，带着几位同事赴北京，同国家经贸部国际经济技术交流中心洽谈落实向UNDP申请"海南体制政策设计与人员培训"项目援助事宜。1992年3月30日，该项目由时任外经贸部中国国际经济技术交流中心主任和UNDP驻华代表处代表共同签字生效。

为了执行好这个项目，中改院成立了项目执行办公室，由我担任办公室主任。办公室下设社会保障制度改革课题组、特别关税区问题课题组、可兑换货币问题课题组、发展银行与政策性贷款课题组、海南旅游业发展课题组等。课题组邀请几位国内外知名专家与我分别担任各课题组的组长。

当时，中改院的国际化刚刚起步，实在没有经验，还产生了国际专家说我们"不会花钱"的趣事。中改院与UNDP第一个项目经费总计70万美元，按规定要在3年内结束该项目。为了借UNDP的"大旗帜"开展国际交流，以扩大中改院的国际影响，我坚持不结项，能拖则拖。后来UNDP的官员说："你们可以申请新项目。"说实话，我担心万一新项目难以落地，就难以用联合国开发计划署UNDP的名义开展国际学术交流。

回顾从1991年到2015年，中改院执行联合国开发计划署-中华人民共和国政府项目共25年，执行了3期国别援助政策研究项目。第一期主题为"海南省体制政策设计与人员培训"，围绕中国向市场经济体制转轨的许多重大课题，如宏观管理与政府作用、经济发展与抑制通货膨胀、金融体制改革、国有企业改革等开展了一系列有价值的研究活动，产生了大量有影响的研究成果。第二期主题为"中国：可持续人力、区域和行业发展政策研究"，于1997年4月正式启动。本期项目主要进行消除贫困、农村土地政策与农村土地使用权立法和制度安排三大课题的研究。第二期项目2001年结束后，又延长了2年时间，就"农村妇女土地权益保护"问题进行了深入的研究。2006年起，中改院开始执行第三期UNDP援助项目"中国农村振兴与土地政策、公共治理与公共服务创新"。该项目通过政策、立法和制度改革振兴中国农村，特别强调土地权益保护、公共服务和地方政府治理。

此外，2011年，中改院与中国国际经济交流中心和UNDP签署"支持建立新兴经济体智库经济政策对话"的项目修订协议，项目从2012年开始至2015年，为期4年。

在这25年中，中改院和UNDP共联合召开35次中国改革国际论坛，其中不乏在中国改革开放历史中有着重要影响的学术研讨会议。例如，中国金融体制改革国际研讨会、中国社会保障与经济改革国际研讨会、中国国有企业改革国际研讨会、中国商业银行体制改革国际研讨会等。此外，配合国家出台的重要改革方案，中改院在UNDP项目中开展了一系列改革培训活动，在实践中产生了重要作用。例如，宏观改革培训班、现代企业制度培训班、股份制实践培训班、社会保障制度改革培训班等，都产生了重要的影响。中改院与UNDP的合作项目也扩大了自身的国际合作领域和国际合作网络。例如，开拓了德国政府援助项目等，为中改院"走向世界"拓展了更多的国际合作渠道，形成了更为广泛的影响。

当时，除了UNDP项目外，我们在相关方面的支持下，还与世界银行、国际货币基金组织、国际劳工组织等机构成功地举办了一系列大型国际研讨活动，中改院用自身为改革开放服务的作为、形象、真诚，得到了联合国和各国官员的高度赞赏。由此，中改院也成为转型时期中国经济改革研究国际合作的一个重要平台。当时，世界银行、UNDP等国际组织和海外知名学者非常高兴地接受中改院关于合作开发研究的建议，并促进了以后的相关国际合作项目。

建院的第一个10年，与中改院合作的国际组织和国外研究机构就包括了下面一长串名单：联合国开发计划署、德国政府及德国技术合作公司、基尔世界经济研究所、WTO总部、欧盟、世界银行、美国麻省理工学院、经合组织、荷兰马斯特里赫特管理学院、西雅图农村发展研究所、越南中央经济管理学院等。来自美国、德国、英国、法国等发达国家及地区的高级经济管理官员、知名金融专家学者，与中国的同行们在中改院国际合作平台交流了创新经济体制改革、金融国际化和市场化水平等重要问题。这些不仅对刚刚起步的中国经济改革颇有启发，也让外方学者脑洞大开。

3. "中改院是行动研究（action research）"

在与 UNDP 的合作中，我们与其驻华、驻东南亚和中亚各国代表处成为了很好的合作伙伴。贺尔康作为后来的 UNDP 北京代表处首席代表，至少有5次到中改院参加活动。"行动研究"这个提法还是他提出来的。1994年3月在中改院举行会谈时他指出，中改院改革研究的主要特点是"action research"，殷仲义翻译成"行动研究"。后来，我将中改院的改革研究方法总结为"以问题为导向的行动研究"。

记得1995年11月14日，中改院执行的联合国开发计划署援助项目三方评审会在中改院召开。我作为项目执行办公室主任作了项目执行情况的总结发言，并在总结中谈到，项目的最终目标是加强中改院的机构建设，使其成为研究中国向社会主义市场经济过渡的重要研究机构。此后3年多时间，项目的实施为中改院成为中国转轨经济的国际性研究机构奠定了基础。

（1）以中国转轨经济问题为中心的研究与培训活动产生了重要成果

项目实施以来，中改院主办和协办的各类研讨会39次，其中20次为国际研讨会。参加人数达3043人次，其中省部级领导196人次。主办和协办的各类培训班11次，参加人数为615人次，其中省部级领导9人次。这些以转轨经济为中心的研究和培训活动产生了一系列重要的影响。

（2）在项目的实施过程中，中改院实现了自身体制的转轨

中改院完成了由国家事业单位向非营利性法人机构的转变，建立起了"小机构、大网络"的新体系。

（3）项目的执行为把中改院建成国际性的转轨经济研究机构奠定了重要基础

参与项目活动的海外专家来自20多个国家和地区，总数达400多人次，这为加强项目的国际性奠定了基础。同时，在联合国开发计划署和中国国际经济技术交流中心的支持下，中改院执行了两轮以转轨经济为重点的区域合作项目。

（4）项目的实施在国内外产生了广泛的影响

通过各种新闻媒介和广泛的国际合作渠道，项目的实施已产生多方面的影响，奠定了中改院在推进中国转轨经济研究方面的地位和作用，有效地宣传了中国的改革开放，并积极推动了海南的发展，同时使中改院获得了较好的国际声誉。

（5）项目的执行为中改院继续发展，并在后来的3~5年内成为国际性的转轨经济研究机构奠定了重要基础

如何在此基础上继续得到联合国开发计划署、中国国际经济技术交流中心及其他方面的支持，将对中改院的未来发展具有重要的作用。中改院在前一轮项目结束前就向中国国际经济技术交流中心和联合国开发计划署正式提交了下一个援助项目的申请报告。

贺尔康首席代表在总结中也说了一番话："在我看来，中改院不仅是一个研究培训机构，其更显著的特点在于它有能力集中关于中国改革的各方面的意见，并在高级官员中达成共识。"他还说："联合国开发计划署更看重中改院所能作出的特殊贡献，这种研究旨在提出建议，以推动中国经济转轨的进程""中改院不仅有能力汇集中国经济转轨过程中的经验，而且还能够对主要的政策决策者起到一定的影响，在战略方面推动中国的经济转轨进程。这是中改院现在和将来所具有的独特性。"

4. 参与建立联合国亚太区域合作网络

20世纪90年代中期，亚太地区已经成为当今世界经济发展最活跃、最迅速的地区。许多国家对联合国建立亚太地区宏观经济管理区域合作网络的项目感兴趣。在外经贸部、体改委的支持下，中改院成为该项目两个实施机构之一，联合国亚太区域合作网络的首次工作会议也在中改院召开。

1994年1月9日—12日，联合国开发计划署驻华首席代表贺尔康等访问中改院。我们就联合国亚太区域网络合作项目首次工作会议的筹备事宜进行了协商，并就中改院1993年执行UNDP援助项目情况和1994年的实施计划进行了讨论。此后，中改院在政府主管部门的支持下提出了与联合国开发计划署长期合作的愿望，自此开始了与UNDP长达25年的合作。

1994年2月24日—25日，联合国亚太区域网络合作项目首次工作会议在中改院召开。来自亚太地区9个国家的政府代表和有关研究机构的代表出席了会议。会议就大家关心的客观经济改革和管理问题，以及网络的主要活动方式等问题进行了讨论。中央电视台、新华社《国内动态清样》对会议进行了报道。

当年11月21日—23日，中改院又与中国经济体制改革研究会、联合国开发计划署、德国技术合作公司联合举办的亚太区域经济快速增长与稳定发展国际研讨会。来自海内外，尤其是亚太地区的政府官员、专家学者80余人出席会议。《人民日报》、《中国日报》、《新华每日电讯》、香港《侨报》等媒体报道了会议情况。

那几年，中改院就亚太区域相关重点问题举办了若干次研讨会、培训班。在亚太区域合作网络中，中改院和亚太区域10余个国家的网络成员机构进行了密切的交流合作，包括韩国、泰国、印度尼西亚、马来西亚、印度、越南、老挝、缅甸、菲律宾、巴基斯坦、尼泊尔等。中改院与UNDP合作主办这些亚太区域发展为主题的论坛在国际上产生了广泛影响。比如：

1995年4月25日—27日，中改院与UNDP联合召开了"亚太区域国有企业改革与管理比较国际研讨会"，来自海内外的40多位专家，重点讨论了国有经济在国民经济中的地位和作用等问题，提出了一些重要意见和建议。

1996年2月5日—7日，中改院与UNDP联合召开亚太区域社会改革与社会发展政策高级论坛。来自联合国亚太区域合作网络的中国、澳大利亚、蒙古、巴基斯坦、泰国、越南、印度、韩国等成员国的部长、高级官员及专家共30余人参加会议。会议就亚太区域社会改革和社会发展的一些重大问题开展深入研讨和有益的国际比较，在诸多问题上达成了共识。会后，中改院形成了《亚太区域社会改革与社会发展政策高级论坛综述》，该综述在《人民日报》发表。同时，在前期研究基础上吸收本次会议观点，中改院于7月初形成并向国务院体改办等7个相关部委呈报了《我国经济转型时期反贫困的建议（20条）》，对早期中改院社会政策研究产生了重要影响。

1996年3月11日—14日，由UNDP组织协调、中改院具体承办的转轨经济国家的部长级论坛——转轨国家政府在生产领域的作用比较研讨会在中改院召开。来自中国、蒙古国、老挝、越南、柬埔寨、缅甸、哈萨克斯坦、乌兹别克斯坦、吉尔吉斯斯坦等国家的部长级高级官员出席会议。记得当时在老院5号楼第一会议室召开的亚太经贸部长会议上，巴基斯坦部长和印度部长吵得一塌糊涂，甚至打了架。会后，中改院还与乌兹别克斯坦、蒙古国等研究机构的代表签署了《转轨经济研究与培训合作备忘录》。

1997年1月，中改院、联合国开发计划署在上海宝钢集团举办"转轨国家中小企业与特区发展国际研讨会"。

1998年6月1日—5日，中改院作为联合国开发计划署亚太区域经济发展网络的成员机构，主办了题为"转型时期有效的反贫困治理结构"的培训班，10个亚太区域合作网络成员国及区域网络秘书处的专家学者和中层政府官员参加了培训活动。这一培训当时也产生了广泛的影响，有效地传播了我国改革研究成果。

二、受邀参加默克尔总理小型座谈会

实行改革开放以来，发达国家向需要发展的中国提供了包括无偿援助在内各种形式的长期援助，这是历史。中改院这33年中，有25年的时间长期执行中德政府双边项目，这是中改院国际合作中一段重要的历史，也是改革开放过程中中国与世界开展交流合作的一个注脚。

1. 用行动说服德国，赢得项目支持

1990年，我与国家体改委考察团赴联邦德国。这是我第一次赴德。1992年8月4日，中改院通过国家经贸部国际联络司向德国政府提出了《中国（海南）改革发展研究院改革研究与培训》项目申请。1993年12月2日，中德双边政府代表在京签署合作备忘录。1995年10月，中德政府签署换文，在中德双边技术合作框架内设立"中国（海南）改革发展研究院项目"，中改院德国合作项目正式开启。

其实，在中德政府正式签订双边协议之前，到底要不要和中改院合作，德国经济合作部对此进行了非常严格的审核。这里我讲两个故事。

第一个故事。当时，对于一个设立在海南岛的小小研究机构是否能执行好项目，德方对此抱有某些疑虑。1994年4月19日—5月6日，我率团赴德国进行项目考察，当时国家体改委政策法规司司长孙延祜与我们同行。5月6日，我们与时任德国经济合作部东亚处处长举行了会谈。他问我的第一个问题就是："中改院为什么要设立在海南？在海南岛开展改革研究工作对全国的改革决策能起什么作用？德国政府怎么会支持这样一个项目，一个我们都不知道的、位于海南岛的小型研究机构做这件事情？"他直接告诉我们不会支持这个项目，也不会拨这笔款。

我当即回答对方："海南是中国改革开放的重要试验基地，是中国改革开放的一个前沿阵地。中改院设立在这样一片热土，可能比大城市更有优越性。"经过近两个小时的激烈争辩，他的态度有所转变。他说："迟先生，我们过去不了解这些情况。"当时德方临时决定，在波恩莱茵

河的游船上宴请代表团。这令我们感到一丝惊讶。因为过去到德国考察，德国的经济合作部门很"抠门"，喝矿泉水都要我们自己付费。

第二个故事。1995年10月10日—23日，受德国技术合作公司邀请，中改院项目考察团一行7人赴联邦德国进行了研究考察，并安排到德国联邦银行访问。记得访问德国联邦银行时，我们刚一坐下，负责接待的亚洲司司长就不客气地说："我刚刚接待了一个你们的央行副行长。你们还有什么问题需要讨论？"

经过近两个小时的讨论，他感慨道，"我半年接待了数十个中国代表团，你们这个团不一样，是带着自己的问题来的！"出乎意料的是，他出去请示后告诉我们，中午将由联邦银行董事长宴请我们。后来，我们在德国合作银行也得到此待遇，这让陪同我们的德国专家大为赞叹。

2. 威尼斯一次演讲的"情感沟通"

2005年7月15日，我和殷仲义受德国技术合作公司邀请参加在意大利威尼斯举办的"全球化、经济发展与社会公平国际研讨会"。第二天上午10点我以"政府转型与建设和谐社会"为题作了20分钟主旨演讲。当时会场正在辩论社会市场经济还是自由市场经济。参会代表对此各持不同看法。我说，伴随经济增长和市场化改革的进程，中国的社会转型正处在关键时期，全社会公共需求正处在快速增长和深刻变化的时期。第一，中国是一个发展中的大国，发展对中国来说是首要的。第二，发展的目的是实现人的全面发展。第三，确立以人为本的发展观，努力实现经济与社会、城市与农村、东部与西部、人与自然、人与人的和谐发展。第四，从中国的基本国情出发，加快建设公共服务型政府。令我没想到的是，我的演讲和殷仲义的出色翻译赢得了全场热烈的掌声。

德国技术合作公司总裁艾森布莱特参加了本次会议，他是本次会议主办方的最高领导人。艾森布莱特博士高度赞赏我的发言，按他的话，"理念相通"。由此，开启了我与艾森布莱特、中改院和德国技术合作公司的长期合作和特殊友谊。他曾几次访问中改院，在延长中改院和德国技术合作公司的合作中给予了大力支持。

当年10月15日，中改院-德国技术合作公司战略性合作伙伴关系工作会在中改院召开。会议就《建立中改院-德国技术合作公司战略伙伴备忘录》的基本框架及进一步修改意见进行了讨论。同年12月11日，中改院与德国技术合作公司在海口签署了《优先战略合作伙伴协议》。之后我和艾森布莱特进行会谈，会谈中艾森布莱特总裁表示，"我们签署了协议，就像男女之间拿了结婚证书，我们都希望尽快能有一个爱情的结晶"。

3. 在德国总理府讲"中国的增长与幸福"

2013年6月3日—10日，我受邀到访德国，先后参加了德国国际论坛和德国国际合作机构（GIZ）举办的以"变革需要交流"为主题的会议，并与德国全球问题研究所、柏林社会科学研究中心、中德友好协会等相关学术机构进行了交流。

6月5日，德国国际合作机构推荐我参加德国总理默克尔在德国总理府主持召开的小型座谈会。就"什么对人民重要——福利与进步"听取与会来自20几个国家的20多位专家的建议，每位专家发言只有2分钟。

默克尔总理点名我作为中国学者第一个发言。我以"增长与幸福"为题，谈了自己的主要观点："中国作为转型国家，面临着增长中的幸福与增长中的痛苦矛盾的挑战：一方面增长为中国十几亿人创造了幸福，一方面增长带来的环境污染、贫富差距拉大等问题又形成人们的某些痛苦。应对这个挑战重在推进以公平可持续发展为目标的二次转型与改革。"

在点评我的观点时，默克尔总理说："中国的发展、改革和开放是中国增长和幸福的源泉，德国愿意加深与中国的合作，实现增长和幸福的双重目标。"当时《中国日报》还作了报道："源于中国改革发展研究院与德国相关机构多年的合作以及迟福林的学术知名度，他是唯一一位中国专家受默克尔邀请参加本次在德国总理府举行的以'什么对人民重要——福利与进步'为主题的论坛。"

会后，我与默克尔总理作了短暂的交流，我将中改院出版的《中国改革开放全纪录》（英文版）送给她。合影时，默克尔总理把我拉到她的身旁。

4. 中改院与德国国际合作机构合作25年

中改院执行中德政府双边项目长达25年。应当说，在国内这样的合作时长屈指可数。自1993年德国政府双边合作项目开启以来，在德国项目的支持下，中改院根据中国改革进程的实际需要，围绕不同时期改革重点、难点、热点问题举行相关国际合作研讨，取得许多重要成果。

例如，当时中改院开展"国有企业改革和股份制改造"等课题研究。此后，随着国有企业改革的逐步深化，政府改革和解决国有企业债务问题成为改革焦点，中改院选择"市场条件下的政府作用""中国的资本市场发展""中国的股份经济发展"作为研究重点。1998年7月—2001年6月，中改院选择国有企业改革和战略重组、国有银行的股份制改造、宏观经济政策、基础领域改革等作为研究的重点课题。

进入21世纪，中国改革进入新阶段。2001年6月—2003年12月，中改院选择"西部大开发与非国有经济的发展""中国改革战略""中国经济转轨二十年""WTO/西部开发/区域经济政策调整与结构改革""21世纪初的中国改革"等课题作为研究重点。

2004年4月，中改院开始与国务院研究室、国家发展和改革委员会与中央财经领导小组办公室共同实施"中德双边经济与结构改革综合项目"。2004年4月—2007年12月，中改院主要承担"经济体制改革、结构性改革、公共部门改革和公共治理"等改革政策研究课题。2008年1月—2011年12月，中改院主要承担"经济、社会和行政管理体制改革"研究课题。

20多年来，在中德双边技术合作项目的支持下，中改院开展了31个重大改革课题研究；举办中国改革国际论坛39次，与会代表总数超过8000人次；在北京和海口共组织专家咨询会、改革形势分析会55次，与会专家超过1500人次；组织全国性改革问卷调查8次，发出问卷4000多份；组织出国考察参会92人次；邀请访问学者参加中改院改革课题研究约244人每月。形成大量改革研究成果，其中政策建议报告86份，各类研究报告、会议综述378份，出版各类中外文学术著作、专著、论文集79本，在服务改革政策决策、凝聚改革共识、推动改革进程中发挥了重要作用，在国内外学术界产生了广泛的社会影响。中改院与德国国际合作机构合作举办各类培训班47期，为政府相关部门和企业界培训了数千名中高级人才，许多学员走上政府与全国著名大型企业重要的领导和管理岗位。

5. 开展新兴经济体智库经济政策对话

2008年，席卷全球的金融危机爆发，探索新兴经济体国家在世界经济发展中的角色，包括中国在内的新兴经济体的发展途径、模式，成为全球经济学界关注的重点。当时，中改院正在开展"中国发展方式转型与改革"研究，结合中国发展方式转型改革，与世界其他新兴经济体国家经验，探索后危机时代新兴经济体转型很快成为中改院研究热点。在德国项目的支持下，中改院开展了一系列的出国考察、搭建沟通平台、召开国际研讨会，为促进新兴经济体国家的改革学术交流提供、创造条件。

2010年3月22日，中改院与德国技术合作公司在北京就建立"中国－德国－巴西政策制定者和研究者经济发展模式与发展合作机制创新政策对话机制"举行签字仪式。我和艾森布莱特代表双方在《建立中国、德国、巴西经济发展方式创新政策对话机制的补充协议》上签字。此后，我们与很多新兴经济体国家的智库机构展开了交流合作。

2011年11月5日，"2012新兴经济体智库"圆桌会议在中改院举行。来自中国、巴西、俄罗斯、印度、南非、墨西哥、泰国等新兴经济体及哈萨克斯坦、乌兹别克斯坦、吉尔吉斯斯坦、塔吉克斯坦等国10多家智库的代表，以及联合国开发计划署、联合国拉丁美洲及加勒比海经济委员会等国际机构的代表参加了圆桌对话。德国、英国、加拿大等发达经济体智库的代表以观察员身份参加了交流讨论。会议结束时,来自中国、巴西、俄罗斯、印度、南非、墨西哥、泰国等新兴经济体的10多家智库的代表共同签订了《新兴经济体智库经济政策对话多边合作协议》。

在此基础上,中改院在2009年召开两次以新兴经济体为主题的国际研讨会,即"增长与改革——国际金融危机下的亚洲新兴经济体""后危机时代的新兴经济体——新挑战 新角色 新模式"。

2012年,"中德双边经济与结构改革综合项目"进入收尾阶段,在德国在华技术合作逐渐淡出的背景下,5月21日,我在三亚会见艾森布莱特博士,与其签订共同发起建立"金砖国家/新兴经济体智库经济政策对话机制"的合作协议。旨在搭建多边合作平台,开展新的世界经济形势下新兴经济体在经济社会发展领域面临共同的突出问题的研究和研讨。2014年6月19日,我在法兰克福与艾森布莱特博士会谈。我对他长期以来对中改院的理解和支持表示感谢。艾森布莱特博士表示将一如既往地关注和支持中改院的发展及与德国国际合作机构的合作。

三、建立全国首家WTO信息查询中心

2001年12月11日,中国正式成为WTO的成员,成为中国改革开放历史上的重要里程碑。自此,中国深入融入世界经济全球化大潮之中。中国加入WTO后,很多人还不了解WTO,在这一背景下,了解全球、了解市场、了解信息,成为政府、企业、社会的重要需求。为此,中改院一方面加大WTO相关研究的力度,另一方面适应我国加入WTO开放新趋势变化、产业变化的现实需求,在扩大WTO宣传、让国人更加了解WTO、提供WTO产业信息方面作出了积极努力。

1. 中美双边谈判协议签署后第一场WTO专题报告在中改院举行

1999年11月15日下午4点,在经历6天6夜的谈判后,中美两国签署了关于中国加入世贸组织的双边市场准入协议,至此,中国"入世"

之路迈出至关重要的一步。

当时，我邀请刚参加完中美谈判的外经贸部副部长、中国加入世贸中美谈判中方首席代表龙永图来海南休假。当时海南省委主要领导跟我说："能不能请龙副部长来讲一课？"就这样，龙永图副部长11月19日上午刚到海南，晚上就开报告会。海南省委主要领导委托我主持，由龙永图副部长在中改院作了一场题为"中国面对WTO"的专场报告。这场报告会应该是中美双边谈判协议签署后的第一场WTO专题报告。海南省级领导、各厅局主要领导100多人参加。

龙永图副部长在报告中提到一个词"双赢"。他说，"我也是第一次听到中央领导说这个话，用这个词"。在世界经济相互依存度很高的情况下，是可以达到"双赢"的。他还谈道，中国加入WTO的谈判是20世纪最困难的贸易谈判。为什么？因为这次谈判涉及把全世界最大的计划经济国家纳入全球市场经济的体系当中。中美谈判的胜利，可能会带来改革开放一个新的高潮，我们应准备好，迎接新的高潮的到来。

报告的最后，龙永图副部长说道："很多同志问，这次加入WTO会给我们带来什么东西。我说带来的东西今天看不见，就像当年小平同志提出改革开放政策一样，就像小平同志南方谈话，他没有给我们化工行业、机械行业带来任何政策或什么具体指示，但他的讲话却给每一个行业带来了新的发展机遇。"

2. 中国首家WTO信息查询中心落户中改院

世纪之交，中改院与WTO总部开展合作，接连举办了WTO与中国企业改革管理培训班、WTO与政府、区域经济和企业改革管理研讨班，多次邀请WTO专家来中改院讲学。在这一过程中，中改院在研究、信息、影响力等方面的突出表现打动了WTO总部，赢得了他们的信任和赞赏。在外经贸部的支持下，中改院成立了WTO信息查询中心，在迎接和促进中国入世方面起到了重要的信息传播作用。

记得2000年8月6日—9日，WTO总部资深专家来中改院参加研讨活动时提出与中改院合作设立WTO信息查询中心的设想。2000年年底，WTO总部正式授权中改院为中国第一家WTO信息查询中心。为支持中改院，WTO总部提供了49种208本书面资料，这应该是当时我国对于WTO信息方面最全面的一套资料。

2000年12月12日，WTO信息查询中心正式揭牌。14日，中改院正式组建"中改院WTO信息查询中心"。26日，与海南天涯在线网络有限公司合作运营的"WTO信息查询中心网站"正式推出。从此，WTO总部每天向中改院提供各成员之间的各种信息和资料，以促进中国与各成员之间的沟通、交流与合作。这是我国第一家、当时国内内容最全面、体系最完善的WTO专业网站。根据陈锦华副主席的指示，网站还开通了政府部门专用区和特殊企业服务区。

3. 翻译出版《WTO企业指南》

世纪之交，全国没有几家机构和企业能够了解WTO日常信息。一项专门的调查研究显示，只有3.2%的企业经营者认为了解WTO的相关条款。中改院的WTO信息查询中心在WTO总部支持下开展了大量WTO信息传播和培训工作，产生广泛的影响。

在我国行将加入WTO的前夕，中改院受WTO总部的委托，翻译出版由WTO和国际贸易中心组织编写的《WTO企业指南》一书中文版。《WTO企业指南》被誉为企业全面学习、掌握世贸组织规则、提高企业竞争能力的"一把钥匙"。认真学习和研究这本指南，对于企业实质性地做好准备工作，适应"入世"后的市场环境，参与国际竞争具有重要的现实意义。该书的出版发行在国内，特别是在企业界产生了极大的影响。陈锦华副主席为该书作序时说："在我国行将加入世界贸易组织的前夕，中国（海南）改革发展研究院受世界贸易组织总部的委托，翻译出版由世界贸易组织和国际贸易中心组织编写的《WTO企业指南》一书中文版，这是十分及时的、有着重要影响的事情。"

当时，国内出版的有关WTO的书刊也不少，但是唯有这本书是

WTO总部编写并授权在中国出版的，权威性是最高的。《光明日报》《经济日报》《解放日报》等10多家报纸刊登了本书的相关内容。1999年与世界银行合作创办的《转轨通讯》，也是WTO信息查询中心的重要业务。中改院与《海南日报》合作开辟过WTO专栏，2001年还授权中央电视台《中国报道》下载刊用中改院WTO信息查询网站信息资料。

四、举办9届中越经济改革比较论坛

改革开放是连通中国与世界的桥梁；民间智库、文化交流是连通中国与世界的纽带。中国的改革开放前景和趋势到底怎么样，始终是世界关注中国的一个重大核心问题。对此，我深有体会。尤其今天在世界百年未有之大变局下，中国需要一批在国际上有影响力的社会智库，发挥独特作用，把握中国经济情况和发展趋势，把真实、立体、全面的中国方案、中国行动告诉世界。这里，就不得不说到中改院9届中越经济改革比较论坛的故事。

1. 越共总书记指示"认真听取中改院考察团的意见"

20世纪80年代末，国际局势发生了巨大的变动。苏联、东欧等国家开始寻求变革。尽管此时越南与中国还处于敌对状态，但中国的改革开放已经对越南产生了触动。1978年年底召开的党的十一届三中全会的报告被翻译成越南语上报给越共中央，有关中国设立经济特区、实行家庭联产承包责任制解决了中国人吃饭问题等信息给越南领导层很大启示。

在这个特定背景下，越南中央经济管理研究院找上门来，开始与中改院建立合作关系。越南中央经济管理研究院直属于越南计划投资部，是为越共中央和越南中央政府提供经济改革、经济法规、经济政策等研究服务的一家研究机构。该院对我国的改革开放政策高度关注。20世纪90年代以来，越南中央经济管理研究院通过中共中央党校、中国社会科学院和中改院考察我国的经济体制改革，希望建立一个经常性机制，加强与我国在改革开放政策研究领域的交流与合作。

1996年10月，应越南中央经济管理研究院的邀请，我率中改院考察团赴越南考察。这次考察活动受到越方高度重视。越共中央总书记亲自指示越南中央经济管理研究院院长丁文恩认真听取中改院考察团的意见，认真回答中国同志的提问。越南政府计划与投资部部长在繁忙的工作中专门抽出时间与考察团见面，并要求"认真地提出事关经济改革全局的重大问题与考察团团长迟福林讨论"。中改院考察团首次访问越南中央经济管理研究院，双方顺利签署了开展转轨经济研究的合作备忘录。

在考察中我们感到，由于传统的社会经济联系及地域经济政治的影响，越方对中国经济体制改革的实践及经验抱有极大的兴趣，突出表现在四个方面。第一，关于如何理解国有、公有的概念。中国国有企业股份制改革的经验，对越南如何"破股份制改造之题"会产生一定影响。第二，关于如何协调沿海及内地、北方与南方经济的平衡发展。1986年越南开始经济改革，越南从自身经济转轨的实践中吸取着宝贵的经验教训，同时也必然对中国通过举办经济特区促进沿海经济发展进而带动西部经济腾飞，消除南北经济差距的实践产生浓厚的兴趣。第三，关于如何有效地引进和利用外资。第四，关于如何在深化农村经济改革进程中加快乡镇企业建设。越南认为中国乡镇企业的迅速发展，是中国的一大发明。

丁文恩是越南中央经济管理研究院院长，是越南重要智囊。2003年，丁文恩率越南中央经济管理研究院考察团先后考察了我国国家发展和改革委员会、中共中央党校、社会科学院和北京大学等机构，探讨中越经济改革政策研究交流与合作的机制。后来有人在北京给他介绍，"你到海南找中改院"。一到海南中改院，他感觉找到了合作对象。

同年9月30日，丁文恩率越南考察团一行10人到访中改院，与中改院进行了经济改革研究方面的学术交流。我与他就共同关心的问题交换了看法，同意加强中越经济改革比较研究方面的合作，双方达成了联合发起中越经济改革比较论坛的意向。2004年1月，双方签订了关于联合发起中越经济改革比较论坛的合作协议。

2. 越南新闻联播有我15分钟的访谈

签订合作协议以后,很快中改院和越南中央经济管理研究院就迎来了合办的第一次研讨会。2004年5月13日—14日,中改院与越南中央经济管理研究院、联合国开发计划署在河内联合主办了中越经济改革比较论坛首届年会。我为团长,中方8名专家参加会议。会议结束后,我们又应邀与越南总理研究委员会的4名总理顾问进行了小范围的交流。

中越经济改革比较论坛首届年会引起越南高层的重视。国会主席办公室、总理研究委员会、越共中央经济部等21个中央机构的代表,以及越南社会科学院等14个全国性研究机构、越南工商联合会等4个全国性协会、越南国立经济大学等6所院校,联合国开发计划署、世界银行、欧盟等国际组织和外国机构驻越南代表处的专家学者百余人参加了会议。另外,近20家越南全国性新闻媒体对研讨会作了报道。会议期间,我们住在越南河内的一座小楼。没想到的是,下午刚开完会,上百个记者就把这个楼包围了。我问:"出什么事了?"他们告诉我:"记者盯着要采访你,采访中国专家。"这是我第一次在国外被这么多记者围着。没想到当天晚上越南新闻联播放了15分钟对我的专访。5月15日,越南所有全国性平面媒体都对这次会议作了报道。这次会议在越南产生了比较广泛的影响。

会后,由殷仲义执笔形成了《"中越经济改革比较论坛"首次研讨会在越南河内召开》,刊登在中改院《简报》第500期。当时,越南关注中国改革主要有以下三个方面。

第一,越南正在寻求社会主义市场经济的理论突破。以建立社会主义定向市场经济为目标的经济革新,给越南带来了持续高速增长(过去10年年平均增长率高达7.4%)。但在社会主义市场经济的认识上还存在姓"资"姓"社"的激烈争论,研讨会上不断有人提出社会主义市场经济与传统市场经济之间有什么不同的问题。当时,与会的一些越方资深专家和高级官员，对中方专家提出的"人民市场经济"的概念很赞同，有人认为这是经济改革目标的一个重要诠释，它凸显了以人为本、全面协调、可持续发展的理念，揭示了社会主义市场经济的本质特征。中改院会后形成的会议综述中提出，越南中央经济管理研究院承担着总结20年改革基本经验、为筹备越共十大做前期研究的任务。根据该院在研讨会上发表的评论和提出的问题来看，越共十大很有可能在社会主义市场经济理论方面取得重要突破。

第二，越方高度关注加快国有企业改革、推动民营经济发展的新思路。经过近20年以重组、兼并、分解和破产为主要内容的改革，越南国有固定资产在国家固定资产中的比重下降到75%。但是，越南国有企业改革措施仅限于非重点产业。国有企业总体上经营困难，赢利水平远远低于合资企业和民营企业（低6个百分点，事实上是严重亏损）。另一方面，虽然越南1992年的宪法早就承认民营经济的合法地位，但是，目前越南对民营经济发展仍有多种疑虑，例如民营经济是否会产生剥削，民营经济的企业家在政治上会带来什么影响等。研讨会上，越方代表高度评价中国大力发展混合所有制经济的战略。越南总理研究委员会4位先后担任过总理助理的资深专家认为，根据中国的经验，越南经济改革要深化，应该有3个基本条件。一是停止关于社会主义市场经济与传统市场经济有什么不同的争论，市场经济只需要利用，不需要争论；二是统一认识，对国有企业多一点少一点要作具体分析；三是不要在民营经济和剥削之间划等号。

第三，以争取在2005年加入WTO为目标深化金融体制改革，将是越南经济革新的另一个重点领域。越南国有商业银行改革起步早，但效果差，很难迎接加入WTO的严峻挑战。与会的许多越南高级政府官员对中国加入WTO后，动用450亿美元对中国银行和中国建设银行进行股份制改革的原因、目的和效益表示出浓厚的兴趣。为加入WTO，越南近期金融改革的重点，将是瞄准应对入世对金融业的挑战，通过加强金融立法，朝着提高金融产业对经济增长的支持力度、强制信息披露和强化市场监督、完善经营机制、保护公众利益的方向进行改革。

当时，研讨会没有安排行政改革专题，但越方与会的政府官员和专家学者都反复提出行政改革的问题，并希望了解中国的做法。在他们看来，目前改革发展中的问题与挑战，都与行政改革有关。越方有的代表在会上指出，越南政府机构臃肿，人浮于事，效率低下。此外，工、青、妇等社会组织已经行政化了，不可能很好地代表相关利益群体。一些越方代表认为，改革最具实质性的行动步骤是政府改革。他们非常赞同我们的观点，在社会主义市场经济条件下，政府的基本职能是社会管理和公共服务，政府的经济增长目标将通过公共管理和公共服务来实现。

3. 越南专家"在多次交流中获益甚多"

自2004—2012年，中改院与越南中央经济管理研究院、UNDP和德国国际合作机构（德国技术合作公司）合作举办了9届中越经济改革比较论坛。分别是：2004年5月13日—14日，在越南河内举办了中越经济比较论坛首届年会；2005年4月16日—17日，在中国海口举办中越经济改革比较论坛第二届年会；2006年5月16日—17日，在越南河内举办中越经济改革比较论坛第三届年会；2007年4月25日—26日，在中国海口举办中越经济改革比较论坛第四届年会暨亚洲转轨国家经济政策对话；2008年4月2日—3日，在中国海口举办第五届中越经济改革论坛及亚洲转轨国家经济政策对话；2009年3月28日—29日，在中国海口举办"增长与改革——国际金融危机下的亚洲新兴经济体"论坛；第七届中越经济改革比较论坛，应每次都参加该论坛的乌兹别克斯坦、哈萨克斯坦、吉尔吉斯斯坦和塔吉克斯坦智库的反复要求，在乌兹别克斯坦首都塔什干举行；2011年6月6日—9日，在越南河内举办第八届中越经济改革比较论坛；2012年4月28日—29日，在中国海口举办了以"走向公平与可持续——转型中的亚洲新兴市场经济体"为主题的第九届中越经济改革比较论坛。

为什么越南中央经济管理研究院要与中改院建立交流机制？原因是学习中国经济改革经验，推动越南经济改革。记得当时每次中越经济改革比较论坛上，越南中央研究院也要求会议组织者把每个与会者发言的英文版交给他们带回传达学习；每当中国政府出台新的政策，越方都会立刻组织翻译成越文，干部人手一份进行研究学习。

五、研究中欧自贸区

说起中改院与欧洲的中欧交流合作，得益于德国国际合作项目，它既是开放合作的延伸，也是从双边到多边的拓展。2014年以后，国际社会以双边研究项目支持中国已经基本结束。在这一背景下，德方提出联合开辟中欧项目。经过努力，中德项目由双边项目扩展到中欧多边项目。

1. 合作发起"中欧论坛"与"中欧改革论坛"

2013年，党的十八届三中全会《决定》提出，"以周边为基础加快实施自由贸易区战略"。2014年4月1日，习近平主席结束对荷兰、法国、德国、比利时的国事访问和对联合国教科文组织总部、欧盟总部的访问后，在比利时布鲁日欧洲学院发表了关于中欧关系的历史性演讲。当天我在会场聆听了习近平主席的演讲。他在演讲中提议，中欧双方深化中欧战略合作伙伴关系，建立中欧和平、增长、改革和文明之桥。[①]

当天下午，中改院与欧洲学院在比利时布鲁塞尔合作召开"中国改革对欧盟及世界的影响"高层研讨会上，我以"造改革之桥、做改革伙伴"为题，就中改院与欧洲智库携手建立改革研究伙伴关系提出3点建议，其中包括中欧智库联合发起建立"中欧改革论坛"的倡议。这一倡议引起与会欧洲智库的响应。

第二天，我在比中经贸委员会主办的晚宴研讨会上发表"市场决定性作用为主线的中国全面深化改革"为题的主旨演讲，中改院学术委员、中国银行首席经济学家曹远征，中改院学术委员、国家发展改革委宏观

---

① 《习近平在布鲁日欧洲学院的演讲》，2014年4月2日，中国政协网。

经济研究院常修泽教授先后作了专题演讲。当时，欧盟地区委员会秘书长与比利时安特卫普市副市长先后对我的主题演讲作了总结性评论。与会许多学者、官员和企业家纷纷建议中改院与比中经贸委员会合作建立比中改革交流与合作研究研讨长效机制。

后来，在有关主管部门的同意和支持下，在德国国际合作机构、欧洲政策研究中心、中改院三方努力下，2014年10月31日，我们在中改院国际学术交流中心举行"中欧改革智库研讨会"合作协议签约仪式。欧洲政策研究中心首席执行官朗诺、德国国际合作机构"全球伙伴关系——新兴经济体"项目办公室负责人司嘉丽和我出席签约仪式并致辞，三方签订了"中欧改革论坛"（EU-China Reform Agendas）三方协议。第二天，"中欧改革论坛"在海口正式成立。成立当天，在《中国日报》的采访中我说道，"这是中欧双方有影响力的智库响应习近平主席的倡议，第一次就改革议题建立共同研究和讨论机制，这非常契合中欧双方经济和社会发展议程的紧迫性"。欧洲政策研究中心执行总裁卡雷尔·兰诺认为"要建成习近平主席提出的中欧四桥，中欧双方要从加深了解开始"，布鲁塞尔欧洲之友政策主任沙达·伊斯兰对中改院和欧洲智库的新项目表示令人振奋。

2. 一年7次到访欧洲　力促中欧自贸区

2015年2月26日—27日，由中改院与欧洲政策研究中心、德国国际合作机构联合举办的"中欧改革论坛"启动研讨会在比利时布鲁塞尔举行。欧洲政策研究中心理事会主席在"2015欧洲思想实验室年会"的开幕式上宣布"中欧改革论坛"正式启动。我在会上的发言中建议，中欧双方应加快《中欧双边投资协定》（BIT）谈判，争取今年取得实质性进展。发言中，我还提出了"中欧智库加快中欧自贸区可行性联合研究"的倡议，中欧智库应把中欧自贸区（FTA）可行性研究作为中欧智库合作的重要课题，为双方政府提供智力支持。

我的倡议得到了WTO前总干事拉米的高度赞同。拉米先生在他的演讲中谈道,第一,我很赞成迟先生为了更好推动中欧经贸合作进程的观点。第二,中欧之间必须探讨一条跟美国的《跨太平洋伙伴关系协定》(TPP)不同的贸易自由化的路子,这个可以找到。第三,中国好,欧洲才好。欧洲政策研究中心高级研究员杰奎斯·贝尔克曼也认为,独立于TPP和《跨大西洋贸易与投资伙伴关系协定》(TTIP)的中欧投资贸易合作机制,就是中欧自贸区。但在中欧双边政府启动中欧自由贸易区谈判之前,有必要由双方智库先启动中欧自贸区可行性合作研究。会后,欧洲政策研究中心负责人找到我,说愿意与中改院分头成立中欧自贸区研究课题组,开展中欧自贸区可行性研究,然后向各自政府建议。

为了更好地开展中欧自贸区可行性研究课题,仅2015—2016年的1年时间,我去了7次欧洲。2015年6月,我在法国鲁昂参加"中国-诺曼底论坛"期间应约与法国前总理、时任外长法比尤斯围绕诺曼底是否可以成为新丝绸之路经济带重要一环等问题进行交流讨论。在交流讨论中我表示,今天,诺曼底在欧亚共建"一带一路"中,仍然能够在推进中欧自贸区进程、深化中欧服务贸易合作、形成"一带一路"中欧智库合作网络中发挥重要的枢纽作用。

2016年5月,中改院形成了《中欧自贸区——2020:深化中欧合作的重大选项》研究报告。6月,中改院与欧洲议会欧中友好小组、欧洲议会欧中友好协会在比利时布鲁塞尔欧洲议会大厦共同举办了以"中欧自贸区:趋势与行动"为主题的研讨会,并在会上发布了这一研究报告。课题组介绍了中欧双方尽快就建立中欧自贸区达成共识的必要性和紧迫性,并号召欧盟加快与中国自贸协定谈判的进程。我们在报告中清楚地表明,只要中欧双方及时、正确行动起来,签订《自由贸易协定》将会为双方经济带来巨大利益。报告建议中欧领导人充分利用7月中旬在北京召开的中欧峰会,商量出建立中欧自贸区的可行时间表,同时提议中欧应在2020年前完成自贸协定谈判。

记得有一次在参加国务院会议时,有一位领导对我说:"老迟,如果中欧自贸区的事情能够解决，那是立大功了。"我说："学者就是出主意，功是你们的。"

3. 研究中欧自贸区

2016年，中改院在完成《中欧自贸区——2020：深化中欧合作的重大选项》研究报告的时候，欧方也形成了一份关于中欧自贸区的报告，题目叫"明日丝路"。我当时半开玩笑地说，"'明日丝路'不要变成'明日黄花'，一定要抓这3~5年，这3~5年做不成就坏了"。结果，不幸言中。

2018年是我最后一次参加中欧论坛，当时有一位欧洲高级安全专员就地缘政治问题讲了一番不友好的话："我们现在不讨论经济问题，我们讨论地缘政治，你们叫我们承认'一个中国'，为什么你们在搞'两个欧洲'？"这让我意识到欧盟的走向变了。欧洲已经把主要注意力集中到地缘政治上，欧盟谈的不是经济。我感到中欧自贸区研究已经错失重大战略机遇。

六、RCEP 是高水平开放的大文章

2020年11月15日，东盟10国和中国、日本、韩国、澳大利亚、新西兰共15个亚太国家正式签署了RCEP。RCEP的签署，标志着当前世界上人口最多、经贸规模最大、最具发展潜力的自由贸易区正式启航。

2021年以来，中改院主动将RCEP研究作为高水平开放研究的重要抓手，主动围绕RCEP研究研讨积极开展相关重要工作。今天看，中改院关于RCEP的研究研讨，应该说在国内外都比较领先。为什么？这源自中改院对全球变局下中国高水平开放战略选择的研究与判断。这一判断得到了很多领导和专家的肯定，"抓RCEP抓得太对了！"

1. 连续4年举办RCEP区域发展媒体智库论坛

2022年6月5日，美国消费者新闻与商业频道网站发表题为《被排除在"印太经济框架"之外的中国正在推动世界上最大的贸易协议》的报道。报道称："在美国总统乔·拜登大肆宣传新的'印度洋-太平洋

战略'之际，中国采取低调姿态，主办了一场关于RCEP的高级别讨论。会上提出，RCEP是全球经贸规模最大的自由贸易协定。"

美国媒体报道的这场高级别论坛，就是2022年5月29日，由中共海南省委宣传部、中国日报社、中国人民外交学会、中国（海南）改革发展研究院联合主办的"开放合作　发展共赢：共建全球最大自贸区——RCEP区域发展媒体智库论坛"。

回顾2021年以来，中改院连续4年与中国日报社等合作举办RCEP区域发展媒体智库论坛，构建高层次、高质量国际学术交流平台，为推动RCEP全面实施、进一步释放RCEP红利积极建言献策，是RCEP区域内最早的媒体智库论坛。历次论坛均引起国内外广泛关注，产生多方面积极影响，已经形成了重要品牌效应。

与此同时，中改院围绕RCEP相关重大问题开展研究，围绕RCEP实施、升级、扩容等重大问题提出自己的建议，提出"RCEP：区域经济一体化的重大利好""坚定推进RCEP进程""合力建设高水平全球最大自由贸易区""共建RCEP区域大市场"等相关建议和观点，形成一系列研究成果，产生了广泛的决策影响、国际影响、媒体影响。

记得2024年3月29日，我应邀参加了博鳌亚洲论坛年会"亚洲增长中心"的讨论。这个单元的讨论层次很高，东南亚国家联盟秘书长高金洪、中日韩合作秘书处秘书长李熙燮与东南亚国家的几位嘉宾参加。内地只有我一人参加。在发言环节，央视CGTN记者王冠向我提问，怎么看待RCEP及其升级。我说："今天新加坡的代表都在，香港来的白德利先生也在，香港为什么不能够加入RCEP？为什么不讨论呢？这里有很大的问题，香港自身的出口有67%，香港有70%多的进口，是很大的一个经济体。"我又说："新加坡官员也在这里，我建议新加坡等国家要支持香港加入RCEP，不仅对香港的中心地位，也对香港发挥在这个区域的国际中心地位会带来极大的好处。"抛出问题后，王冠反应很快，立即请新加坡的部长回应。她当场表态："如果RCEP讨论香港加入，新加坡第一个赞成。"

当天晚上11点，新加坡《联合早报》刊发报道，"在博鳌亚洲论坛年会的'打造亚洲增长中心'分论坛上，回应中国（海南）改革发展研究院院长迟福林关于RCEP吸纳香港成为新成员的提议时说，作为开放型经济体，新加坡高度倚赖开放贸易和投资，'我会第一个支持香港加入RCEP'。"

2. 发起设立RCEP智库联盟　发布首份RCEP规则利用率报告

为推动RCEP高水平全面实施和升级发展，2022年9月23日，中改院与相关机构倡议发起的"RCEP智库联盟"正式成立。联盟发起成立之初，得到各方关注与支持。中国-东盟中心、中日韩合作秘书处、国家国际发展合作署以及来自域内9个国家的13家智库机构代表出席智库联盟成立会议。截至目前，已有域内13个国家的18家智库参与。联盟成立以来，多次召开联盟专家座谈会、工作座谈会等，围绕联盟建设、RCEP重大课题研究、合力推进RCEP协定利用及实施等开展研讨交流。

2023年12月6日—15日，我率团在新加坡、马来西亚、印度尼西亚开展RCEP智库交流，举办RCEP智库专家研讨会，就RCEP智库联盟理事会、秘书处等运行机制建设达成共识，与会外方智库专家签名支持中改院提出的RCEP智库联盟运行机制建设相关建议，为做实RCEP智库联盟奠定了重要基础。

2024年5月19日，在2024RCEP区域发展媒体智库论坛上，中改院课题组发布《以提升规则利用率为重点释放RCEP红利——2022—2023 RCEP实施初步评估》。这是全球首份对RCEP原产地规则利用率的评估报告。

当时，我和课题组同事经过数月的讨论、修改、推翻、重写、再修改，形成了这份评估报告。当中提出了很多重要判断。比如，课题组初步测算，2022年，中国企业出口和进口的规则利用率分别为3.56%和1.03%。2023年，分别上升至4.21%和1.16%。但是，还有很大的提升空间。东盟部分成员原产地规则利用率也比较低，2022年，越南出口规则利用率为0.67%；泰国出口规则利用率为1.90%；马来西亚出口规则利用率为0.07%。若中国企业对RCEP成员国进出口的规则利用率达到韩国企业对日本进出口40%~50%左右的规则利用水平，在同等进口与出口总额下，预计中国减让税款可从23.6亿元上升至600亿元，享受进口国关税减让额预计可从40.5亿元上升至650亿元。同时，RCEP关税承诺的改进空间比较大。若RCEP成员加速实现和改进当前关税承诺，企业可以进一步享受RCEP关税下降的红利。

这份评估报告一经发布即引起国内外广泛关注，产生多方面积极影响。新华社发布通稿《中改院报告：RCEP政策红利释放空间巨大》，《人民日报（海外版）》专门编发报道，国内外多家媒体转载，还被美国、欧洲、印度、巴基斯坦、泰国、马来西亚、印度尼西亚、菲律宾、柬埔寨等多地媒体刊发、转载。

为推动RCEP全面实施，提升RCEP规则利用率，2024年8月24日—31日，中改院调研组赴泰国曼谷、马来西亚吉隆坡，出席、举办相关学术研讨活动，就RCEP下中国与东盟合作等问题与泰国东部经济走廊办公室、泰国商务部RCEP中心、盘古银行等走访交流。我在智库交流中提到，智库和学界有义务对RCEP协定的全面实施建言献策。调研期间，8月30日，中改院与马来西亚亚太"一带一路"共策会在马来西亚吉隆坡合作主办了"RCEP规则利用率研讨会"，聚焦RCEP规则利用率等问题进行研讨交流。

调研发现，中改院在RCEP规则利用率研究及以RCEP智库联盟为平台的网络建设等成效得到广泛认可。从调研接触和研讨交流的情况看，东盟国家普遍对RCEP红利释放充满期待，认为RCEP不仅是自贸协定，更是区域一体化的载体，东盟国家将从中普遍获益；同时，各方关注到并普遍认为，规则利用率偏低是RCEP红利释放面临的突出挑战。一些专家提出，政府在促进RCEP实施中的作用还需要进一步发挥。此外，从东盟部分专家中了解到，彼时东盟出现一种声音，认为中国在利用RCEP对东盟进行产品倾销。对此，我在博鳌亚洲论坛曼谷圆桌会议及中改院举办的RCEP研讨会上都进行了回应：RCEP不是中国向东盟的产品倾销，而是区域产业链供应链升级的现实需求，"RCEP倾销论"是错误的，不成立的。

2024年7月24日，中改院在海口举行RCEP研究院揭牌仪式，成立RCEP研究院。RCEP研究院致力于打造开放、共享、合作的智库平台，多渠道、多形式吸引各方面资源，为推动RCEP进程发挥智库作用。

3. 在RCEP框架下深化中日韩合作交流

中日韩三国GDP占RCEP区域内GDP的80%以上。可以说，中日韩经贸合作对RCEP的实施效果具有重大影响。这几年来，中改院在RCEP框架下，在服务公共外交、提供思想产品、促进智库间交流等方面，在推动中日韩三国交流合作中发挥积极作用。这里，先说一个故事。

2017年，受"萨德危机"影响，中韩关系遭遇了两国建交以来少有的严峻挑战。我驻韩国大使馆十分着急，能不能请中国的学者与韩国学者、民众开展真实讨论，真实地发表观点？那时候，中韩两国关系很僵，找了好多机构都不愿意去，最后找到中改院。这次的行程，所有的吃住行都由大使馆负责。当时情况紧急，真的是"说走就走"。2017年4月2日—6日，我带队赴韩开展公共外交。这次活动行程安排得特别满，不到4天时间一共安排了6场活动，包括一场媒体采访与5场学术交流，与记者对话、官员对话、企业家对话、高校对话。当时我一下飞机的第一场活动就是媒体采访，跟记者对话。韩国记者的提问都很尖锐，我的回答也很坦诚，"你们弄'萨德'，在中国周围布置导弹，寻求和中国合作还有可能吗？"

这次公共外交活动，我的主要观点是：第一，中国是韩国最大的市场，韩方要避免出现战略误判。第二，建议韩方抓住"一带一路"机遇，加快中韩自贸进程。第三，不能为了解决短期矛盾而为长期合作发展制造更大的全局性隐患。这些观点得到了韩国媒体大篇幅的报道，可以说在当时的特殊背景下，对促进中韩学术交流、增进共识等方面发挥了一定的作用。

"萨德危机"公共外交活动之后，我国驻韩国大使很感动。在我们离开韩国前，把我们请到大使馆，说："没想到智库发挥了特殊作用。"在中韩两国关系趋紧的背景下，在党和政府领导下，有序开展一些重要的工作，劝说韩方在"萨德"问题上采取现实立场方面继续发挥积极、建设性的作用，中改院表现出智库的应有担当，在开展公共外交上发挥了独特作用。

还有一个故事。中韩1.5轨机制是2014年7月两国领导人达成的重要共识，并写入《中韩联合声明》。这一机制的设立，是对两国现有各级交流合作机制的有益补充，目的是进一步推动中韩关系不断深化发展。2014年，外交学院、日本国际交流财团和韩国东亚财团共同发起设立中日韩合作对话。该对话是1.5轨对话，主要聚焦中日韩经济合作、中日韩环境合作议题。该对话迄今已经举办十届，每年轮流在中国、日本、韩国举办。

2017年，在外交学院邀请推动下，中改院成为主办方。2018年和2022年，由中改院作为主办单位在海口中改院分别举办了第五届、第八届中日韩合作对话。2024年11月17日，第十一届中日韩合作对话将在海口举行。

在2018年12月8日举办的第五届中日韩合作对话会上，来自中日韩三国的专家围绕"新环境下的中日韩合作"展开对话和研讨。与会代表一致认为，RCEP谈判取得实质性进展，中日韩自贸区谈判提速的基础已经具备。在当前形势下，中日韩更应坚定维护以规则为基础的多边自由贸易体系，旗帜鲜明反对保护主义和单边主义做法。中日韩三国在产业发展领域合作范围广阔，可携手在老龄化、全民健康、新能源、新交通、绿色城市等领域加强合作。

2020年11月25日，中改院与日本国际经济交流财团和韩国东亚财团共同主办第七届中日韩合作对话。我以"加快中日韩自贸区进程"发表致辞演讲，并在发言中提出，11月15日，历时8年谈判的RCEP正式签署。中日韩等15国正式缔结成全球最大的自贸区。RCEP的签署为中日韩签署高水平的自由贸易协定创造重要条件。总的来看，加快中日韩自贸协定签署的基本条件成熟，并且提出4点建议。

第一，加快在服务贸易及投资、知识产权、可持续发展等领域的谈判。务实推进公共卫生、医疗、健康、养老、环保、科技研发等产业合作，大力发展中日韩数字贸易。

第二，尽早出台中日韩自由贸易区早期收获清单，在医疗、养老、环保、能源、电子商务等现代服务业等项下率先实行自由贸易政策，全面拓展和深化三方合作，加快落实"中日韩+X"早期收获项目清单。

第三，以共同维护制造业供应链安全稳定为重点，进一步提升汽车制造、电子通信、机械设备、工业机器人等制造业领域的贸易投资自由化和便利化水平。

第四，把中日韩医疗健康、文化娱乐、数字经济、金融保险等重点现代服务业领域的自由贸易政策列入海南自贸港的"早期收获"项目清单，率先在海南取得突破。

此后，我相继提出"RCEP背景下争取实现中日韩自贸区谈判的重大突破""在RCEP框架下务实推进中日韩经贸合作""中日韩推进RCEP进程重要作用的三点估计"等观点，中改院提出了《在RCEP框架下务实推进中日韩经贸合作（12条建议）》、《以RCEP生效为契机实现中日韩自贸协定谈判的重要突破（8条建议）》、《以RCEP生效为契机实现中日韩自贸协定谈判的重要突破（8条建议）》、《坚定推进开放共享的RCEP进程（14条建议）》、《务实推进RCEP进程（8点建议）》、"RCEP：开启区域经贸合作新篇章"、"RCEP：区域经济一体化发展前景"等，出版了《RCEP：全球最大自由贸易区》等图书，在服务决策、形成共识、推动合作上发挥了重要作用。

七、提出单边开放"大国策"

面对世界百年未有之大变局，东盟成为中国高水平开放的战略重点。在这一判断下，这几年我与同事们潜心研究，于2023年10月形成《单边开放——实现中国–东盟自由贸易的重大突破（22条建议）》研究报告。12月，我带队到东盟调研，到我国驻马来西亚、印尼大使馆拜访大使。例如，到中国驻马来西亚大使馆，大使就说，"'22条建议'我们看到了啊！"我还很疑惑，"使馆怎么看到了'22条建议'？"经过了解才知道，有关方面正在就《单边开放——实现中国–东盟自由贸易的重大突破（22条建议）》征求我国驻东盟相关机构的意见。有一位知名专家在中改院在京举办的研讨会上讲，中改院提出向东盟单边开放的建议"是一项大国策"。

为什么提出这一研究建议？我们总的判断是：面对世界百年未有之大变局加速演进的大趋势，面对美国战略竞争的严峻挑战，未来几年是中国与东盟深化经贸合作的战略窗口期。抓住战略窗口期，实施向东盟的单边开放，以单边开放的主动举措，实现中国与东盟自由贸易的重大突破，赢得与东盟全面战略合作的主动。

1. 云南调研感受到变化，继而提出"单边开放"

2023年8月15日，我受云南教育国际交流协会邀请参加在昆明召开的教育助力云南面向南亚东南亚辐射中心建设交流座谈会。16日，作为中国–南亚博览会的重要活动，以"新时代　新征程　新任务——中国式现代化与沿边开放"为主题的第四届新时代沿边开放论坛（2023）在昆明召开。我应邀出席论坛并作了以"我国高水平开放的基本趋势与云南的发展机遇"为题的主题演讲。

在参加这两个活动之后，8月17日—18日，我和我的同事前往云南省西双版纳州就沿边开放开展实地调研。我们先后调研了中老磨憨–磨丁经济合作区、磨憨边民互市场、中老高铁货运场站、勐腊（磨憨）重点开发开放试验区及龙茵勒村等地，详细了解跨境商贸物流情况及边民互市等，我们还与西双版纳州主要领导和景洪市领导进行了会谈交流。

这次调研更强化了我的主张。在国际形势日益复杂多变、东盟在我国对外开放战略中的地位作用更加凸显的情况下，更需要以高水平开放形成我国的战略主动。基于这一判断，我与中改院同事组成"单边开放"课题组。通过对美国、英国单边开放历史的梳理与总结，研究形成了《单边开放——实现中国–东盟自由贸易的重大突破（22条建议）》。

研究报告提出：向东盟单边开放，是我国扩大高水平对外开放的战略选择、务实选择，不仅将实现中国–东盟自由贸易的重大突破，也将赢得区域经济一体化的战略主动。

2. 开展"单边开放"专题研讨

2023年10月28日—29日，中改院与相关机构共同举办以"全面深化改革开放的中国与世界"为主题的第89次中国改革国际论坛。在这次论坛上，专门设立了"高水平开放与中国–东盟自由贸易"专题论坛，重点讨论面向东盟的单边开放问题。有中国、马来西亚、日本、柬埔寨、泰国、新加坡、菲律宾、缅甸、老挝等9个国家的18位专家参与了研讨。

与会专家一致认为：第一，适应新形势加快中国–东盟自由贸易进程。推进中国–东盟自由贸易进程具有全局意义，未来3~5年是推进中国–东盟自由贸易的战略窗口期，单边开放是超越传统双边自由贸易区的合作框架。第二，以单边开放实现中国–东盟自由贸易的重要突破。向东盟单边开放将对中国–东盟自由贸易进程产生重大影响；推动向东盟的高水平市场开放；发挥海南自由贸易港等高水平开放平台作用。第三，加快形成向东盟单边开放的大环境。充分利用现有合作机制构建更加紧密的产业链，提升中国–东盟互联互通水平，加强对东盟的经济技术援助，以教育合作为重点提升中国在东盟的"软实力"。

在这次专题研讨基础上，12月，中改院进一步深化研究并形成《抓

住机遇 尽快实施向东盟单边开放的大国策（22条建议）》。党的二十届三中全会提出，"扩大对最不发达国家单边开放"。[①] 落实中央这一要求，建议可从老挝、柬埔寨等国开始，而后逐步向东盟其他国家延伸。我感到，这个研究是符合中央精神的。

八、开放是最大改革、最大发展、最大安全

近几年来，中改院将改革研究重点更多置于高水平开放上。中改院提出"从'一次开放'到'二次开放'""以高水平开放形成改革发展新布局""开放是最大改革、最大发展、最大安全"等观点，相继出版了《构建开放型经济新体制》《推动形成全面开放新格局》等图书，获得了国家出版基金，入选中宣部重点出版物选题等。中改院的中国改革国际论坛年年聚焦"中国和世界"主题。记得有一次开研讨会，一位长期研究开放的专家学者和我开玩笑，"过去迟院长被人称'迟改革'，我看现在应该叫'迟开放'"。

无论是改革开放初期还是今天，改革与开放是密不可分的。过去，中国的市场化改革是从打开国门、加入国际经贸规则开启的；未来，中国构建高水平社会主义市场经济体制仍然离不开构建开放型经济新体制。我的判断是，开放牵动影响全局、开放与改革直接融合、开放倒逼改革的时代特征十分突出。

1. 从"一次开放"到"二次开放"

2016年3月，我主编并出版年度改革研究报告《转型闯关——"十三五"：结构性改革历史挑战》。在这本书中，中改院提出了"二次开放"这一判断，并指出新阶段的"二次开放"起点、目标、重点、路径、形式等都发生了重大变化。在此背景下，推进"二次开放"的基本要求、战略重点与重大任务都有所不同。

[①] 《中共中央关于进一步全面深化改革 推进中国式现代化的决定》，人民出版社2024年版，第25页。

2017年，我们以经济全球化新变局为背景，撰写发布了以《二次开放——全球化十字路口的中国选择》为主题的年度改革研究报告。我们认为，我国的经济转型进程将是同世界经济深度互动、向世界不断开放市场的过程。扩大对外开放与国内经济转型有机结合，才能够在国际经济形势变化和国内经济转型压力的双重背景下把握自己的选择与行动；新时期中国扩大对外开放，不仅对自身经济转型升级具有重要促进作用，而且将对全球自由贸易和经济全球化带来重要影响。

这本书提出：第一，"二次开放"的基本要求。一是服务于国内经济转型大局，并成为新阶段经济转型的新动力；二是反对贸易保护主义，推动新一轮经济全球化的需求。第二，"二次开放"要把握三大战略重点，分别为：积极推进自由贸易战略、积极推进"一带一路"倡议、积极推进服务贸易发展。第三，"二次开放"要完成三大任务。一是推动以经济转型升级为目标的结构性改革，二是推动以打破垄断为重点的服务业市场开放，三是推动以监管变革为重点的政府改革。

该书出版后，受到多方面的关注。不仅被多所党校用作领导干部学习培训材料，还入选了2017年国家社科基金中华学术外译项目，其中英文版被五洲传播出版社翻译出版并向全球发行。商务部原部长助理黄海在书评中写道，"本书敏锐地观察到当前经济全球化面临的新形势、新挑战，系统提出了我国新阶段改革开放的新思路，不仅立意新颖，而且具有战略性、前瞻性，是新时期改革开放理论的重要创新"。

2. 建言服务贸易为重点的开放转型

作为"十三五"规划专家委员会委员，我曾参与了"十三五"规划从起草纲要到草案形成的整个过程。讨论中，我曾建议将我国服务贸易占外贸总额的比重提高至16%左右。当然，到现在仍有差距。我的分析是：第一未来10年伴随我国经济结构转型升级，服务贸易发展有巨大的空间。这个发展，不仅是量的发展，还是质的发展，是高质量服务贸易的发展。第二制度型开放是服务贸易发展的内在要求。在服务贸易高质量发展过程中，制度型开放与制度性变革相融合，是一个大趋势。第三，我国服务贸易高质量发展是我国推动新经济全球化的突出亮点。这不仅将对推动以 RCEP 为重点的区域经济一体化产生重要影响，而且将对新经济全球化作出重要贡献。

正是在这一考虑下，我在2017年5月第五届全球智库峰会、2017年11月中国服务贸易年会、2017年1月全国政协2017年第一次宏观经济形势分析座谈会等多个场合提出，要加快推进由货物贸易为主向以服务贸易为重点的开放转型。中改院形成《以服务贸易为重点形成我国对外贸易新格局》《推进以服务贸易为重点的开放转型（5条建议）》《以服务贸易创新发展为主导研究设计海南负面清单的框架建议（10条）》《对标世界最高水平开放优化海南自由贸易港跨境服务贸易负面清单管理制度（18条建议）》《优化海南自由贸易港跨境服务贸易负面清单（20条建议）》《以服务贸易为重点建设高水平开放型经济新体制——构建新发展格局下的服务贸易创新发展》等一系列建议报告。

3. 建言推进粤港澳服务贸易一体化

粤港澳服务贸易一体化的想法，源于我在粤港澳地区的调研感受。2015年，我到珠海横琴调研，发现澳门大学珠海校区外建了一堵高墙，听说以前还有一道铁丝网。澳门大学珠海校区内的部分学生来自内地，但所有师生不能自由进入横琴，更不能自由进入珠海市。据我了解，内地想去澳门上大学的人员比例在增加，澳门吸收内地学生来读书的需求也在增加。2016年，澳门高校中非本地居民学生的比例由2013年的36.8%上升至2016年的45.3%，来自内地的硕士生、博士生比例甚至已超过澳门本地学生。但目前的管理体制限制了内地与澳门之间的人文交流，也难以充分发挥澳门大学在人文交流方面的桥梁作用。我认为，这不利于全面实行"一国两制"。2018年6月，我到香港参会，发现从机场进入香港的程序与20年前完全一样，没有体现出"一国"。

为了推动粤港澳大湾区服务贸易一体化进程，我与中改院持续呼吁这件事。例如，我曾先后多次向广东省政府提出推进粤港澳服务贸易一体化的建议，同时提出"要支持香港、澳门融入国家发展大局"。我也在全国政协会议、南方智库论坛、横琴自贸片区专家委员会年度工作会议、泛珠论坛等多个场合多次呼吁加快推进粤港澳服务贸易一体化。

2017年3月9日，中改院形成了《服务于"一国两制"大局，加快推进粤港澳服务贸易一体化（6条建议）》。12月6日，我应邀出席在珠海召开的第二届珠海市横琴新区发展咨询委员会第二次会议暨横琴自贸片区专家委员会年度工作会议，并围绕"横琴自贸片区有条件成为粤港澳服务贸易一体化的先行示范区"提出5点建议。

2018年5月，国务院印发的《进一步深化中国（广东）自由贸易试验区改革开放方案》中明确提出，"深入推进粤港澳服务贸易自由化"[①]。在这一背景下，在2018年第七届南方智库论坛与第十二届泛珠论坛上，我再次呼吁粤港澳大湾区服务贸易一体化，广东媒体也作了大篇幅报道。主要的建议是：第一，以开放为先，推动粤港澳服务业产业体系的深度合作。第二，以制度创新为核心，推动粤港澳服务业市场体系的直接融合。第三，以体制机制创新为重点，推动粤港澳服务业服务体系的全面对接。粤港澳服务贸易一体化不仅涉及服务业的标准、管理、规则的对接，也涉及社会体制、行政体制的融合。

4. 提出"开放是最大改革"

2017年2月26日，中改院与中国工人出版社、中央人民广播电台经济之声等机构合作在京举办"经济全球化十字路口的中国选择"高峰论坛暨《二次开放》新书发布会。我在会上提出"开放是最大改革"。当时，国家发展改革委的一位官员在会上说："改革就是改革，开放就是开放。"我说："第一，中国的改革从什么开始？打开国门。不打开国门怎么能搞改革？第二，到今天为止开放和改革是紧密联系在一起的，很难

[①] 《国务院关于印发进一步深化中国（广东）自由贸易试验区改革开放方案的通知》，2018年5月4日，中国政府网。

分开，因为我国已经进入世界的主流，并且从参与全球化到推动全球化。第三，中央提出了制度型开放。什么叫制度型开放？规则、规制、标准、管理，这些本身就是制度性变革的内容。从这个意义上说，开放是最大的改革。"

2019年9月10日，中改院与中国工人出版社主办的"新型开放大国——共建开放型世界经济的中国选择"高峰论坛暨新书发布会在京召开。我在发言中提出"新型开放大国的全球观"。我提出，作为新型开放大国，开放牵动影响全局，开放与改革直接融合、开放倒逼改革的时代特征十分突出，要以高水平开放统筹国内国际两个大局，形成自身全面深化改革的新动力。

2020年年初，国家发展改革委委托中改院就"十四五"我国改革开放总体思路进行研究。考虑了很久，我们以"以高水平开放为主线形成发展改革新布局"为题研究形成了报告。2020年1月，中改院形成《以高水平开放形成改革发展新布局（16条建议）》；4月，向国家发展改革委体改司提交《建立高水平开放型经济新体制——以制度型开放加快推进国家治理体系和治理能力现代化》的委托研究报告。

2021年5月，中改院课题组形成《在高水平开放中赢得未来（16条建议）》。2021年11月1日，中改院建院30周年之际，《经济日报》刊发我撰写的《以高水平开放赢得未来》一文，这篇文章获得了"习近平经济思想研究征文"优秀奖。2023年9月，中改院形成《以高水平开放形成良好预期》，提出"开放是最大发展、最大改革、最大安全""以单边开放建立与东盟的共同市场"。经《经济参考报》编发刊出，48小时内浏览量超过80万，引起广泛关注。

九、为博鳌亚洲论坛建言出力

中改院参与博鳌亚洲论坛智力支持工作，可以回溯到2001年策划博鳌亚洲论坛首届主题议题。2001—2006年，中改院曾担任博鳌亚洲论坛的唯一智力支持机构，为论坛初创阶段的发展付出过巨大努力。25年来，中改院与博鳌亚洲论坛结下不解之缘。

1. 紧急受托为首届论坛设计主题议题

2001年2月27日，博鳌亚洲论坛成立大会举行，决定2002年4月举行首届年会。但是，由于论坛尚未建立起自己的研究机构，到了2001年9月，首届年会学术筹备工作仍未启动。9月14日，时任全国政协副主席、博鳌亚洲论坛中方首席代表、中改院董事局主席陈锦华找到我说："福林，干脆咱们中改院自己拿下来，行不行？没有钱，你们自己出钱，把中国最好的专家找在一起，加快策划形成以主题议题和拟邀国内外知名专家为核心的博鳌亚洲论坛首届年会筹备方案。"接受这个任务的第二天，我组织召开会议，组成论坛年会主题议题准备小组。在随后的4天时间里，中改院组织了5次内部讨论会，通宵达旦地讨论、修改、再讨论、再修改，提出了第一个主题议题和背景报告题目的征求意见稿，当时主题方案就准备了3个。

到了9月20日，在北京领受任务还不到一个星期，博鳌亚洲论坛秘书处秘书长率团访问中改院，经过友好商谈，论坛秘书处以备忘录形式，正式委托中改院为亚洲论坛的智力支持机构，具体承担4项工作：一是根据双方会谈，细化主题，修改和补充议题；二是撰写论坛年会背景报告；三是推荐年会各个讨论单元演讲和主持的专家人选；四是组织一次论坛主题议题中外专家讨论会。

当天下午，中改院抽调一批研究骨干，组成工作小组，开始日夜兼程的讨论，仅用了3天时间，就形成了用于征求各方意见的"首届年会主题议题建议稿"、"首届年会背景研究报告提纲"和"首届论坛年会中外嘉宾邀请名单建议稿"。

2001年9月29日，根据陈锦华副主席的要求，中改院邀请国内部分知名亚洲问题专家在京举行专家咨询会。陈锦华副主席亲自主持咨询会，征求专家对中改院提交的论坛首届年会3份筹备文件的意见和建议。会后，中改院对3份筹备文件进行了第二次修改。

当晚，中改院在北京举行"亚洲问题研究所"和"亚洲问题专家委员会"成立大会，陈锦华副主席代表中改院主持会议，并以中改院董事局主席名义聘请几十位知名学者作为亚洲问题专家委员会第一批委员。陈锦华副主席主持召开了中改院亚洲问题专家委员会第一次会议，审议通过了中改院提交的论坛首届年会主题议题建议方案。会上，与会专家讨论了2002年博鳌亚洲论坛3个重点专题：第一，世界经济放缓和美国"9·11"事件对亚洲经济的影响。第二，亚洲经济复苏对策。第三，中国加入WTO对亚洲经济的积极影响。会议委托几个知名专家起草3个同名的背景报告。

2001年11月15日，论坛秘书处委托中改院邀请论坛所有发起国指定专家举办博鳌亚洲论坛2002年年会主题议题专家学者讨论会。发起国指定的20多名专家、论坛秘书处的5名代表和中改院亚洲问题专家委员会的部分委员出席会议。会议审议了中改院提交的《博鳌亚洲论坛2002年年会主题议题建议及说明》、《博鳌亚洲论坛2002年年会组织方案建议》、《博鳌亚洲论坛首届年会背景研究报告》（3份）和《建议邀请出席博鳌亚洲论坛2002年年会的部分专家学者名单》等论坛首届年会筹备文件。

会议认为，中改院提交的首届年会学术筹备文件，反映了亚洲国家共同关注的经济社会发展和区域合作问题。会议还对年会主题议题的研究、形成和审议程序给予肯定，认为体现了年会主题议题形成的透明度和公开性。

根据中外专家的意见，中改院在专家讨论会以后开展了几项工作，重要的是提出了对关于论坛年会后期筹备工作中关于几个问题的建议：一是建议尽快确定应邀中外专家学者名单；二是中外专家讨论会通过的报告，明确由秘书处负责企业调查，把握亚洲各国企业家共同感兴趣的问题；三是建议尽快提出应邀出席年会的企业家名单；四是为了保证会议由企业家唱主角，建议尽快落实一些大的企业以及在亚洲投资的跨国公司代表参加会议；五是建议根据年会主题，尽快确定应邀发表演讲的国内高层政府官员；六是为了扩大论坛的国际影响，建议适当邀请几位获得诺贝尔奖和其他有国际影响的著名学者；七是要尽快明确大会、各个分会及各个单元的主持人和演讲人；八是建议论坛年会大会、分会、讨论单元的主持、演讲安排；九是中外媒体会前的宣传和会议期间的报道对论坛的成功至关重要。

2. 2002—2006年为论坛唯一智力支持机构

2002年4月，中改院参与论坛智力支持的研究人员应邀出席首届年会，分工撰写每个分论坛的讨论综述，会后汇总形成近3万字的《论坛首届年会综述》（学术观点总结报告）中英文稿，由论坛秘书处提交发给论坛所有发起国。中改院与论坛秘书处共同努力，初步形成了论坛年会学术筹备工作的合作推进模式与论坛知识品牌建设的基本思路，形成了《亚洲经济一体化年度评估报告》的评价指标体系和研究框架。

2002—2006年的5届年会，中改院实际承担了以下5项博鳌亚洲论坛智力支持工作：一是利用中改院亚洲问题专家数据库和亚洲问题专家委员会，每年研究提交《论坛年会主题议题建议性方案与说明》；二是派人列席论坛理事会，撰写《论坛理事会会议纪要》中英文稿；三是派人列席论坛会员大会，撰写《论坛会员大会纪要》中英文稿；四是组成智力支持小组，分工参加年会大会、各种平行分会、早餐会、午餐会、闭门会等，撰写年会各单元的综述；五是汇总撰写年会综述。

3. 继续为博鳌亚洲论坛出力

博鳌亚洲论坛从创立至今的24次会议，我一次都没有缺席（2021年年会因新冠疫情取消）。每一年，中改院都组团参加博鳌亚洲论坛。

2024年6月19日上午，博鳌亚洲论坛新任秘书长张军到访中改院，与中改院举行了工作座谈。怎么继续办好论坛？张军秘书长提出，希望与中改院继续加强合作联系，共同努力实现博鳌亚洲论坛高质量发展。

张军秘书长回顾："博鳌亚洲论坛从诞生伊始跟中改院就结下了深厚

的共荣共生关系。论坛初期得益于中改院的思想和智力支持，以及后期每年重大年会活动都得到了中改院的大力支持；中改院长期以来致力于亚洲、RCEP、亚太经济一体化等相关领域的研究，我认为在国内绝对是首屈一指的。中改院的相关研究与论坛的宗旨是完全一致的——促进亚洲经济一体化。"我当即表示，博鳌亚洲论坛是我国对外开放与合作交流中的一面重要旗帜，中改院对博鳌亚洲论坛抱有情感，中改院愿意全力以赴参与和支持博鳌亚洲论坛建设。

2024年8月26日下午，我应邀参加博鳌亚洲论坛在曼谷召开的一场高层次的可持续发展论坛"世界的未来：亚洲的视角"为主题的圆桌会议。潘基文理事长、东盟国家的前政要、部长级官员与联合国等国际组织代表，以及亚洲国家知名企业、智库、媒体等百余名代表出席会议。会议安排的发言嘉宾都是官员和前政要，只有我一位专家学者。我非常重视这次会议，并以"RCEP：亚洲落实可持续发展议程的新引擎"为题作了发言。我的主要观点是：第一，RCEP正在重塑亚洲经贸合作新格局。第二，RCEP引领亚洲经济一体化新进程。第三，高水平开放的中国将释放RCEP区域合作的巨大潜力。这些观点，在新华网思客、《人民日报（海外版）》、《环球时报》等重要媒体发表。

2024年8月27日上午，中改院与博鳌亚洲论坛联合主办、海南自由贸易港研究院协办的"RCEP：亚洲经济新未来"研讨会在泰国曼谷举行。博鳌亚洲论坛秘书长张军、中国气候变化事务特使刘振民，来自马来西亚、老挝、印度尼西亚、菲律宾的RCEP智库联盟专家、泰国商务部代表，以及《人民日报》、新华社、中新社、《中国日报》等中央驻曼谷主流媒体等40余人出席。

25年后，中改院与博鳌亚洲论坛再续前缘，刘振民特使在发言结束时感触地说："我也非常支持中改院加强与博鳌亚洲论坛的合作，也感谢张军秘书长上任后对与中改院合作的重视，希望RCEP可以成为博鳌亚洲论坛的一个重要议题，持续讨论下去。"

第七章
加快海南自由贸易港建设的痴心追求

加快建设海南自由贸易港。

——党的二十届三中全会《中共中央关于进一步全面深化改革　推进中国式现代化的决定》

自由贸易港是当今世界最高水平的开放形态。海南建设自由贸易港要体现中国特色，符合中国国情，符合海南发展定位，学习借鉴国际自由贸易港的先进经营方式、管理方法。

——习近平总书记在庆祝海南建省办经济特区30周年大会上的讲话，2018年4月13日海南是中改院的"根"。扎根海南，为海南改革开放建言是中改院33年的重要职责与痴心追求。33年来，我与中改院的同事们把相当一部分精力放到研究海南的改革开放上。2021年10月30日，在中改院建院30周年之际，《海南日报》刊发了《解码中改院——建言改革开放，逐梦自由贸易港，走出了社会智库发展新路子》一文。其中提道："中改院用30年累累硕果给出了答案：建言改革开放，以'学术重镇'能量辐射全国，成为中国改革研究的重要基地；情系天涯，为海南经济社会发展提供决策参考和动力支持，逐梦自由贸易港，成为独具特色的社会智库。"[①]

中改院诞生于大特区的热土之中，它的成长和发展离不开历届海南省委、省政府的关心和支持，离不开海南各界的鼓励和肯定。33年来，中改院作为在国内外都有一定知名度的中国改革智库，之所以能立足海南，是因为始终坚持以高度的使命感、责任感关注海南、研究海南；之所以能得到海南上上下下的关注、支持，是因为持之以恒地以"跳出海南看海南"的视角策划海南、建言海南；以前瞻性、战略性研究主动地服务于省委、省政府政策决策，为海南的改革开放和发展尽心竭力。

一、从研讨特别关税区到建议设立自由贸易港

海南因改革开放而生，因改革开放而兴。习近平总书记在庆祝海南建省办经济特区30周年大会上指出："海南经济特区是我国经济特区的一个生动缩影，海南经济特区取得的成就是改革开放以来我国实现历史性变革、取得历史性成就的一个生动缩影。"[②]30多年来，我时刻没忘邓小平同志1987年讲的一句话，他说："我们正在搞一个更大的特区，这

[①] 《解码中改院——建言改革开放，逐梦自由贸易港，走出了社会智库发展新路子》，《海南日报》2021年10月30日。
[②] 习近平：《在庆祝海南建省办经济特区30周年大会上的讲话》，人民出版社2018年版，第4页。

就是海南岛经济特区……海南岛好好发展起来，是很了不起的。"[1] 这个"很了不起"，鼓舞了多少人为之努力探索。

2018年4月13日，当我在现场聆听习近平总书记宣布，"党中央决定支持海南全岛建设自由贸易试验区，支持海南逐步探索、稳步推进中国特色自由贸易港建设，分步骤、分阶段建立自由贸易港政策和制度体系"[2]时，我真的激动万分。这是海南30年不懈的探索，是全省上下的期盼，也是我和中改院同事们痴心多年的"海南梦"。为了这件事，我们期盼了30多年，努力了30多年，建言了30多年。30多年来，我与中改院的同事们亲眼见证和参与了海南探索"大开放"的历程，其中的辛酸苦辣鲜有人知。

1. 研讨特别关税区的日日夜夜

（1）建院当天高规格研讨特别关税区

1991年11月1日，建院第一天，中改院举行了中国（海南）改革发展研究院成立大会暨海南对外开放战略研讨会，重点研讨海南设立特别关税区。可以说，这次会议在海南改革开放进程中具有特殊的意义。

在这次会议上，时任海南省长刘剑锋的发言主题是"实行'大开放'方针　加快海南改革开放步伐"。在为期两天的会议中，大家深入研讨了海南深化改革、扩大开放的战略思路和务实措施，从不同角度、不同侧面研讨海南进一步扩大对外开放、加快经济社会发展的战略选择，提出了许多具有建设性和可操作性的意见和建议。

研讨会上，与会领导和专家、学者所达成的共识是：海南作为全国最大的经济特区和综合改革试验区，在20世纪90年代争取一个较大的发展，唯一的选择就是加快改革开放的步伐，坚定不移地实行"大开放"的方针。会上，中国经济体制改革研究会创始会长安志文概括道："大开

---

[1] 《邓小平文选》（第三卷），人民出版社1993年版，第239页。
[2] 习近平：《在庆祝海南建省办经济特区30周年大会上的讲话》，人民出版社2018年版，第11页。

放的实质性含义，就是根据中央建设大特区的要求，在海南实行比其他特区更特殊的政策和体制。"刘剑锋在会议总结时感慨地说："我们在海南工作的同志，在这个会上尤其感到心情激动，因为我们有这么多的支持者发表了这么好的意见，使得我们在海南工作信心更大了，可以说壮了我们的胆，我们学到了很多的好东西，这是大家的共同感受。"

这次会议在海南和全国反响很大，掀起了省内外关于海南实行大开放的热烈讨论。新华社、《人民日报》、《海南日报》，以及香港的《明报》《文汇报》都对此作了大篇幅报道。

（2）形成《建立海南特别关税区可行性研究报告》

中改院成立后，就把建立海南特别关税区作为重大研究课题之一，并组成"建立海南特别关税区"研究组。1992年5月，形成《建立海南特别关税区可行性研究报告》（征求意见稿），报告分为五个部分：第一部分是建立海南特别关税区的过程和背景。第二部分是关于建立海南特别关税区的基本含义，提出建立海南特别关税区的重大体制和政策问题。第三部分分析了建立海南特别关税区涉及的"一、二线"管理的若干重大问题。第四部分从5个方面分析海南设立特别关税区的条件。第五部分概略地提出建立海南特别关税区需要统一认识问题。报告吸收了有关方面的建议和意见，并在一定程度上反映了海南社会各方面要求建立海南特别关税区的呼声。

同年5月30日，中改院在人民大会堂海南厅举办建立海南特别关税区可行性研究报告咨询会。这也是迄今为止中改院唯一一次在人民大会堂开会。相关部委领导、经济领域的一些重要官员和专家共40余人出席了会议。特别令我感动的是著名经济学家蒋一苇老先生抱重病参加这次会议。会前，我到电梯口接他时说："蒋老，您也来了。"他说，"福林，这个会这么重要，我一定来！"老先生在会上讲了很长一番话，给了我们很大鼓励。

会上，我扼要介绍了中改院起草的《建立海南特别关税区可行研究报告》基本框架，得到了大家的一致赞同，认为报告阐述的建立海南特别关税区的基本思路是正确的、可行的。专家提出，中改院已经拿出了比较系统、成熟的建立海南特别关税区可行性研究报告，为尽快建立海南特别关税区奠定了一个很好的基础。

我至今十分清楚地记得，时任外经贸部国际联络司司长龙永图提出了一个至今都十分有国际视野、又有重要政治价值的建议。他从中国香港、中国澳门、中国台湾等申请加入关贸总协定说起，单独关税区在国际上是个很清楚的概念，中国香港、中国澳门都是以单独关税区的身份加入了关贸总协定。如果在中国恢复关贸总协定缔约国地位那天，我们同时宣布台湾和海南作为中国的两个单独关税区加入关贸总协定，那么在政治上可能对我们很有利。与会嘉宾都认为，他的这个意见是一个既符合国际规则，又有政治价值的建议，值得深入研究。

1992年7月1日—2日，中改院在海口举行了建立海南特别关税区国际咨询会。经过两天的深入研讨，与会专家一致认为，中改院形成的《建立海南特别关税区的可行性研究报告》，观点鲜明、论述透彻、论据充分、令人信服。会上，来自国内外的百余位专家对在海南建立特别关税区的意义、可行性及实施关键等问题进行了多角度、全方位的探讨。大家共同的看法是：建立特别关税区是加快海南改革开放，实现经济高速发展的根本出路。

会上，大家十分赞同时任海南省委书记邓鸿勋提出的"建立海南特别关税区已经到了应当决策、抓紧行动的时候了"的观点。经过两次咨询会，中改院"建立海南特别关税区"研究组根据专家意见对可行性研究报告进行了修改，并于8月3日形成《建立海南特别关税区可行性研究报告》。此次研讨会后，省内外已经有了比较一致的认识，并且呼声和愿望越来越强烈。

（3）在省委常委会上建言"建立海南特别关税区"

1992年年初，深圳有同事给我打电话，告诉我邓小平同志在深圳视察的消息。我一听，马上兴奋起来，真的感觉到希望又来了。邓小平同志视察深圳的消息传开，海南上下随即又掀起了一场建立海南特别关税区的研究、议论热潮。在海南再造社会主义"香港"成为街头巷尾、茶余饭后人们议论的焦点。1991—1993年，中改院连续召开多场有关海南走向大开放的研讨会。在会上，大家谈的最多的就是，"在海南再造'香港'，甚至是世界最大的自由港，这是改革开放的一个创举，是建设有中国特色社会主义的一个重要创造，是社会主义发展史上前所未有的大事"。

1993年春节前，海南省委召开会议传达中央有关海南省主要领导人事变动的决定。记得春节期间的一天，新任省委书记找到我说："过几天要召开一次省委常委会，讨论海南下一步的改革开放，你作专题汇报。"我思来想去，建立特别关税区是海南实行大开放、大改革、大开发的重大选择。我回到省体改办和同事们商量，尽管还不清楚省委主要领导意图，可是作为省委的智囊机构，客观汇报是职责所在。

在我印象中，这是新任省委主要领导就任海南后的第一个省委常委会，由我先作专题汇报。汇报时，我第一句话就说："我今天汇报的主题是'以特别关税区为目标加快海南改革开放进程。'"当时，领导说，他对这个问题有自己的认识。我用半小时的时间从几个方面作了汇报。在我看来，第一，设立海南特别关税区是一个经济管理权限的概念，而不是政治体制概念。第二，设立海南特别关税区是海南特区更加开放的战略决策，有利于吸引外资，促进海南岛的发展。第三，设立海南特别关税区，有利于海南和内地经济的共同发展。第四，设立海南特别关税区，只要管理跟得上，是不会出现大问题的。第五，设立海南特别关税区，不会影响我国其他特区的发展。听完我的汇报后，领导认为条件还不是很成熟，需要进一步研究，由此我的建议也只能暂搁置了。

2. 国际旅游岛上升为国家战略

（1）低潮中的海南出路何在？提出"从区域开放转向产业开放"

经历海南30多年发展进程的人，都会对20世纪90年代中期那段历史记忆犹新。1995—1997年，是海南经济增长速度最慢的几年，1995年全国倒数第一，1996年全国倒数第二。1997年春季，海南省委理论研讨会在中改院召开，当时正厅级以上干部都参加了。我在会议发言中提出，"海南已经进入全国发展的最低行列。"为此，还拿出了公开报道的依据，这引起了与会领导的高度重视。

为什么当时海南发展会陷入低谷？在我看来，海南由热到冷，事实上反映了各方对海南的政策预期与信心发生了重大变化。建省初期，海南作为中国最大的经济特区，走向大开放的良好预期在短时间内吸引了大量企业、资金和人才。当时全国各地流传着"要挣钱，到海南"的口号，随之"十万人才下海南"。但是，随着海南特别关税区研讨的终结、海南开放政策的变化及国家对房地产调控政策的出台，一路高歌猛进的海南房地产热顿时被釜底抽薪，大批企业撤出海南，人去楼空，反映了各方对海南走向大开放期望的落空。

（2）提出"从区域开放到产业开放"

1999年，中改院开始启动新世纪海南经济发展战略研究任务。我担任课题组长，经过几个月的加班加点，课题组于2000年3月形成了《2000—2010年海南经济发展战略研究报告》和农业、旅游、科技、生态、人力资源5份专题报告。2000年9月，这份研究成果在海南出版社正式出版，书名为《以产业开放拉动产业升级——中国加入WTO背景下的海南经济发展战略》。在本书的总报告中，我们提到"海南应当顺应加入WTO的要求，及时转变开放战略，从过去以区域开放为主转变为以产业开放为主。海南应当采取切实有效的步骤，加强与台湾的经济合作，与港澳的经济合作，与国内先进省市的经济合作，与周边国家的经济合作"。

时任省委主要领导还为此书作了一篇《抓住机遇　加快发展　走特色经济之路》的序言。序中指出，"以产业开放拉动产业升级，实现海南经济持续快速增长，这一战略性的发展思路，我认为是符合海南实际的，是正确的"。

（3）正式提出"国际旅游岛"

海南产业开放从哪里突破，成为当时的研究重点之一。我们经过比较研究提出，产业开放的关键在于旅游业，通过旅游产业的开放，将海南的资源优势转化为现实的经济优势、发展优势。基于这一判断，2000年我们提出了"国际旅游岛"的概念，其基本内涵是在旅游产业领域范围中，对外实行以"免签证、零关税"为主要特征的投资贸易自由化政策，有步骤地加快旅游服务自由化、国际化进程。

对于"国际旅游岛"的概念，也有人不赞成。有人说，海南是一个省，还有这么广袤的海洋，怎么叫国际旅游岛呢？也有人说，国际旅游岛能取代大经济特区吗？我就琢磨，要不然干脆叫"旅游经济特区"。2006年，我和龙永图在博鳌参加世界海外华商大会，他对我说："'国际旅游岛'是多好的概念啊，可千万别叫'旅游经济特区'，大家都知道海南是个岛屿，'国际旅游岛'念起来也好，不要改！"我听了他的建议后又反复琢磨，觉得很有道理。从此以后，"国际旅游岛"的提法没再改变过。

（4）《海南国际旅游岛建设行动计划》在省政府新闻发布会正式发布

从2000年首倡"海南国际旅游岛"一直到2009年，我带着中改院的研究团队一直为海南国际旅游岛鼓与呼。2002年1月8日，提出"建立海南国际旅游岛（框架建议）"，正式提出了国际旅游岛的内涵及配套政策，并建议未来1~2年，需要寻求以国际购物中心建设、教育、医疗产业开放等为重点的重大政策的突破，以为努力实现这一目标提供重要的政策支持。

2007年4月26日召开的中共海南省第五次党代会明确提出："要以建立国际旅游岛为载体，全面提升旅游开发开放水平。"这是海南省委第一次正式作出建设国际旅游岛的决策。省第五次党代会召开后不久，按照海南省委主要领导的要求，中改院专门成立课题组，经过两个多月紧张的研究，形成《推进海南国际旅游岛（方案建议）》，提出了海南国际旅游岛的现实背景、基本内涵、总体目标、总体布局、政策框架、综合改革措施、组织实施等，并建议推进以国际旅游岛建设为重点的海南综合改革。2007年6月，由国家发展改革委牵头的中央六部委来海南就建设国际旅游岛问题进行调研，海南省政府将中改院的研究建议报告作为主要材料向中央六部委联合调研组进行了汇报。

2008年4月，根据海南省委主要领导的要求，我和同事们加班加点，形成了《海南国际旅游岛建设行动计划》的研究建议报告。在这份报告中提出，建设国际旅游岛需要加快旅游服务的国际化进程，推进旅游要素的国际化改造。几天后，省委、省政府在海南国宾馆召开了庆祝海南建省办经济特区20周年的理论研讨会。我向省长提到我们已经向省旅游局提交了《海南国际旅游岛建设行动计划》。省长一听，赶紧找来当时分管旅游的副省长和省旅游局局长，说"就以中改院的报告为底本，赶紧向国务院申报！"经省政府常务会议讨论通过，2008年4月25日，海南省政府召开新闻发布会，正式发布《海南国际旅游岛建设行动计划》。

（5）十年呼吁国际旅游岛建设上升为国家战略

2009年6月，中改院课题组形成了《海南国际旅游岛政策需求与体制安排（16条建议）》。报告提出：未来5~10年，国际旅游岛建设的重点任务是建设"四区"，即建设旅游业高度开放地区、相关服务业先行开放地区、全国第一个环保特区、以统筹资源为重点的综合改革试验区。这份研究报告成为省委、省政府向中央相关部委来琼调研组汇报时的主要背景材料。

2009年12月31日，国务院发布《关于推进海南国际旅游岛建设发展的若干意见》（以下简称若干意见），海南国际旅游岛建设正式步入正轨。若干意见公布后，在国内外掀起了一阵热潮。这也成为各大媒体关注的热点话题。一时间，来采访我的媒体很多。

国际旅游岛从酝酿、倡议、讨论，写入省党代会报告再到上升为国家战略，历经近十年，十分不易。我认为，作为一个智库，只要符合中央意图，符合发展方向，符合实际问题，应当敢于建言、不断建言。

3. 从打造"国际旅游岛升级版"到"建立自由港"

（1）提升国际旅游岛的国际化水平

2013年，习近平总书记视察海南时明确提出，当前和今后一个时期，海南发展的总抓手就是加快建设国际旅游岛。国际旅游岛建设步入正轨以后，我和我的同事们进一步思考，在新的时代背景下，应当如何定义海南国际化？如何提升海南的国际化水平？这是一项全局性、现实性很强的工作。经过研究，我们总的考虑是：适应全球服务贸易发展的大趋势，抓住我国"一带一路"建设和服务型消费需求快速增长的新机遇，以服务业市场开放为重点，把扩大国际化产品与服务供给作为海南扩大开放、推进供给侧结构性改革的重要举措。

记得2017年，我曾与女儿去珠海长隆国际海洋度假区游玩，它提供的国际化产品与国际化服务给我的感触特别深。例如，一场马戏表演由来自十多个国家的演员演出，应该说是一台具有国际化高水准的马戏表演，观看节目的大部分是中国人。长隆的酒店里有许多餐厅，服务水平是国际一流的。我认为，海南要是有几个这样的旅游产品，将对国人产生强大的吸引力。可惜的是，现在海南还没有一个这样的大型文化娱乐项目。这也使我思考，海南国际旅游岛的国际化内涵到底是什么？在我看来，海南的国际化，国际游客数量占比固然重要，但更重要的是要为国人提供国际化的旅游产品与国际标准的服务。

（2）建议"适时建立海南自由贸易区"

2017年，海南即将迎来建省办经济特区30周年，如何谋划下一步海南发展战略，成为中改院当时研究的重大课题。6月16日，我带领中改院课题组形成了《打造海南国际旅游岛升级版（15条建议）》，并在当天下午向省长作了专题汇报。6月20日，我们又向省委书记作了专题汇报。这两次汇报都是以"打造国际旅游岛升级版"为主题，并建议争取国家支持，宣布海南成为自由贸易区，在海南实施更加开放的政策。

（3）彻夜未眠，提出建立海南自由港

2017年6月底，我接到了海南省委主要领导的电话，提出"希望中改院充分发挥改革智库的作用，对海南深化改革开放可以提出大胆、超前的建议。"我直接到办公室召集同事们讨论。经过反复思考、论证，加班加点，我们用了不到半个月的时间，于7月中旬向省委、省政府正式提交了《以更大的开放办好最大的经济特区——关于海南全面深化改革（44条建议）》，并于7月18日向省委作了专题汇报。该报告鲜明地提出，"把建立自由港作为海南实现更大开放的重大战略选择"，并建议把建立海南自由港作为贯彻落实党的十九大精神的重大举措。

2017年7月底，中央有关部委和海南省在北京召开海南发展战略专题研讨会，当时有20多位官员和学者参加。我委派中改院研究人员带着"44条建议"去参加会议。会议一结束，同事就给我打电话说会议研讨的第一个议题就是自由贸易试验区和自由贸易港的区别与联系。我一听到这个消息，意识到海南又将迎来一次重大历史机遇，走向大开放的"海南梦"又有希望了。一想到这里，我激动得整晚都睡不着，又体会到了初来海南时的那股冲劲儿。第二天一早，我就组织研究人员讨论研究，主题就聚焦在"海南自由贸易港"上。

8月3日是我的生日，这一天，中改院主动形成了《建立海南自由港方案选择与行动建议（16条）》，我将报告送到了省委书记办公室。他很重视这份报告，提出增加"中国特色"相关建议。这样，又增加了4条，最终形成了《建立海南自由港方案选择与行动建议（20条）》，这份材料也成为向由国家发展改革委牵头、35个部委组成的国家调研组的汇报材料的两份附件之一。

4. 新闻联播采访时忍不住哽咽

（1）主动向中央报送内参件

2017年10月18日—24日，中国共产党第十九次全国代表大会在人民大会堂举行。党的十九大报告明确提出,"赋予自由贸易试验区更大改革自主权,探索建设自由贸易港"。这引起了全国乃至全世界的关注。上海洋山港、浙江舟山港、深圳盐田港,多地释放出了信号,跃跃欲试。

据了解,对海南建立自由贸易港,相关方面的疑虑很多。有的认为海南的条件还不太具备,建设自由贸易港的时机不太成熟。有的认为,海南的干部队伍能承担起这个艰巨任务吗?还有的认为,海南经济基础差,在这么一个欠发达、外向度低的省份建立开放程度最高的自由贸易港,能行吗?有一次在中央某部委的走廊里,有位领导遇到我说:"迟福林,你老呼吁海南建立自由贸易港,海南这样一个情况,能搞自贸港吗?"

面对这些疑虑,我真是忧心忡忡,感到海南不能再失去这一次机遇。作为一名学者,有必要反映自己对海南的研究与思考。2018年2月8日,我主动邀请了新华社记者到中改院,向他谈了自己的主要考虑。我提出,落实党的十九大报告"探索建设自由贸易港",海南应一马当先。我的主要看法是,要从国家战略全局分析判断建立海南自由贸易港。在这个判断下,我重点就各方疑虑海南是否有条件建设自由贸易港作了针对性的回应。后来该记者编写了题为《专家建议设立海南自贸港服务国家战略需求》的稿件,经新华社内参编发。

(2)现场聆听习近平总书记宣布探索建设自由贸易港,激动万分

2018年4月13日,习近平总书记在海南建省办经济特区30周年庆祝大会上郑重宣布,"党中央决定支持海南全岛建设自由贸易试验区,支持海南逐步探索、稳步推进中国特色自由贸易港建设,分步骤、分阶段建立自由贸易港政策和制度体系"[①]。会场响起了经久不息的掌声。在现场听到这个决定,我真的十分激动。

---

① 习近平:《在庆祝海南建省办经济特区30周年大会上的讲话》,人民出版社2018年版,第11页。

会议结束后，我赶回院里参加中改院举办的纪念海南建省办经济特区30周年以"以更大的开放办好最大的经济特区"为主题的《我的海南梦》《策划天涯30略》新书发布会。新书发布会前，中央电视台《新闻联播》记者赶到中改院来采访我。本来，我还比较冷静，当说到"总书记代表党中央郑重宣布，在海南全岛建立自由贸易试验区，再分步骤、分阶段来建立中国特色自由贸易港，真的，全场很激动"时，我不知怎么，哽咽地说不出话来，"因为为了这件事情，我们期盼了30年，有了这一条，海南真的会实现我们的海南梦"。当时，我还请同事反复叮嘱记者，不要播出我激动的这一段。

4月14日的《新闻联播》还是播出了采访。一时间，网上的讨论很多。同事告诉我，共青团中央的微信公众号一篇《昨晚〈新闻联播〉中的这一幕，让无数网友为之动容……》的帖子，引来无数跟帖和转载。女儿和我开玩笑，"爸爸，你成网红了"。一位传媒界的老朋友给我发来信息："老迟，这是最好最真实的采访！"我的同事也收到很多信息，"为你们迟院长30年的不懈追求、不放弃感到敬佩"。播出当晚，我接到一位老朋友给我发来的一段话，"看到您泪洒央视，很受感动。"他还为此作了一首小诗："又听迟君哽咽声，只因怀梦三十年。闻者泣下谁最多，当年天涯独行人。"

海南终于迎来建设自由贸易港这一千载难逢的历史机遇，在对海南未来发展充满期待的同时，我更感觉到了肩上沉甸甸的压力，更多的是研究思索怎么才能把海南自由贸易港这篇战略大文章做好，怎么才能不辜负各方对海南的高度期望。自此，我和中改院同事们将深化海南自由贸易港研究作为主要工作。

（3）有责任才有追求，有情感才能坚守

为庆祝海南建省办经济特区30周年，中改院2018年4月13日下午举办了《我的海南梦》《策划天涯30略》两本书的新书发布会。这两本书，是我和中改院向海南建省办经济特区30周年的一份献礼！那天的新书发布会，来了很多老朋友、老熟人，也有不少和我一样的30年"闯海人"。

当时在会上，我讲了一段话，"有责任才有追求，有情感才能坚守"，"在座的很多老朋友，和我一样，将自己的青春留在了海南大特区这片热土。30年来，正是对海南改革发展的责任感，使得我和我的团队从来没有放弃过建言海南；正是对海南的情感，使得我们坚守在自己的岗位上。30年来，我和大家一样，努力争做一名热土赤子"。

二、"下半辈子就做自贸港这件事！"

记得2018年4月13日习近平总书记宣布"支持海南逐步探索、稳步推进中国特色自由贸易港建设"后的第三天，时任海南省长沈晓明找到我说："省委、省政府决定设立海南自由贸易港研究院。老迟，只给你个牌子，不给编制，怎么样？下半辈子就做自贸港这件事。我们能够亲身推动自由贸易港的建设，参与这个过程，终身无悔啊！"省长的话说得很重，我当即就表了态，"请省长放心，中改院、我本人为这件事情一定竭尽全力！"至今，我十分清楚沈晓明省长这句话的分量，始终把这句话牢记在心。我是这样想的，也努力这样做。不断为加快建设海南自由贸易港发声，已成为我与中改院同事的自觉行动。

1. 从中国特色自由贸易港研究院到海南自由贸易港研究院

2018年5月9日，海南省政府正式批复同意成立中国特色自由贸易港研究院，由中改院牵头。研究院不设编制、不设级别，主要职责是以自由贸易试验区、自由贸易港的理论和政策研究为特色，开展有关课题研究、参与重大问题的讨论和决策、提供人才培训服务等。

中国特色自由贸易港研究院是一个研究平台，组建专家委员会、充分发挥专家"大网络"的作用成为成立后的首要工作。5月20日，中国特色自由贸易港研究院专家委员会第一次会议在北京召开。会议主要就专家委员会组成方案、专家委员会章程、中国特色自由贸易区（港）建设迫切需要重点研究的重大课题进行了讨论。6月27日上午，中国特色自由贸易港研究院成立大会暨揭牌仪式在中改院举行，省长还专门为此作出批示。

为把中国特色自由贸易港研究院进一步做实和做强，2023年9月26日，刘小明省长主持召开省政府专题办公会，就此进行了讨论。参加会议的省委、省政府相关厅局的主要领导一致表示按照民办非企业的性质定位，注册为社团法人。问题在于"挂靠"在哪。按照相关规定，一般要"挂靠"在省直厅局。我至今清楚地记得，刘小明省长在会上讲的一段话，"做实自由贸易港研究院，是书记与我的共同意愿，目的是支持中改院，支持老迟继续为自贸港的研究作出贡献！"由此，海南自由贸易研究院便"挂靠"在中改院。刘小明省长特别强调，有关厅局要抓紧办理此事。2024年1月22日，省民政厅正式批复同意海南自由贸易港研究院成立登记。按照民办非企业法人单位管理规定，海南自由贸易港研究院设立理事会，由我担任海南自由贸易港研究院院长。

2. 尽心竭力，形成若干研究建议

海南自由贸易港研究院从建立开始，就按照中改院"小机构、大网络"的模式运作。在只有几个人的条件下，这些研究骨干与我一起几乎没休息过节假日，加班加点成为常态。比如，郭达副院长经常加班到深夜。我真的不愿意他们和我一样如此辛苦，但郭达他们形成了工作习惯，再苦再累，再加班加点，也要把事情完成。

本着这样一股永不言弃的劲头，我和同事们形成了大量的研究成果：形成政策建议、研究报告、考察报告、调研报告等各类研究成果近140份、300余万字；撰写出版《开放热土》《众论海南自由贸易港》《策论海南自由贸易港》《逐梦自由贸易港》《高水平开放的海南自由贸易港》等图书；即将出版《RCEP下的海南自由贸易港》《封关运作背景下的海南自由贸易港》《海南自由贸易港法治保障》三本图书。

同时，海南自由贸易港研究院积极发挥平台作用：一方面，委托国内外知名专家开展19项专题研究，重点围绕海南自由贸易港财税、金融、法律、人才、数据、资金自由流动、国际旅游消费中心等方面开展专项研究；另一方面，汇聚国内外高层专家举办学术交流研讨活动57场，开展国际学术调研，形成会后成果111份，部分学术交流研讨成果得到国家相关部委和省委、省政府主要领导多次批示。海南自由贸易港研究院在进一步扩大自由贸易港国际影响力，凝聚共识、增强信心、形成合力等方面发挥了重要作用。

3. 发起成立海南自由贸易港－东盟智库联盟

中改院与海南自由贸易港研究院于2021年12月在中国－东盟高级别智库论坛上，发起成立海南自由贸易港－东盟智库联盟倡议，得到了印度尼西亚、柬埔寨、泰国、马来西亚、菲律宾、新加坡、越南、老挝等东盟国家智库及我国相关智库的积极响应、支持和参与。

2022年4月21日，在博鳌亚洲论坛年会期间，海南自由贸易港－东盟智库联盟正式成立，成为博鳌亚洲论坛年会的重要成果之一。东盟秘书处致信表示，建立东盟和中国间的智库网络将为各政府决策两者经贸关系提供强有力的基础，期待加强合作。中国－东盟中心致贺信表示，相信智库联盟将成为本地区智库交流与政策互鉴的重要平台，为推动区域经济一体化和中国－东盟全面战略伙伴关系深入发展注入新的活力。

智库联盟成立后不久，我了解到5月12日—13日美国与东盟特别峰会即将召开的信息。这让我意识到，如果智库联盟第一次工作会议开好了，将产生重要影响。因此，我们积极与智库联盟成员联系沟通，最终于5月13日顺利召开智库联盟第一次工作会议。这次工作会议，新加坡、越南、菲律宾、马来西亚、柬埔寨、泰国、印度尼西亚等国的14家智库联盟成员出席，引起各方普遍关注，并取得了广泛影响。会议当天，新华社、《光明日报》、中国新闻社、中国网等国内主流媒体向外发布会议消息，中国日报网全文刊载会议主要发言内容并同时以英文版本发布。《光明日报》于5月15日刊登《海南自由贸易港－东盟智库联盟：汇聚加强中国东盟合作的智力支撑》一文，该文指出，"在世界局势发生急剧深刻变化的当下,如何更好地维护东南亚区域和平稳定、促进区域共同发展,是相关国家智库需要深度思考、相互交流、持续发力的问题","中国与东盟经贸合作具有很多务实举措,其中一个重要体现就是海南自由贸易港这一战略枢纽。"

三、坚守"重要开放门户"的国家战略

《海南自由贸易港建设总体方案》明确提出,"将海南自由贸易港打造成为引领我国新时代对外开放的鲜明旗帜和重要开放门户。"[①] 我理解为,这是中央建立海南自由贸易港的重大战略目标与战略定位。

"跳出海南看海南",这是我与同事们建言海南的基本立足点。2018年以来,我在多个公开场合讲,建设海南自由贸易港绝不是海南的"自娱自乐",也不只是一个区域经济发展战略,而是服务国家对外开放大局的国家重大战略。我们理解为,在全球经济政治格局深刻复杂变化的大背景下,中央将中国特色自由贸易港落地海南,就是要充分发挥海南地理区位独特及背靠超大规模国内市场和腹地经济等优势,在中国-东盟全面战略合作中发挥重要枢纽作用。

1. 尽快形成海南自由贸易港总体方案

习近平总书记宣布在海南探索建设自由贸易港后,各方对此高度关注,也有一些疑虑。有人认为太乐观,海南曾几次错失机遇,这次建设自由贸易港就能做好吗?这让我意识到,原来并不是所有人都深刻意识到海南自由贸易港建设的重大意义。

2018年6月29日,我们向省委、省政府提交了《尽快形成海南自由贸易港总体方案(20条建议)》,提出要以服务国家战略为目标进行总体方案的设计。我们建议,把海南打造成为我国面向太平洋和印度洋的重要对外开放门户,这是海南贯彻落实习近平总书记"海南要坚持开放为

[①]《中共中央 国务院印发〈海南自由贸易港建设总体方案〉》,2020年6月1日,中国政府网。

先，实行更加积极主动的开放战略"重要指示精神的战略行动，是推动南海和平稳定发展的战略行动。

2. 2018年最后一天形成海南自由贸易港初步设想

2018年10月16日，《中国（海南）自由贸易试验区总体方案》正式印发。方案公布后，文件内容与国内其他自由贸易试验区的方案差别不大，在一定程度上影响了各方面对海南自由贸易港建设的预期。海南走向大开放，是我最初来海南的一个梦想。在学习理解贯彻中央精神的大前提下，怎么立足当前，着眼长远，结合海南省情提出海南自由贸易港建设总体方案？我觉得自己有责任、有必要认真研究，力争提出一个有前瞻性、参考性的海南自由贸易港总体框架方案，以服务决策参考。

2018年11月中旬，中改院组成了由我牵头的"海南自由贸易港总体方案研究"课题组，对海南自由贸易港的战略目标与定位、政策与制度体系、从自由贸易试验区到自由贸易港的行动方案等进行专题研究。差不多两个月的时间，就集中做这一件事。经过数次讨论，12月上旬，我们初步确定了报告写作框架。之后，我与研究团队，加班加点，于12月28日一早形成了《海南自由贸易港初步设想（研究建议60条）》（征求意见稿）。当天下午3点，我们组织召开了"海南自由贸易港初步设想"专家座谈会，就形成的建议报告征求有关专家和相关部门意见，与会专家对这份报告高度认可。

根据专家座谈会的意见，课题组迅速对报告进行了修改，最终于12月30日晚上，正式形成了《海南自由贸易港初步设想（研究建议60条）》，12月31日也就是2018年最后一天正式提交给省委、省政府，也同时报给了相关部委。这份报告从服务国家重大战略大局出发，研究设计海南自由贸易港总体方案。应当说，对自由贸易港总体方案的研究，是中改院作为一个立足海南的改革智库的主动和自觉责任，这份报告虽然只是一个初步设想，但在当时起到了一个"敲门砖"的作用。

其实，在做这一课题前，我在一次身体检查中查出了左肺部有肿瘤，医生让我必须马上动手术，但是我没答应。与医院商量后，将手术推迟到2019年的1月2日。我憋着一口气，一定要在年底前完成初步设想的研究，这件事做完了，我才能安心上手术台。这件事，院里的同事并不知道。报告提交后的第三天，我于2019年1月2日住进了医院，4日上了手术台。

3. 加强海南自由贸易港与东南亚国家交流合作

（1）为什么"抓着东盟不放"

2024年7月，我带队到证监会国际合作司调研。在我谈到能不能支持海南自由贸易港市场建设的同时拉动中国与东盟市场连接时，一位司长插话道"您一直抓住东盟的事情不放"。我回应说，"加强与东盟交流合作，事关我国高水平开放大局"。我理解，在我国加快构建以国内大循环为主体、国内国际双循环相互促进新发展格局的特定背景下，将海南自由贸易港打造成为区域性"重要开放门户"，就是要使海南在促进中国与东南亚区域更深程度经贸合作与更广范围人文交流中扮演独特角色，发挥重要作用。

2020年6月，中改院承担了国家相关部委委托的"海南自由贸易港与东南亚国家交流合作研究"。经过几个月的深入研究，2020年9月，我们提交了《加强海南自由贸易港与东南亚国家的交流合作——打造"重要开放门户"的重大任务（15条建议）》，主要的建议是：一是争取将海南自由贸易港纳入RCEP协议。二是争取在海南自由贸易港建设"中国-东盟公共卫生风险联防联控合作示范区"。三是支持海南自由贸易港创设中国-东盟数字经济自由贸易区。四是支持落户海南的国内企业"走出去"在东盟国家投资建厂。五是支持海南率先放开面向东南亚国家的劳务市场。六是加快推进三亚国际邮轮母港建设，为条件成熟时推进双边、多边邮轮旅游合作创造条件。七是支持海南以洋浦为重点打造区域性能源运输、加工、战略储备、贸易交割及保障服务中心。八是支持海南自由贸易港与东南亚国家的人文交流。

（2）建立面向东盟的区域性大市场

2021年4月13日，在习近平总书记宣布建设海南自由贸易港3周年之际，中改院举办了以"建立面向东盟的区域性市场——加强海南自由贸易港与东南亚交流合作"为主题的研讨会。我在会上作了题为"建立面向东盟的区域性市场——推进海南自由贸易港建设的关键之举"的主旨演讲。为什么要将建立面向东盟的区域性市场作为"关键之举"？从战略意义看，这将在实现国家建设海南自由贸易港的战略目标、服务国家战略全局中发挥独特作用；从开放全局作用看，这有利于发挥海南在连接两个市场、两种资源中的重要枢纽、重要交汇点的独特作用；从重大影响看，这将明显提升海南经济流量，也将使东盟成为海南自由贸易港的重要合作伙伴。

我围绕努力实现建立面向东盟的区域性市场的重要突破、建立区域性市场的政策需求与制度创新等问题提出了具体建议。研讨会后，中改院在研究基础上结合相关专家观点，向推进海南全面深化改革开放领导小组办公室及省委、省政府报送了《关于在海南建立面向东盟的区域性市场（18条建议）》。推进海南全面深化改革开放领导小组办公室反馈特别好，希望能深入研究；省委主要领导也作了批示，认为利用好东盟这一活跃的市场是推动自由贸易港服务双循环新发展格局的重要关键，建议自由贸易研究院和中改院一起作些深化研究，推动几个标志性的项目。

（3）海南自由贸易港要成为中国-东盟全面战略合作重要枢纽

2022年4月底，国家相关部委联系中改院，希望中改院就海南自由贸易港在中国与东盟全面战略合作中到底能发挥什么作用作些研究。我立即组织研究人员着手研究，并于半个月后形成了《把海南打造成为中国与东盟全面战略合作的重要枢纽（18条建议）》。这份报告中，我们提出海南自由贸易港可以在中国与东盟全面战略合作中发挥四大作用：经贸合作自由经济区、公共卫生与健康合作示范区、蓝色伙伴关系核心区和全面人文交流特区。

4. "打造两个总部基地"被海南省委决策采纳

（1）RCEP生效后研讨"RCEP下的海南自由贸易港"

2022年1月1日，RCEP正式生效，标志着全球最大自由贸易区正式起航。海南自由贸易港地处RCEP的中心位置，如何抓住RCEP生效的重大机遇开展与东盟交流合作，如何在RCEP与中国大市场中发挥重要交汇点的特殊作用，是我当时考虑的重点问题。2022年3月6日，中改院主办了RCEP下的海南自由贸易港研讨会。会上，我作了题为"RCEP生效背景下的海南自由贸易港"的演讲。其中提到，依托区位优势，做好自由贸易港政策制度与RCEP的叠加集成，使海南自由贸易港在中国与东盟的市场联通、产业融合、规则衔接、要素配置中发挥枢纽作用，成为两个市场的重要交汇点。

（2）首次提出"两个总部基地"建议

我在演讲中提出，打造中国与东盟市场的重要交汇点，重在打造"两个总部基地"。其一，新形势、新背景下，引导、鼓励国内企业尽快以海南自由贸易港为总部基地，到东盟国家投资布局，推进中国与东盟产业链、供应链的一体化。这是大局、是大势，具有相当大的战略性、迫切性。其二，将海南自由贸易港打造成为中国与东盟合作交流的战略枢纽，要以全球与区域生产、销售、合作网络为依托，也需要以国际化的服务、人才、平台为支撑。

2022年6月1日，中改院、海南省社科联、海南改革发展研究基金会共同举办了"高水平开放的海南自由贸易港——打造'两个总部基地'的重大任务学术交流会"，200余名来自政府、科研机构、企业的代表参加了会议。在交流会上，我作了题为"把海南自由贸易港打造成为中国与东盟全面战略合作的重要枢纽——建设'总部基地'的战略目标与重大任务"的报告，系统提出了"两个总部基地"的基本内涵、现实需求、重点突破等相关建议。

（3）提出打造总部基地的具体建议

2022年12月22日，海南省委经济工作会议提出"打造中国企业进入东盟的总部基地和东盟企业进入中国市场的总部基地"①，"两个总部基地"正式上升为省委战略决策。2023年，海南省政府工作报告将"中国企业进入东南亚的总部基地和东南亚企业进入中国市场的总部基地建设取得明显进展"成为当年需要抓好的37项具体任务之一。这给予我们很大的鼓舞。

2022年12月30日，时任海南省委书记沈晓明主持召开专题会，研究利用自由贸易港区位优势，打造"两个总部基地"。会上，我围绕落实省委经济工作会议精神，争取总部基地建设有所突破，提出了四点建议：一是跳出海南看海南。发挥好海南自由贸易港打造总部基地的主要优势。二是尽快推出具有吸引力的优惠政策，发挥海南自由贸易港政策与RCEP规则叠加效应，使之具有较强吸引力与可操作性。三是争取以央企为重点实现总部基地建设的突破。四是以服务业市场开放促进总部基地建设。

5. 打造中国－东盟蓝色经济一体化重要枢纽

（1）提出"以合作引领治理"

2016年，在所谓"南海仲裁案"的背景下，我国经略南海的战略性、紧迫性明显增强。为此，我和我的同事就如何发挥海南在我国经略南海中的特殊作用开展研究。8月，中改院形成了《抓住机遇，加快构建"泛南海经济合作圈"（50条建议）》，正式提出了"泛南海经济合作圈"的构想。

随着南海形势的深刻复杂变化，我们建议要以合作引领海洋治理。单纯就争议谈争议、就治理谈治理，不仅不适应发展大势，也难以取得实质性突破。2023年12月9日—15日，我率团赴马来西亚吉隆坡、印度尼西亚雅加达，重点就RCEP、蓝色经济合作等问题进行调研，并与东盟秘书长等进行了交流。这次调研中，我最大的感受是东盟对加强与

---

① 《省委经济工作会议召开》，2022年12月22日，海南省人民政府网。

中国蓝色经济合作的需求非常大。正是在这个判断下，2024年1月，中改院提出《促进中国-东盟蓝色经济伙伴关系的行动方案》，提出中改院将力争打造中国-东盟蓝色经济合作的智力支持平台、国际交流平台、能力培训平台与企业投资合作促进平台。由此，为推进中国-东盟蓝色伙伴关系进程作出积极努力。

（2）倡议"中国-东盟蓝色经济一体化"

2021年11月22日，习近平主席在中国-东盟建立对话关系30周年纪念峰会上讲话提出，"构建蓝色经济伙伴关系，促进海洋可持续发展"[①]。2024年3月30日，中改院与中国海洋发展基金会、中国日报社、印尼战略与国际问题研究中心、马来西亚亚太"一带一路"共策会、海南自由贸易港研究院共同举办了"共筑蓝色经济伙伴关系——2024RCEP区域海洋经济青年对话"，这也是继2021年中改院举办蓝色经济与可持续发展研讨会后，第二次以蓝色经济为主题的高层论坛。来自新加坡、马来西亚、印度尼西亚、泰国、越南、菲律宾、柬埔寨、日本、澳大利亚、巴基斯坦等14个国家的智库和专家代表，国内相关部委、高校和科研机构嘉宾200余人参加本次会议。

我们认为，推动中国-东盟蓝色经济一体化，成为共筑蓝色经济伙伴关系的务实之举、特别之举。加快形成以蓝色经济为主题的中国-东盟自由贸易网络和一体化大市场，成为中国-东盟全面战略合作的重大任务。基于这个判断，我主张在这次论坛上发出"中国-东盟蓝色经济一体化倡议"。为更大范围凝聚共识，我们利用中改院正在开展"RCEP框架下蓝色经济发展能力培训班"的契机，征求了东盟学员的意见。在这个基础上，中改院、海南自由贸易港研究院联合印度尼西亚、马来西亚、柬埔寨等东盟国家主要智库学者，正式发布了"中国-东盟蓝色经济一体化倡议"，得到诸多媒体广泛报道。

---

① 习近平：《命运与共 共建家园——在中国-东盟建立对话关系30周年纪念峰会上的讲话》，人民出版社2021年版，第8页。

（3）打造中国－东盟蓝色经济一体化重要枢纽

南海问题是中国与东盟全面战略合作中绕不开的重大话题，也是海南自由贸易港建设必须面对的重大课题。海南是海洋资源大省，要发挥政策、资源优势，使海南自由贸易港在推进蓝色经济伙伴关系核心区建设方面取得重要突破；需要争取各方支持，共同推动建设蓝色经济伙伴关系核心区，在中国－东盟蓝色经济一体化中扮演重要枢纽角色。

我在2024年3月30日论坛上的主旨演讲中提出，海南自由贸易港有条件成为中国－东盟蓝色经济一体化的重要枢纽，即成为中国与东盟涉海商品与要素双向流动的大通道；促进中国与东盟涉海要素优化配置的枢纽集散点；连接中国与东盟国家涉海优质要素的中转、交易、配置大平台。这次会议后，中改院形成了《将海南打造成为中国－东盟蓝色经济一体化的重要枢纽（20条建议）》，提出了海南自由贸易港如何发挥枢纽作用的具体建议。

四、对标世界最高水平开放形态的海南自由贸易港

"自由贸易港是当今世界最高水平的开放形态。"海南自由贸易港本质在于对标世界最高水平的开放形态，加快建立与之相适应的一整套比较完整的、具有国际竞争力的开放政策和制度体系安排。

在一次专题调研座谈会上，有一位专家就提出自由贸易港、自由贸易试验区在本质上是一回事。对于这样一种观点，我当即以"自由贸易港是当今世界最高水平开放形态"作了回应。时至今日，无论是到中央部委调研，还是参加相关研讨，当有人将自由贸易试验区与自由贸易港等同时，我还是忍不住谈了自己的这一看法。

1. 尽快从"区"走向"港"

（1）编写《自由贸易试验区、自由贸易港100问》

在习近平总书记庆祝海南建省办经济特区30周年大会发表重要讲话和《中共中央 国务院关于支持海南全面深化改革开放的指导意见》发

布后，自由贸易港一时成为全社会乃至国内外舆论的"热词"。什么是自由贸易港？什么是自由贸易试验区？自由贸易港的国际经验有哪些？各方对于这些问题的阐释和理解，一下迸发出了很大需求。

这让我意识到，有必要尽快形成一本关于自由贸易区、自由贸易港的基础性、普及性的读本，便于社会各界，尤其是海南省领导干部能够更加通俗易懂地迅速了解自由贸易区（港）的基础知识。于是，我组织中改院、自由贸易研究院的研究人员，用了1个月的时间形成了《自由贸易试验区、自由贸易港100问》，分为上、中、下三篇，分别介绍了自由贸易区（港）的基础知识、国际案例和海南使命，成为当时省里第一本相对比较全面的科普读本。

（2）自由贸易港是全岛建还是局部建

习近平总书记在庆祝海南建省办经济特区30周年大会上发表重要讲话后的第10天，2018年4月22日，中改院在京召开了中国（海南）自由贸易港建设专家座谈会，主要目的是学习习近平总书记在庆祝海南建省办经济特区30周年大会上的重要讲话精神，就自由贸易港建设听取专家意见。会上，有位国家智库专家的发言令我吃惊。他的看法是，中央提出的逐步探索建设自由贸易港，只可能在全岛自由贸易试验区的基础上选择一些局部的地区，以建立一个海关特殊监管区的方式，探索建立一个自由贸易港。

我立即作了回应："我认为这个理解不符合习近平总书记讲话精神。我的学习理解是，海南自由贸易港绝不只是选海南的某个地方建自由贸易港，而是要全岛建，这是必须要明确的。在这个问题上，不要产生任何的误读。"针对这个问题，我与这位专家和他的研究团队进行了讨论。应该说，从海南30年实践看，建省初期我们搞政策倾斜性的开发区（如洋浦），是有过历史教训的。在全岛还不能实现"一线放开，二线管住"的情况下，搞一块地方把它隔起来，给它一些更特殊的政策，难度极大。

（3）"主动有为、跳出海南发展'怪圈'"

经常有人问我，海南如何跳出发展"怪圈"？什么"怪圈"呢？从海南的角度讲，中央赋予海南很多好政策，但由于相关部委放权不够，政策具体执行起来很困难；从相关部委的角度讲，中央给了海南很多特殊政策，关键是海南要用足用好。我认为，从实际情况出发，"怪圈"的主要矛盾在海南。如何跳出这个"怪圈"，对于海南自由贸易港顺利开局至关重要。对此，我在2021年海南省政协会上就如何跳出"怪圈"讲了自己的看法。第一，自由贸易港是一篇大文章，不能做小了。海南只有自觉、主动地把握和服务大局，才能赢得各方的支持，才能增强各方对海南的信心和预期。第二，自由贸易港是一篇长文章，不要做短了。尤其是要防止急功近利、只管眼前、盲目乐观三种倾向。第三，自由贸易港是一篇实文章，不要做虚了。尤其是要在产业发展、营商环境、基础设施等方面取得重要突破，由此来稳定预期、增强信心。第四，自由贸易港是一篇好文章，不要做歪了。千万不能再急功近利，防止再出现把好事儿做砸了、做歪了，甚至把好事儿做坏了。这些建议，应当说至今仍有现实意义。

2. 建议赋予海南更大改革开放自主权

2019年11月初，我接到省委正式通知，参加11月8日由国务院副总理在海口主持召开的专家座谈会，研究讨论海南自由贸易港的政策和制度体系安排。这次会议规格很高，财政部、海关总署等在内的推进海南全面深化改革开放领导小组成员、领导小组办公室、有关部门负责同志都参加了会议。

在这次会议上，我作了题为"以制度创新的重大突破加快推进海南自由贸易港建设"的发言。我提出，第一，制度创新的主要目标是赋予海南高度的经济自主权。第二，制度创新的关键所在是中央对海南的充分授权。建议由全国人大及国务院适时对海南进行一揽子法律法规授权，以使海关、财税、金融等重要制度创新尽快取得重大突破。第三，制度创新的特别之举在于实行特殊行政体制安排。我在发言中特别强调,这是海南30多年实践经验的总结,是海南自由贸易港实行最高水平开放的重要条件。

这次会前我专门到菜市场作了调研。我在专家座谈会上直言,中央宣布探索海南自由贸易港建设已近两年,但内外资本和市场主体仍有疑虑、仍在观望,本地百姓中也出现了一些声音。例如,物价太高是长期困扰海南的一个问题,尤其是蔬菜、水果、肉类的价格明显高于北京,而海南居民的实际收入又远低于北京。在这样的背景下,怎么尽快作出海南自由贸易港建设的"早期安排",怎么使百姓分享自由贸易港建设红利?

2024年8月8日,我参加了海南省委书记冯飞主持的专家座谈会,并再次建言争取尽快实现"早期收获"。第一,将博鳌乐城国际医疗旅游先行区、陵水黎安国际教育创新试验区的部分政策推向全岛,将乐城除"干细胞临床研究"外的其他医疗开放政策扩大到全岛;对标高精尖国际医疗与公共卫生水平,把博鳌乐城国际医疗旅游先行区定位为"国际性医疗硅谷";取消"医疗机构限于合资"相关规定;将"理工农医"类高校独立办学政策拓展到全岛;等等。第二,放宽境外专业人才在海南的执业准入。取消金融、会计、税务、仲裁等专业人才需要考试取得资格后才能提供服务的相关规定,改为备案制;贯彻落实党的二十届三中全会提出的"有序扩大劳务市场对外开放"的要求,率先引入技能型外籍劳工,建立面向东盟的国际劳务市场;等等。第三,实施岛内居民购买进境免税商品正面清单。封关的同时要明确岛内居民购买免税日用消费品的相关政策;有序放开免税市场准入,使各类免税经营主体在充分竞争中降低价格、提升服务质量;支持企业与香港联手共建免税购物产业链、供应链,降低某些免税商品价格,提高服务质量。

3. 建立与最高水平开放形态相适应的行政体制

(1)以特别之举办特别之事:实行特殊的行政体制安排

2018年以来,习近平总书记多次在重要场合对海南自由贸易港建设提出"加快"的要求。但多方担心和疑虑的焦点集中在海南现行的政府管理体制与政府工作效率能否担负起自由贸易港建设的重任上。2018年6月18日,我在省长主持召开的省政府专题会议上直言,海南行政效率问题各方是有议论的,评价是不高的,长期以来饱受诟病,对此要有清醒的认识。

海南30多年的发展实践一再证明,作为一个岛屿经济体,如果没有体制模式的重大突破,政策是难以落实的。在我看来,只有把体制模式创新与特殊政策相融合,才会产生巨大的活力、动力。2019年7月,围绕如何落实习近平总书记多次强调的"加快"要求,如何实质性解决政策与体制的突出矛盾,理顺海南与中央部委的关系,支持海南大胆试、大胆闯、自主改,中改院向中央提交了《加快探索建设海南自由贸易港进程实行特殊的行政体制安排(9条建议)》。主要建议是:第一,赋予海南高度的经济社会行政管理权。第二,授权海南按照境内关外的原则处理与境外的经贸关系。第三,在海南全岛设立国家海关特殊监管区。第四,加快建立与海南自由贸易港建设相适应的财税体制。第五,积极探索与行政体制改革相适应的司法体制改革。第六,为海南自由贸易港实行特殊行政体制提供法律保障。

(2)建议设立海南自由贸易港经济贸易委员会

2020年6月1日,习近平总书记对海南自由贸易港作出重要指示,强调"要把制度集成创新摆在突出位置"[①]。按此要求,省委就海南自由贸易港制度集成创新任务列出了17项参考题目,并要求主要围绕这些领域开展系统研究。我作为自由贸易港咨询委员会专家成员,承担《制度集成创新研究参考题目》中的第一项"党政机关和法定机构的设置、职能、权限、流程等制度集成创新"研究。

考虑到行政机构改革的复杂性、敏感性,我提出了以增量带动存量改革的思路,而这个增量的关键举措就是设立海南自由贸易港经济贸易

---

① 《习近平对海南自由贸易港建设作出重要指示》,新华社,2020年6月1日。

管理委员会。于是，6月17日，中改院课题组形成了《建立与最高水平开放形态相适应的高效率行政体制——关于海南行政体制改革研究（18条建议）》。在"18条建议"基础上，我们又进一步研究，聚焦重点，形成了《加快建立海南自由贸易港经济贸易委员会（8条建议）》，即对海南自由贸易港经济贸易委员会设立的目的、职能、路线等问题进行了系统阐述。主要建议是：第一，建立与最高水平开放形态相适应的高效率行政体制。当务之急是尽快在省级层面建立法定机构性质的海南自由贸易港经济贸易委员会，以此打造专业、高效、灵活的自由贸易港执行系统。第二，海南自由贸易港经济贸易委员会在法定职权范围内依法开展相关业务。第三，实现海南自由贸易港经济贸易委员会权责法定。第四，实行严格的法人治理结构。第五，建立以法定机构为主体的高效执行系统。第六，推动决策、执行职能相对分离。同时，形成"大部门制"的行政架构。

（3）建言推进立法、司法体制改革

适应自由贸易港建设的需要，一方面要提高海南立法、执法的效率与专业化水平，另一方面要实施与国际惯例接轨的司法规则和制度。为此，需要探索推进立法与司法体制改革，并赋予海南充分的行政体制改革自主权与特殊的立法权和司法权。为此，在"18条建议"基础上，中改院形成《探索适应海南自由贸易港建设的立法体制、司法体制改革（6条建议）》。主要建议是：在省人大组建专业高效的海南自由贸易港立法机构，可考虑两种方案。方案一：将海南省人大法制工作委员会改为海南自由贸易港立法工作委员会。方案二：海南省人大授予海南自由贸易港立法工作委员会一定的经济立法权，并向省人大报告。同时，完善海南自由贸易港仲裁体制机制。

4. 出台一部"最高水平开放法"

（1）承担全国人大委托课题，研究海南自由贸易港立法思路

2019年3月15日召开的十三届全国人大二次会议中，"启动海南自由贸易港法立法调研起草工作"被写入全国人大常委会工作报告。这标志着海南自由贸易港法正式提上国家立法日程。这是事关海南自由贸易港建设的一件大事，是推进海南自由贸易港建设的重要保障。6月，受全国人大财经委委托，中改院承担"海南自贸港建设的中国特色与法治保障"研究。我组织研究人员形成专题课题组开展研究，经过多次讨论，几易其稿，最终形成《推进海南自由贸易港立法的总体思路性建议（30条）》并报送给全国人大财经委。

2019年11月5日，全国人大财经委主要领导来琼调研期间，专门莅临中改院就此课题进行座谈。在这份报告中，我们明确提出要将"对标最高水平开放形态"作为立法的基本原则。全国人大财经委在结项意见中写道：研究报告论证充分、观点清晰，提出的建议紧密结合海南实际情况，具有前瞻性和针对性，对于开展海南自由贸易港建设专题研究有重要借鉴意义。

（2）建言《海南自由贸易港法（海南建议稿）》

2020年6月20日，就在《海南自由贸易港建设总体方案》公布后没多久，调整后的《全国人大常委会2020年度立法工作计划》对外公布，海南自由贸易港法立法工作按下了快进键。全国人大加紧就海南自由贸易港法进行调研。为配合全国人大做好海南自由贸易港法的起草工作，海南省人大常委会法工委组织人员起草了《海南自由贸易港法（海南建议稿）》。在这个背景下，继续深化海南自由贸易港法的相关研究并积极建言，成为我和我的团队当时的重点工作。

2020年7月6日，我收到了海南省人大常委会办公厅《关于征求〈海南自由贸易港法（海南建议稿）〉（修改稿）修改意见和召开海南自由贸易港法协助调研工作组专题会议的函》，希望就海南建议稿提出修改意见。对此，我们提出了四点建议：第一，海南自由贸易港法的性质是主体法，起到某些基本法的作用。第二，基本目标是赋予海南更大改革开放自主权，从法律上理顺中央与地方关系，确保总体方案各项制度与政策安排尽快落地，服务国家重大战略。第三，突出两个特点。一是框架法，需要明确海南自由贸易港的基本内涵、法律地位与性质、行政体制框架、贸易与投资制度、财税制度、金融制度、海关制度等。二是授权法，就相关制度集成创新涉及的中央事权给予统一法定授权。第四，按照框架法的要求，内容宜粗不宜细，特别是部分过渡时期的政策不宜纳入本法当中。

（3）向全国人大提交立法建议

2020年9月，全国人大形成的海南自由贸易港法草案向海南省征求意见。10月，我们在以往研究的基础上，向全国人大和海南省同时提交《〈海南自由贸易港法〉立法的思路性建议（19条）》。这份报告得到了全国人大和省委主要领导的批示。我们建议，海南自由贸易港法要从服务于将海南打造成为引领我国新时代对外开放的鲜明旗帜和重要开放门户的战略目标出发，充分体现对标世界最高水平开放形态的基本要求，对自由贸易港建设涉及的重大问题提供原则性、基础性的法治保障。

我们认为：第一，要明确"母法"的定位。要充分体现打造重要开放门户的战略目标，要充分体现习近平总书记提出的"解放思想、敢闯敢试、大胆创新"的重要论述；要充分学习借鉴国际自由贸易港的先进经营方式、管理方法和制度安排。第二，海南自由贸易港法是海南自由贸易港建设的"基本法"，规范海南自由贸易港法与其他现行法律的关系。第三，要突出"最高水平开放法"的基本要求。第四，要突出"创新法"的鲜明特点。第五，要突出"授权法"的关键所在。

（4）在全国人大两委座谈会上建议"形成一部最高水平开放法"

2021年1月26日，我受邀参加了海南自由贸易港法草案全国人大两委座谈会。这也是中改院第四次就海南自由贸易港法立法问题向全国人大建言。会上，我以"形成一部最高水平开放法"为题作了发言，建议对标当今世界最高水平开放形态，形成具有国际竞争力的开放政策与制度的法律安排。同时，把握国际经贸规则发展趋势，形成对标国际高水平经贸规则的法律保障。

五、打造制度型开放新前沿

我和同事们认为,世界百年未有之大变局加速演进下的海南自由贸易港,要以制度型开放形成高水平开放的突出优势。为什么?我们的基本考虑是:以服务贸易为主导,符合海南资源要素特点,符合我国经济结构转型大趋势。从2018年以来的6年实践看,海南服务贸易呈现快速增长态势,服务贸易规模从2017年的156.31亿元人民币提升到2023年的458亿元人民币(约合65亿美元),年均增长19.62%。以打造当今世界最高水平开放形态为基本目标的海南自由贸易港,就是要率先全面落实RCEP、率先对标CPTPP与DEPA等,实现规则、规制、管理、标准的对接,加快推动服务贸易新业态在海南落地、服务贸易新要素在海南集聚、服务业市场在海南不断拓展。

1. 提出以服务贸易为主导加快海南自由贸易港建设

(1)海南自由贸易港建设要以服务贸易创新发展为主导

海南建省办经济特区30多年的实践证明,没有大开放就没有大发展。国际旅游岛建设以来,如何以开放促进旅游、免税、医疗健康等服务业发展,始终是中改院研究的重大课题。2017年,中改院曾建议从服务贸易项下的产业开放走向自由贸易区。

(2)以服务贸易创新发展为主导研究设计海南负面清单的框架建议

2018年6月,中改院向省委、省政府报送了《以服务贸易创新发展为主导研究设计海南负面清单的框架建议(10条)》。我们建议:第一,服务贸易创新发展和服务业市场的全面开放,是海南区别于其他11个自贸区的重点领域。第二,下放海南负面清单制定和执行的自主权。第三,对标国际标准,按照"极简版、扩架构、高透明、可操作"的改革方向,按照服务贸易创新发展的要求,研究设计负面清单的总体框架和实施细则。第四,尽快建立适应负面清单管理的事中事后监管体制。

（3）提出优化海南自由贸易港跨境服务贸易负面清单的具体建议

2021年7月，海南实施了国内首张跨境服务贸易负面清单。问题在于，限制措施多达70项。而CPTPP中，新加坡跨境服务贸易负面清单共25项限制措施（不含金融），金融领域跨境服务贸易限制措施4项；香港与澳大利亚签署的自由贸易协定（2020年签署）中共16项限制措施（不含金融），金融领域跨境服务贸易限制措施5项。如何按照中央要求，对标世界最高水平开放形态，制定实施精简透明的跨境服务贸易负面清单，是一个事关海南自由贸易港开放发展的重大问题。

近两年，中改院相继形成了《对标世界最高水平开放优化海南自由贸易港跨境服务贸易负面清单管理制度（18条建议）》《优化海南自由贸易港跨境服务贸易负面清单（20条建议）》《海南自由贸易港跨境服务贸易负面清单缩减的具体建议》，呼吁将海南自由贸易港跨境服务贸易负面清单缩减到30项左右，并就此提出限制措施为33项的建议清单。

2.疫情中建言以打造"健康海南"王牌形成自由贸易港开局新亮点

2020年春节期间，我与同事们时刻关注着新冠疫情的防控进展。作为一名学者，我希望能够把自己长期研究积累和有针对性的建议反映出来，为各方决策提供一些支持。一方面，面对重大公共卫生危机，如何以"人民健康至上"的治理理念应对危机、化解危机，成为国家治理体系和治理能力现代化面临的重大考验；另一方面，2020年是海南自由贸易港的开局之年，突如其来的新冠疫情打乱了整个国家乃至世界的经济社会秩序，在这种严峻考验面前，海南自由贸易港如何开局？我真的很着急，从大年初八开始，就与几位同事在办公室深入研究。

当时我们分析认为，新冠疫情冲击下关键是打好"健康海南"这张王牌，以特别之举形成"健康海南"的独特优势。对此，提出了三点判断。第一，疫情在对旅游及相关服务业产生严重冲击的同时，也对"健康海南"提出迫切需求。第二，以"特别之举"打好"健康海南"王牌，将形成疫情后海南自由贸易港开局的新亮点。第三，"特别之举"的重中之重是开放。

基于以上三点判断，2020年2月20日，我和郭达副院长等同事加班加点、系统研究，并且数易其稿，最终形成并向省委、省政府提交了《以"健康海南"的特别之举形成疫情后自贸港开局的新亮点（8条建议）》。"8条建议"提交后，很快便得到了省长的重要批示，并指示分管医疗的副省长就"8条建议"具体研究讨论。

3. 建设全球最大免税购物市场

在中央支持下，2020年7月1日，财政部、海关总署、税务总局对海南离岛免税购物政策进行了史上最大力度的调整，在免税额度、品种、单次消费额度等方面实现了重大突破。与部分岛屿相比，海南初步建立了具有国际竞争力的离岛免税购物政策。但问题在于，海南免税购物市场始终面临着"有需求、缺供给"的突出矛盾。一方面，商品供给种类相对较少，价格相对较高；另一方面，服务体系建设滞后，在购物体验方面与中国香港和韩国等国际一流免税市场存在明显的差距。由于这个原因，海南免税购物政策优势远未释放。根据当时的测算，2020年在国际旅游受限及离岛免税购物政策实现重大突破的情况下，海南免税购物渗透率仅为9.7%，与韩国70%~80%的水平有巨大差距。

与此同时，岛内逐渐出现了对全岛封关运作、简并税制后的目标预期不稳的情况。2022年7月27日下午，在由中改院、中新社合作主办的"中国消费大趋势——第二届中国消费论坛"上，中改院发布了《海南免税消费市场现状与趋势》报告。在这份报告中，我们对海南免税购物市场潜力作了测算。若海南离岛免税购物渗透率达到30%左右，海南离岛免税购物市场规模将突破1600亿元，超过韩国2019年的规模。在此基础上，我们建议要尽快明确海南免税市场的中长期发展目标，以强化各方预期。这份报告还建议，要将与香港联手共建免税购物产业链作为建设全球最大免税购物市场的特别之举。

4. 打造制度型开放新前沿

2023年12月，中改院承担相关部委委托的"海南对接国际高标准经贸规则加大压力测试相关问题研究"课题。此后，中改院课题组于2024年4月底研究形成了《打造制度型开放新前沿（20条建议）》。我们认为，要将实现制度型开放的重要突破作为封关运作后海南自由贸易港的重大任务，形成具有国际竞争力的开放政策和制度。要充分利用与内地将形成清晰的"境内关外"制度边界，解放思想、大胆创新，集中攻关其他地区难以做成的敏感领域的压力测试与规则对接，在积极服务国内制度型开放进程的同时，打造我国深度融入全球经济体系的前沿地带。

这份报告中，我们提出海南自由贸易港对接国际高标准经贸规则的主要目标就是打造制度型开放新前沿。为此建议，一是在全面实施已签署自贸协定开放承诺中先行一步。二是在主动对接国际高标准经贸规则上率先突破。三是在劳工等新一代经贸议题领域率先探索。四是以特别之举实现海南自由贸易港制度型开放的重要突破。同时，报告还提出了如何推进规则、规制、管理、标准对接的具体任务、政策突破及制度环境建设。

六、以港湾融合形成海南自由贸易港建设的合力

《海南自由贸易港建设总体方案》提出，"促进与粤港澳大湾区联动发展"。近年来，随着海南自由贸易港政策的陆续实施，海南作为岛屿经济体市场小、产业基础薄弱的天然短板日益凸显，不仅制约了自由贸易港政策效应的充分释放，更影响了各方对海南自由贸易港建设的预期和信心。这让我更加深切意识到，要达到中央赋予海南自由贸易港的战略目标、战略要求，仅靠海南自身是难以实现的，需要充分发挥海南与大湾区地理距离相近的优势，推动港湾融合发展，实现自由贸易港开放政策优势、资源优势与广东产业发展优势、香港市场优势的叠加，形成共建海南自由贸易港的合力。

1. 建议主动与大湾区融合发展，加快形成海南自由贸易港建设的合力

（1）多次建言港湾联动、融合发展

2023年7月14日，我赴广州参加第十四届泛珠三角区域合作与发展论坛并以"优势互补、务实行动　合力推动琼州海峡一体化的重要突破"为题作了主题演讲。其中，我提到几组数据。第一，2022年海南农产品加工产值与农业总产值之比为0.21：1，与广东2021年水平（4.43：1）存在较大差距。初步估计，若海南农产品加工产值与农业总产值之比达到广东2021年水平，将新增5000亿元的农产品加工产值。第二，2022年海南海洋经济规模仅为广东的11.6%，海南单位海岸线海洋经济密度仅为广东的25%。若单位海岸线海洋经济密度达到广东的50%，海南海洋生产总值将接近5000亿元。

（2）提出以联动发展助力琼粤两省成为双循环重要交汇点

2021年8月，受海南省发展改革委、广东省发展改革委联合委托，中改院与广东海洋大学组成联合课题组，谋划研究海南自由贸易港、粤港澳大湾区、深圳先行示范区和广东沿海经济带西翼联动发展的路线图、施工图。在研究过程中，课题组对报告主题进行了多次的讨论、修改、调整，从最初的"在联动发展中助力海南打造国内国际双循环的重要交汇点"到最后确定的"在联动发展中助力琼粤两省成为双循环重要交汇点"，立足于服务国内国际双循环新发展格局构建提出了若干建议。

课题组研究认为，建设海南自由贸易港、粤港澳大湾区、深圳先行示范区都是习近平总书记亲自谋划、亲自部署的国家战略，在我国新时代改革发展全局中承担着重要战略使命。未来几年，需要按着"海南所需、粤港澳所长""优势互补、联动发展"的基本导向，务实推进海南自由贸易港与粤港澳大湾区、深圳先行示范区和广东沿海经济带西翼间的市场融合、产业对接、规则衔接等，强化海南自由贸易港、粤港澳大湾区和深圳先行示范区在我国社会主义现代化建设和新发展格局中的引领

支撑作用。

（3）建言琼粤产业协同发展

2023年4月10日，习近平总书记在考察徐闻港时指出，"琼州海峡是国家经略南海的战略通道，也是海南自由贸易港建设和发展的咽喉要道，要把'黄金水道'和客货运输最佳通道这篇大文章做好，把徐闻港打造成连接粤港澳大湾区和海南自由贸易港的现代化水陆交通运输综合枢纽"[①]。习近平总书记在庆祝海南建省办经济特区30周年大会上发表重要讲话5周年之际，在中改院主办的以"高水平开放的海南自由贸易港——2025年封关运作的重大任务"为主题的海南自由贸易港论坛上，我在主旨演讲中提出，2025年封关运作要把海南自由贸易港与粤港澳大湾区的地缘优势和发展优势相融合，为打造国内国际双循环市场交汇点创造至关重要的条件。其中，产业协同发展是"联动发展"的重点。

我提出，务实推动琼州海峡一体化，要以产业协同为主线，以一体化发展示范区为平台，以交通设施互联互通为基础，以体制对接为保障，加快构建梯度衔接、优势互补的分工协作体系，实现互利共赢、共享发展。其中，在产业协同方面，我以农产品加工、海洋经济、总部基地建设为例，提出要推进广东产业发展优势与海南政策优势的叠加，推进广东创新优势与海南资源优势的融合，推进广东对外开放布局与海南"总部基地"建设的对接。

（4）谋划琼州海峡一体化高质量发展示范区

2023年6月16日，广东·海南两省合作交流座谈会在广州召开。会上，两省举行了推动广东海南相向发展战略合作协议签署活动，高标准谋划建设琼州海峡一体化高质量发展示范区单独成段列入合作协议。这标志着示范区正式上升为两省合作发展平台。得知这一消息后，我与中改院的同事都为之高兴。因为中改院自2022年9月起就一直在为"广

---

① 《习近平在广东考察时强调　坚定不移全面深化改革扩大高水平对外开放　在推进中国式现代化建设中走在前列》，《人民日报》2023年4月14日。

东·海南（徐闻）特别合作区"（即琼州海峡一体化高质量发展示范区徐闻片区）进行规划研究，并建议将特别合作区相关决策上升到省级乃至国家层面。

当时，广东委托中改院就"广东·海南（徐闻）特别合作区"进行规划研究。在充分调研的基础上，2022年10月底，中改院课题组形成《广东·海南（徐闻）特别合作区总体发展规划（框架提纲）》，并提交给广东相关部门。此报告得到广东省委主要领导的重要批示。

在这份报告中，我们提出：第一，海南自由贸易港是"广东·海南（徐闻）特别合作区"建设的重要依托，要以对接融入海南自由贸易港为主形成建设方案。第二，"广东·海南（徐闻）特别合作区"的战略定位是：依托海南自由贸易港，放大徐闻的区位优势，重塑临港经济发展新优势，打造海南联通国内大市场的门户枢纽、海南主导产业发展的后援基地、海南的综合服务保障区、广东与海南陆海联动发展示范区。第三，"广东·海南（徐闻）特别合作区"作为海南自由贸易港的建设"飞地"，服务放大海南自由贸易港功能，构建与海南一体化高水平对外开放政策体系，实行两省联合的特殊管理体制，争取在粤西地区"再造一个自由贸易区"。

2. 博鳌亚洲论坛全球自贸港发展分论坛上建议做好港湾融合战略大文章

2024年3月，我应邀出席了2024年博鳌亚洲论坛全球自贸港发展分论坛，并作了题为"做好港湾经济一体化这篇战略大文章"的演讲。

在我看来，明确港湾融合、相向发展是一般要求还是重大战略要求，这是谋划推进海南自由贸易港与粤港澳大湾区相向发展要考虑的首要问题。需要从我国高水平开放的战略布局出发，统筹港湾发展情况作出重要判断。我认为，港湾经济一体化不仅将形成两大国家战略叠加，更将形成我国高水平开放的重要战略亮点。无论从海南自由贸易港与粤港澳大湾区各自要求看，还是更好服务我国高水平开放战略布局的需求看，港湾合作、相向发展是重大战略要求,需要从战略层面谋划。同时,我提出以产业一体化为主线,以服务贸易一体化为重点,以政策衔接为突破口,以体制对接为保障,形成港湾经济一体化新格局。

在演讲的最后,我针对省内干部的如"为什么要和广东合作"等一些疑问,提出了自己的看法:一是要有大格局。建设海南自由贸易港是重大国家战略,不能仅仅从自身角度出发,还要跳出海南看海南,把自身发展与国家高水平开放的战略目标相结合。二是要主动积极。相关综合部门要放下身段、主动上门、主动对接,争取粤港澳大湾区政府部门的支持和参与。三是要解放思想。特别是在政策对接与创新方面大胆解放思想。

3. 双港合作共建海南自由贸易港

《海南自由贸易港建设总体方案》要求"充分学习借鉴国际自由贸易港的先进经营方式、管理方法和制度安排,形成具有国际竞争力的开放政策和制度",如何借鉴香港经验,推动双港合作,助力海南自由贸易港建设成为我关注的重点之一。

2022年7月14日,我在国务院参事室主办的借鉴香港经验、支持海南自贸港建设研讨会上,以"海南自由贸易港如何借鉴香港经验"为题作了发言。我在发言中提出,第一,海南借鉴香港经验的目的就是推动海南大开放,建设高水平开放的自由贸易港,使海南成为以打造重要枢纽为主要特点的重要开放门户。第二,从现实看,海南和香港可以合作打造企业总部基地、合作开放金融市场,并在医疗健康、教育、免税等领域开展合作。第三,着眼长远,海南与香港可以合作共建。

(1)应邀多次赴港交流双港合作

2023年1月20日,香港特首政策组组长、副组长与我以线上方式就琼港合作问题进行会谈。我主要就海南省委提出的"加快推动向香港开放专业服务业市场"及《政府工作报告》提出的"深化琼港合作,争取向香港进一步开放专业服务业"等作介绍性发言,并谈了具体建议。会后，特首政策组给我来电，商定组长于1月27日与我面谈，建议我赴港后，走访香港相关经贸机构，就琼港医疗合作、港币在海南自由贸易港使用等具体问题进行交流。

1月27日，我带队与香港特首政策组就双港经贸合作座谈交流。通过这次交流了解了香港关于双港经贸合作交流的基本态度，并且讨论了双港经贸合作的重点领域。座谈会上，特首政策组组长明确向我表示：香港愿意和海南共同去向中央争取一些便利合作的政策，推进海南岛进一步发展。此后，7月、8月、11月，我3次带队与香港有关方面就双港经贸合作可行项目等进行具体交流。

（2）召开系列双港合作研讨活动

2023年以来，中改院在北京、海口等地先后举办4场双港经贸合作研讨活动，以此汇聚各方意见，提出双港合作的具体建议。2月23日，中改院举办琼港经贸合作座谈会，重点讨论琼港合作的背景与需求、琼港合作的重大任务与突破口、琼港金融服务合作、琼港现代服务业合作。中改院课题组提交了《琼港经贸合作的研究（21条建议）》《促进琼港青年人才交流（29条建议）》两份会议背景报告。

（3）建言双港经贸合作

2023年9月4日，中改院向有关部门报送了《促进双港经贸合作交流（36条建议）》《加强双港合作的几点建议》。此后，12月7日，中改院在"36条建议"基础上形成《"双港"经贸合作交流协议（18条建议）》。课题组重点从金融、医疗健康、免税及零售业、专业服务业、运输业、旅游及文化娱乐业、农业研发、青年交流、人才与公务员交流、学术交流与合作机制建设十个方面提出了双港合作交流的具体建议。

七、以自由便利为原则的封关运作

2023年4月13日，中改院举办了以"高水平开放的海南自由贸易港——2025年封关运作的重大任务"为主题的2023海南自由贸易港论坛。我在论坛的主旨演讲开场中提到封关运作的两个"意味着":意味着海南全岛由"境内关内"向"境内关外"的海关监管特殊区域的转变,意味着海南自由贸易港建设由起步阶段向实质性运作的转变。

实际上,各方对海南自由贸易港封关运作高度关注的同时,也对"一线"能否高度开放、"二线"能否自由便利存有疑虑。近两年,我和同事始终坚持海南自由贸易港封关运作要坚持"自由便利"的基本原则,"一线放开"是目标、是前提。

1. 处理好"放得开"与"管得住"的关系

(1)"一线完全放开、二线高效管理"是国际自由贸易港的突出特征

国际上的自由贸易港大都实行"境内关外"的管理模式,以在充分吸收全球资源的同时,有效隔离潜在风险。自由贸易港的"二线高效管理",是要通过一定的政策与制度设计,在防范风险的同时带动促进其他区域发展。

(2)"放开、搞活"是海南自由贸易港建设最大的实际需求

把经济搞活、市场搞活,使物流、人流、资金流活起来,这样才能增强海南自由贸易港建设的吸引力,才能在最大限度吸引全球优质要素与资源集聚中形成自由贸易港产业体系。由此看来,"管得住才能放得开",这句话从原则上讲是对的。但是,"管住"不是"管死",不能把"管得住才能放得开"绝对化。

(3)"一线"全面放开更具迫切性、战略性

从实际看,先"二线管住"后再"一线放开",海南自由贸易港建设就难以突破。海南是岛屿经济体,在缺乏市场流量、产业基础比较薄弱的情况下,如果将"二线管住"作为开局阶段的首要任务,就难以实现海南自由贸易港建设开篇布局的突破。

2. 将"双自由、双便利"作为封关运作的基本导向

我们认为,谋划2025年封关运作,其目的是充分发挥海南独特的地缘优势,使海南自由贸易港在中国与RCEP其他成员国经贸合作、中国与东盟自由贸易区 3.0 版建设中扮演好战略枢纽的重要角色，为打造我国面向太平洋、印度洋的重要开放门户开好头、起好步。按照这个思路，2021 年 7 月，中改院向省委、省政府提交了《服务打造国内国际双循环的重要交汇点的高效、精准监管——海南自由贸易港封关运作后监管方案研究》。

在这份报告中我们提出，把实现"双自由、双便利"作为封关运作后监管方案设计的基本导向；"一线放开"不是不管，而是"宽进"基础上的"严管"，"二线高效管住"并不是管死，而是要加快推进"放管服"改革，以不降低与内地连通性为底线，实现与内地间的物畅其流、人便于行；防止因不合理的监管制度设计对打造双循环重要交汇点的不利影响。

3. 提出"'二线'后撤"的构想

（1）"自由贸易港有'二线'吗？"

2022 年 7 月 14 日，我在线上参加由国务院参事室主办的海南自贸港建设专家研讨会，主题是借鉴香港经验、支持海南自贸港建设。会上，我以"海南自由贸易港如何借鉴香港经验"为题作了发言。在发言后的讨论环节，前香港立法会原议员、第十届全国人大代表朱幼麟问我，"自由贸易港有'二线'吗？"他的这个提问令我深思。的确，无论是中国香港还是新加坡，都不存在"二线"的问题。这次会议后，我组织研究人员重点就海南自由贸易港"一线""二线"问题展开研究。

（2）提出将"二线"后撤至徐闻

实际上，建省办全国最大经济特区之初，在建立海南特别关税区的研讨过程中就曾提出将"二线"后撤广东省徐闻县的设想。

2022 年 11 月，我与中改院同事们提出《放开"一线"、用好"一线"——海南自由贸易港封关运作的几点建议》。基本考虑是：基于经济全球化的变化趋势与海南自由贸易港建设的实际需求，要支持海南将主要精力放在放开"一线"、用好"一线"上，以境内关外的独特优势集聚全球资源。主要观点包括：第一，放开"一线"。第二，"二线"后撤。第三，借鉴香港模式。第四，支持海南放开"一线"的相关准备工作。

12月，在前期研究基础上，中改院课题组向海南省委政研室提交了《"一线"放开 "二线"后撤——海南自由贸易港"一线""二线"管理方案研究》。在这份报告中，课题组明确提出，要按照管住前提下发挥好背靠国内14亿人大市场的突出优势的基本要求，将"二线"后撤，并实行以内地为主的"二线"管理模式，由此形成"一线"积极放、"二线"高效管的封关运作新格局。

（3）建言琼粤反走私协同

2022年，在开展"广东·海南（徐闻）特别合作区"规划研究时，我曾率队赴徐闻调研。在调研中我们了解到，徐闻海关的主要工作之一就是配合海南省打击离岛免税"套代购"。这让我意识到，如果将"二线"后撤至徐闻，由徐闻海关承担主要"二线"监管责任，是具有可行性的。

2023年5月，中改院受委托开展"广东·海南（徐闻）特别合作区"在琼粤协同反走私中的角色、作用与任务研究。经过半年左右的深入研究，2023年12月底，中改院课题组形成了《明显提升琼州海峡反走私有效性——推进粤琼协同反走私的目标与任务》。在这份报告中课题组提出建议，明显提升琼州海峡反走私有效性，要以服务保障海南自由贸易港高水平开放为出发点，以强化粤琼反走私协同为重要保障，以不降低海南与内地连通性为底线，以防范新型走私风险为重点，以口岸信用监管为突出特点，借鉴港澳与内地反走私合作经验。

4. 自由便利是封关运作的重大原则

距离封关运作的时间越来越近，各方对海南自由贸易港封关的形式、管理模式、封关后的政策制度安排高度关注。2024年3月21日，中改院课题组研究形成并向省委、省政府报送了《自由便利——海南自由贸易港封关运作的重大原则（12条建议）》。我们判断，海南自由贸易港"一线"放开面临新形势、新挑战，要形成具有国际竞争力的开放政策和制度。首先，开放水平低、市场流量小是"一线放开"面临的突出矛盾。2023年，海南外贸依存度为30.6%，仍低于全国平均水平3个百分点，低于广东等近30个百分点。其次，管理能力弱、政策落地缓慢是"一线放开"面临的重要问题。为此，我们提出："一线放开"是封关运作的首要目标，要以"一线放开"为前提实施"二线管住"。

我们建议，将自由便利作为封关运作的重大要求。自由便利，首要的是用好国内大市场，关键在金融与数据领域，并以此形成连接国内国际市场的突出优势。这需要以自由便利为原则形成分线管理的封关运作模式："一线"管人不管物。

2024年8月8日，我在参加由海南省委主要领导主持的座谈会上，以"实现高水平开放的突破"为题作了发言。我的基本判断是：世界百年未有之大变局加速演进下的海南自由贸易港，总体来说，挑战大于机遇。为什么？第一，地缘政治时代，海南自由贸易港构建全球经贸合作网络的可能性越来越小。第二，南海形势日益复杂严峻，海南自由贸易港建设面临的不确定性因素加大。第三，海南自由贸易港高水平开放政策落地难度加大。第四，自由贸易港政策落地迟缓叠加开放优势减弱，影响国内外投资者对海南自由贸易港建设的信心和预期。

应对世界百年未有之大变局对海南自由贸易港建设的影响，我们建议，要采取具体、务实且能对海南自由贸易港短中长期发展有重要影响的举措：要把建设面向东盟的"两个总部基地"作为应对挑战的战略举措，用好RCEP这一最大机遇，加快形成具有竞争力的总部基地政策体系；需要"港湾合作"形成产业发展的合力，并破题海南自由贸易港金融开放；需要加快形成贯彻落实《海南自由贸易港法》的地方性法规体系，并以整治形式主义为重点打造高效政府。

第八章
改革理论创新的不懈探索

> 坚持守正创新,坚持中国特色社会主义不动摇,紧跟时代步伐,顺应实践发展,突出问题导向,在新的起点上推进理论创新、实践创新、制度创新、文化创新以及其他各方面创新。
>
> ——党的二十届三中全会《中共中央关于进一步全面深化改革 推进中国式现代化的决定》

33年来，中改院坚持服务改革开放全局、紧扣改革重点、坚持问题导向研究、开展改革理论创新，形成了改革研究的突出特点。

服务全局的战略性研究。中改院建言改革、痴心研究，始终坚持把服务党和政府的改革决策作为自己开展研究、提供咨询的基本追求。

问题导向的行动研究。中改院始终坚持直面改革进程中的重大现实问题，跟踪研究改革进程中的重大热点和难点问题，及时提出推进改革的政策和行动建议，并坚持问题导向、广泛开展调查研究的改革研究方法。

把握趋势的理论探索。智库的研究，既要关注重大实践问题，也要关注重大理论研究。改革实践需要改革理论创新和指导，中改院在着力强化改革政策研究的同时，重视改革重大理论问题的研究。中改院相当一部分研究成果建立在对重大理论问题研究把握的基础上，形成改革研究的新视角，自觉把握改革发展趋势性走向，进行前瞻性研究，提出某些具有全局性、战略性、行动性的改革建议。

一、社会主义市场经济体制研究

1. 市场经济丛书"走向市场经济的中国"

我亲历了从高度指令性计划经济走向社会主义市场经济的这一伟大变革，感到这真的是一件不容易的事情。我们过去排斥市场、反对市场、打压市场，改革开放后，逐步认识市场、承认市场、培育市场、发展市场。经历了数十年的理论与实践探索，经历了一次次的思想解放，才能堂堂正正地讲市场经济，才能创新地提出发展社会主义市场经济，才能鲜明地提出使市场在资源配置中起决定性作用和更好地发挥政府作用。

早在建院之初，1991年，我就提出"社会主义也需要市场""以市场调节为基础的改革思路"等主张。这些主张顺应了1992年党的十四大确立的要使市场在社会主义国家宏观调控下对资源配置起基础性作用的"社会主义市场经济体制"目标。

1993年中改院开始组织编撰，至1996年陆续出版了"走向市场经济的中国"一套10本中英文丛书，分别为：《历史新起点——中国走向市场经济的理论与现实》《稳定的基础——中国新型社会保障制度的建立》《关键的一步——中国金融体制改革的目标》《新兴的市场——中国证券市场的兴起与发展》《增长的活力——中国民私营经济的兴起与发展》《决定性转折——中国经济转轨中的国有企业改革》《持续的增长——中国经济快速发展与抑制通货膨胀》《再上新台阶——中国转轨时期农村经济与发展》《迈向新体制——中国经济转轨中若干改革问题研究》《增创新优势——中国经济特区的进一步发展》。

这套丛书深入探讨了中国走向市场经济的重大理论与现实问题，率先提出"把国有资产推向市场""公有制实现形式"等理论观点和改革思路。该丛书以我国改革开放的丰富实践为基础，研究和探讨实践中遇到的困难、矛盾和突出问题，寻求解决问题的突破口和操作方案。对许多问题的讨论并没有提供唯一的答案或结论，而是将国内外专家的各种观点，甚至是激烈的争论和观点交锋，展示在读者面前，让读者从中比较、鉴别，获取有益的启示。这些研究成果受到多方面的高度重视。

在这套丛书的序言中有这样一段话："中国，正在走向市场经济。1992年，邓小平南方谈话，吹响中国向市场经济进军的号角，掀起中国新一轮改革开放的热潮。党的十四大召开，确立了社会主义市场经济的目标。这是十几年改革实践的伟大总结，这是历史性的突破和飞跃，这是一个新的里程碑，它昭示着中国从此进入一个新阶段，沿着改革开放的道路坚定走下去，勇敢探索，开拓创造。"

2. 从劳动力产权到人民市场经济

在20世纪90年代初的改革研究中，我认识到，承认并实现劳动力产权是改革中调整利益关系的一个重大问题。为什么？从宏观层面来看，庞大国有资产的形成凝聚着广大职工的长期劳动贡献；从微观层面来看，企业财富的积累包含着企业家和职工的劳动价值。基于这一想法，我开始研究劳动力产权。我把劳动力产权概括为劳动者的劳动力要素产权，包括所有权、收益权、处置权等。凭借劳动力产权，广大劳动者不仅应获得基本的工资收入，而且在一定程度上凭借劳动、管理和技术等生产要素享受产权收益。确立劳动力产权，是我对实现共享发展的一个理论探索。

在20世纪90年代初我发表了相关方面的言论和初步的研究成果。1994年5月，我在中国经济体制改革研究会海口年会上就曾提出股份经济发展中的六大产权问题，其中一大问题就是劳动力产权。正是在这届年会上，我被选为中国经济体制改革研究会副会长。10月，我在中国国有企业改革国际研讨会上作了题为"中国国有企业改革中的劳动力产权问题"的演讲。我认为，在推进国有企业改革，建立现代企业制度中完全有可能把劳动力产权解决得更好。

在我看来，在股份制改革已经有一定基础的前提下，实现劳动力产权核心是推行"员工持股"。在当时的环境下，搞员工持股还面临着相当大的争论。有人批评，这"员工持股"是私有化。我和他们辩论，"我们企业都发展成这个状态了，怎么能调动员工的积极性，怎么能把企业做起来，就应该怎么做。而且员工自己拿钱买企业的股票、支持企业建设，怎么是私有化？与其说是'化公为私'，用'化私为公'概括可能还更客观"。

到20世纪90年代后期，我开始思考人民市场经济，即把广大劳动者的利益同市场竞争机制相结合，以使多数人在参与市场经济活动中创造财富，并使多数人不断分享改革的成果。我在2000年中国经济体制改革研究会年会上就此发表自己的观点，我的观点得到相关领导与专家的肯定，他们认为这是一个值得探讨研究的大问题。

我曾计划编写出版两本书，《劳动力产权论》《人民市场经济论》。遗憾的是，都尚未按自己的目标实现。第一本《劳动力产权论》，20世纪90年代中后期就写好了大部分初稿，但由于精力有限，一直拖到2018年，在中国工人出版社的支持下，才出版了专著《劳动力产权论——实现共享发展的理论探索》。但按照出版社的要求，当时的一部分观点难以写进去，并作了大量修改，有的原意还作了改变。没办法，出来总比没出来好。《人民市场经济论》一书，至今尚未成稿。我认为，适应新形势新变化，劳动力产权是一个仍需深入研究的重大理论与实践课题。我国作为社会主义国家探索建立市场经济，需要从制度上承认并确立劳动力产权，实现"劳者有其股"，走向人民市场经济。

3. 探索建立完善社会主义市场经济体制

2002年1月，受国务院体改办委托，中改院课题组形成《建立和完善社会主义市场经济体制（15条建议）》。这份报告认为，我国经济体制改革已进入整体攻坚阶段，从多方面实现改革的实质性突破至关重要。明确提出实现国有企业改革、所有制结构调整和完善、基础领域改革、国有商业银行改革、收入分配制度改革、人事制度改革、农村市场化改革、对外开放、政府改革九个方面的突破。

2018年8月，我与中改院的同事研究形成《释放内需的巨大增长潜力——加快完善社会主义市场经济体制的建议（24条）》，明确提出"把充分释放内需潜力作为完善社会主义市场经济体制的战略基点"。这份研究建议的主要判断是：经济转型升级对完善社会主义市场经济体制提出新的要求。加快制造业转型升级、破解服务型消费供给短缺、加快以服务贸易为重点的开放转型等成为重大任务；发展的外部环境明显变化，对完善社会主义市场经济体制提出新的要求。基于以上判断，研究建议提出，加快完善社会主义市场经济体制，重要选择在于以更大的决心和魄力深化改革开放，释放内需的巨大增长潜力。

要素市场化改革是加快完善社会主义市场经济体制的重要内容。2020年7月，我和同事们形成《"十四五"深化要素市场化配置改革的重大任务（15条建议）》。该报告指出，无论是畅通国内国际双循环，还是释放国内巨大内需潜力，都对推进要素市场化改革、优化要素市场化配置提出现实需求。从国际看，当今世界正面临百年未有之大变局，既表现在生产力层面的新一轮科技革命和产业变革，又表现在生产关系层面的全球治理体系和国际经济政治格局的深刻调整。从国内看，"十四五"经济发展面临着结构性、体制性、周期性等问题相互交织，短期与中长期问题相互叠加。无论是应对外部环境变化、有效抵御外部风险挑战，还是适应国内发展的阶段性特征、充分发挥国内超大规模市场优势，都需要加快实现深化要素市场化配置改革的重要突破，明显提升要素配置效率，在畅通国内大循环中促进国内市场和国际市场更好联通，更好利用国内国际两个市场、两种资源，赢得大变局下国际合作竞争的主动。

4. 构建高水平社会主义市场经济体制

党的二十届三中全会后，我相继形成《加快构建高水平社会主义市场经济体制》《处理好政府与市场关系——构建高水平社会主义市场经济体制的重大任务》《坚定不移全面深化改革》等文章。文章提出，党的二十届三中全会着眼于推进中国式现代化的历史任务，提出"到二〇三五年，全面建成高水平社会主义市场经济体制"的战略部署。从改革开放40多年的实践看，构建高水平社会主义市场经济体制是一个长期过程。面对内外发展环境的深刻复杂变化，我国全面建成高水平社会主义市场经济体制，是实现经济高质量发展、推进中国式现代化建设、促进全球经济再平衡等全局性的重大课题，是全面深化改革应当承担也必须承担的重大历史使命。加快构建高水平社会主义市场经济体制，要以推进中国式现代化为基本目标，以处理好政府与市场关系为重大任务，以促进形成更高质量、更有效率、更加公平、更可持续的市场体系为基本要求，以制度型开放与制度性变革融合为突出特点，实现关键性、基础性重大改革的突破与创新。

建院以来，中改院围绕社会主义市场经济出版"走向市场经济的中国"丛书及《中国改革研究文稿》《中国经济转轨二十年》《回顾和前瞻：走向市场经济的中国》《30位著名经济学家会诊中国经济发展方式》《海外专家论中国转型时期的经济改革》《21世纪初期中国经济改革》《论转型时期的经济改革》等学术著作，还出版了"中国改革开放史料丛书"、"复兴之路——中国改革开放40年回顾与展望丛书"、《中国改革开放全纪录（1978—2018）》、《伟大的历程：中国改革开放40年实录》、《从富起来到强起来——如何看中国改革开放》、《历史性突破：全面深化改革开放这十年2013—2023》、《口述改革历史》（上中下）等，并产生广泛影响。

社会主义市场经济的理论研究将伴随改革开放的全过程。无论从哪方面看，构建高水平社会主义市场经济体制，都需要继续深化理论创新，需要继续大胆探索。我和同事们将把此作为改革研究的重大使命，并为此继续作出努力。

二、民富优先导向的改革研究

1. 发展导向的重大变化：国富优先走向民富优先

2010—2012年，正值我国"十二五"规划纲要起草的重要时期。在此期间，我多次参加了中央领导主持召开的座谈会，并就"十二五"确立以民富优先的发展导向提出了自己的观点。

在2010年12月4日—5日中改院召开的收入分配制度改革与加快转变发展方式国际论坛上，我在主旨演讲中提出，实现新阶段发展导向由经济总量向国民收入的转变。2010年年底，我决定将"民富优先"确定为中改院2011年改革研究报告的主题。2011年，中改院撰写形成《民富优先》年度改革报告。在已有研究的基础上，中改院课题组又形成《从国富优先走向民富优先（8条建议）》。报告还提出，我国经济发展方式转变的实质，是实现发展导向由经济总量向国民收入的历史性转变，要确立民富优先的改革发展导向，走公平与可持续的科学发展之路。报告还提出，实现改革发展导向从国富优先向民富优先的转变。一是释放13亿人的发展型需求对公平分配提出新的要求，我国已到了"不分好蛋糕就做不大蛋糕"的历史新阶段。二是要"分好蛋糕"，突出的矛盾在于国富优先的改革导向。在过去30年的改革进程中，由于采取了政府主导型的市场经济模式，我国在改革导向上带有国富优先的突出特征。三是国富优先在集中力量办大事、扩展经济总量、反贫困等方面都取得了重要成效。但也要看到，进入新阶段，国富优先使财富集中于国家，不仅难以有效释放13亿人的发展型需求，还会强化政府主导的投资扩张，扭曲市场，延缓经济结构调整，加剧生产过剩的矛盾。如何从变化了的形势出发，作出民富优先的战略选择，是我国二次转型与改革的首要和全局性课题。

2. 民富优先的二次转型与改革：追求经济总量到公平与可持续发展

我们认为，我国进入发展新阶段，二次转型与改革是个大战略。2010年，我们提出"二次转型与改革"的理论命题：第一次转型与改革始于1978年党的十一届三中全会开启的经济体制改革，其主题是解放和发展生产力，目标是做大经济总量，建立社会主义市场经济体制；第二次转型与改革主线是转变经济发展方式，重点是改变经济结构，主题是建立消费主导的体制机制，目标是实现建立公平与可持续的科学发展。二次转型与改革的突出特点是：转型与改革有机结合、融为一体。

2011年2月，我和同事们在深入研究的基础上形成《民富优先的二次转型与改革（9条建议）》。该报告提出，我国是一个转型中的大国，也是一个发展中的大国。转型和发展必须紧紧依靠改革，以改革促转型，以改革谋发展。如果说过去30年的一次转型主要是改变生产关系，做大经济总量的话，未来30年我国将面临改变经济结构、提高经济质量的新课题，这在客观上要求启动二次转型。我国的二次转型，基本导向是民富优先，基本目标是实现公平与可持续的科学发展，基本任务是改变经济结构，基本路径是建设消费大国。民富优先的二次转型，必然依赖于民富优先的二次改革。在一次改革制度红利逐步递减的情况下，迫切需要通过二次改革释放城市化红利、结构优化红利和人力资本红利等，为中长期的经济发展提供源源不断的内生动力。这些报告在以民富优先扩大消费、缩小收入分配差距、促进社会公平、推动我国走公平与可持续的科学发展之路等方面产生广泛的社会影响。

建院以来，中改院围绕民富优先的改革导向，出版了《中国：历史转型的"十二五"》《第二次改革》《十字路口的抉择——迟福林谈二次改革》《第二次转型》《民富优先》《转型中国——中国未来发展大走向》《二次转型与改革战略》《破题收入分配改革》《未来10年的中国》等学术著作，产生广泛影响。

三、赋予农民财产权益的研究探索

1. 实现农村土地使用权长期化、物权化、资本化

20世纪90年代初，我国正处在由传统的计划经济体制向现代市场经济体制转型的过渡阶段。无论是农村还是城市，都处在经济发展和体制转型的关键时期。改革仍然是农村发展的主要推动力。加快推动市场化，是20世纪90年代中国农村经济改革的基本目标。在这个特定背景下，1995年3月，我和同事们形成《加快以市场化为目标的中国农村经济改革（纲要）》一文。文中提出，20世纪90年代中国农村经济改革同20世纪80年代相比，已有很大的不同。改革已越来越触及深层的利益矛盾，不彻底解决产权关系，建立可靠的产权制度，不尽快实现农产品价格市场化，加速形成稳定的农村市场机制，就很难在新的形势下充分调动广大农民的积极性。目前农村的主要矛盾和突出问题是土地使用制度问题，要以土地使用制度长期化为重点深化农村产权制度改革。不仅要尽快落实延长土地承包合同的政策，而且有必要通过立法确立土地使用权的长期化制度。只有这样才能坚定农民对土地长期投资的信心，保障农民利益，从而提高土地产出率。在稳定土地承包期的同时，要积极推

进土地使用权的市场化。建立灵活、高效的土地流转制度，充分发挥市场配置资源的基础性作用。

土地是农业最基本的生产资料，也是农民最可靠的生活保障。土地问题不解决，农村生产力的解放，农业发展与农民增收也就无从谈起。特别是在20世纪90年代初，全国大部分土地承包期限15年即将到期的背景下，如何在第二轮土地承包中把中央关于"集体土地实行家庭联产承包责任制，是一项长久不变的政策"具体化，尽快实现农村土地使用权长期化，并且采取有效措施切实保障农民的土地权益，有效稳定农民预期，对我国的农业发展乃至整个社会的稳定都具有决定性作用。在此背景下，1995年3月底，我与中改院的同事向中央相关部门提交了以"实现农村土地使用权长期化、物权化、资本化"为主要内容的《关于深化农村经济改革（60条建议）》，初步提出要尽快落实延长土地承包合同的政策，通过立法明确土地使用权的长期化，使农民建立起对土地投入的良好的收益预期。这份报告对当时中央深化农村土地使用制度改革、深化农产品购销体制改革、完善农产品宏观调控等起到了重要的参考作用。

2. 赋予农民长期而有保障的土地使用权

20世纪80年代开始实行土地承包制度，第一轮土地承包制度为10~15年。20世纪90年代初中期土地承包到期了怎么办？要不要延期，怎么延期？1998年4月，中改院组成"农村土地制度安排与法制建设研究"课题组，开始研究农村土地立法的相关改革问题。在调查和研究的基础上，撰写了一份长篇研究报告。1998年7月，中改院向中央有关部门及海南省委、省政府提交了《尽快实现农村土地使用权长期化的建议》，建议中明确提出"赋予农民长期而有保障的土地使用权"，"目前，我国农村土地制度改革和建设又到了一个新的历史关节点上。如何在第二轮土地承包中把中央关于集体土地实行家庭联产承包责任制，是一项长久不变的政策具体化，尽快实现农村土地使用权长期化，并且采取有效措施，切实保障农民的土地权益，稳定农民的长期预期，是关系到我国农村经济可持续发展和社会长久稳定的关键性问题"。这份建议在起草党的十五届三中全会通过的《中共中央关于农业和农村工作若干重大问题的决定》中发挥了重要参考作用，其中"赋予农民长期而有保障的土地使用权"被该决定原文采纳。

1999年1月，在由中改院与联合国开发计划署联合主办的中国实行长期而有保障的农村土地使用权国际研讨会上，中改院农村土地政策研究课题组提交了30多万字的长篇研究报告《赋予农民长期而有保障的土地使用权》。1999年1月5日，《人民日报·理论版》刊发的《赋予农民长期而有保障的土地使用权》，获得了当年的精神文明建设"五个一工程奖"。

在提出农民土地权利、落实使用权的基础上，我们把研究的重点又放到农民土地权利的法律保障上。1999年1月，中改院召开中国实行长期而有保障的农村土地使用权国际研讨会，在这次国际研讨会上，我向大会提交了《农村土地使用权立法的建议》。当时的主要观点是：第一，建议以村民小组为单位重新界定农村集体土地的产权主体。第二，明确土地产权主体的权利和义务。第三，根据一定规则对集体成员的边界予以确认。第四，稳定农民承包权，必须在延长土地承包期限的同时，拓展和延伸使用权的范围。第五，承包经营权已经成为一种新的物权，应当用法律的形式予以固定。

2000年1月，我带领中改院课题组形成《农村土地使用权立法（15条建议）》，提出农村土地使用权立法的指导思想和基本原则。第一，农村土地法律和制度建设的方向是农民土地使用权长期化、物权化、市场化、资本化。第二，农村土地集体所有、家庭经营的制度有极强的适应性和生命力，目前乃至今后相当长的历史时期，既不能改变农村土地集体所有的性质，更不能改变家庭经营的组织形式。第三，家庭承包经营的形式可以并且应该多样化，在自愿、平等、合理等原则基础上，农民可以选择和创造适应本地情况的承包方式。第四，由于土地生产功能、社会保障功能的双重作用，以及集体成员权利平等因素，公开、公平、公正分配和承包土地应该成为一个基本的立法原则。但与此同时应积极创造条件，逐步利用市场机制配置土地资源。第五，现实中农民土地使用权物权化的发展趋势应该得到法律的认可，不论法律的名称如何，承包农户应该享有排他的占有、利用、收益权，并且享有包括使用权继承、有偿转让、转包、入股、联合经营、抵押等权利在内的较充分的处置权。第六，允许农民土地使用权依法、自愿、有偿转让，在稳定承包经营使用权的基础上，用土地市场配置土地的利用权，解决人地矛盾。第七，确立耕地与非耕地、农村土地与城市土地的所有权和使用权在法律上的公平原则，不同类别、不同区域的土地，其权利的期限、广度、稳定性等方面应具有一致性。第八，农村土地立法改革和执法保障是一个重要问题，其中利益群体特别是农民群体的参与，对于提高农村土地立法和司法质量有重大的意义和作用。第九，政府在农村土地法制建设中有重要作用，一方面应在普法宣传和教育中发挥重要作用；另一方面应受制和服从于已颁布的法律，在法律范围内或在法律授权下制定具体政策、依法行政。

3. 构建"城市支持农村、工业反哺农业"的长效机制

2007年12月，在新阶段的中国农村综合改革国际研讨会上，我提出"统筹城乡基本公共服务为重点的农村综合改革"的观点。当时我认为，我国农村改革发展走到今天，基本公共服务严重不到位，公共产品短缺已成为制约农村经济社会发展的突出矛盾。随着农村公共需求的全面快速释放，为农民提供基本而有保障的公共服务不仅成为广大农民最迫切、最现实的期盼，也是进一步解放和发展农村生产力，确保社会和谐稳定的重要基础。在这个特定背景下，新阶段农村综合改革应当抓住农村经济社会发展进程中的突出矛盾，变革农村的上层建筑，逐步实现城乡基本公共服务均等化，并以此为起点，建立统筹城乡发展的一系列体制机制。

4. 全面落实农民土地财产权

2013年、2014年、2017年，我作为全国政协委员3次向全国政协会议提交提案，建议尽快从法律上赋予农村土地使用权的物权属性，从法律上把农民土地纳入财产权法律保护范畴，尽快落实农民土地财产权。

提案中提出，农村土地制度改革的新突破，就是要把农民土地使用权真正物权化。要改变农村土地承包权限于集体成员内流转的相关政策规定；在法律上明确农民土地的物权属性，明确农民土地用益物权主体地位，从法律层面落实土地承包；从法律上赋予农民长期而有保障的土地使用权，从法律上赋予农民土地使用权的完整产权，打通城乡资本、土地和住宅市场双向流通，推进乡村房地产与城市国有房地产两个市场接轨；打破城乡建设用地市场分割，统一城乡用地市场，建立两种所有制土地"同地同权同价"的平等制度，打破地方政府行政独家垄断供地的格局，实现不同主体平等供地，简化农村土地承包权流转程序。

5. 在"两个严格"前提下充分发挥市场在农村土地资源配置中的决定性作用

近年来，我形成《以缩小城乡差距带动共同富裕》等文章，提出从现实情况看，由于农村土地要素市场化配置机制尚未建立，城乡统一的土地交易市场面临多方面制度性障碍，由此成为盘活农村土地资源、提高农民财产性收入的重要掣肘。

（1）做实农民土地财产权

农民土地财产权用益物权尚未得到有效保障。一是土地是农业最基本的生产资料，是农民最可靠的生活保障，也是农村最大的财富所在。当前，农村土地财产权改革仍面临着一系列的矛盾与挑战难题。例如，如何推进城乡统一的建设用地市场？如何解决新型城镇化与宅基地之间的矛盾与问题？如何做实农民土地财产权？等等。为此，建议从法律上进一步明确农民的土地用益物权，扩大用益物权的范围，给予市场主体更加稳定的预期。二是落实农民土地财产权将明显增加农村居民收入。

三是落实农民土地财产权将加快促进农业规模化、现代化进程。四是全面落实农民土地财产权，进一步解决好农民和土地的关系，不仅是促进农业现代化的客观需求，更是缩小城乡差距、促进共同富裕的重大任务。

（2）在"两个严格"的前提下，充分发挥市场在农村土地资源配置中的决定性作用

一是缺少市场的土地资源配置是低效的。为什么许多农民对征用土地的补偿标准规定意见较大，究其原因，是对土地补偿数额的科学确定尚未形成动态的价值发现和评估机制，这一机制就是土地市场。二是在"两个严格"（严格农村土地用途规制和规划限制）的前提下，建议农村土地要充分发挥市场的作用，以提升农村土地的使用价值。三是重在改变农村土地承包权流转仅限于集体成员内流转的相关政策规定，在严格保护农民土地使用权的同时，吸引社会资本进入农村农业，以明显提升农村土地利用价值。四是要打破城乡建设用地的市场分割，形成两种所有制土地"同地同权同价"的平等制度安排，建立统一城乡用地市场。

（3）从法律上赋予农民宅基地使用权的完整产权

研究显示，若进行市场化流转，每年宅基地转换的市场价值合计约4.4万亿元人民币；[1] 要进一步完善农民宅基地的统计和登记工作，把宅基地的所有权和使用权分离，做实农民对宅基地使用权，从法律上赋予农民对宅基地使用权、用益物权性质，赋予其占有、使用、收益、转让、抵押、继承的完整权利；要放宽农民住房流转的限制条件。

建院以来，中改院围绕农村改革出版了《再上新台阶——中国转轨时期农村经济改革与发展》《中国农民的期盼：长期而有保障的土地使用权》《中国农村土地制度的变革与创新》《中国农村土地使用权立法和制度安排》《走入21世纪的中国农村土地制度改革》《把土地使用权真正交给农民》《中国农民权益保护》《中国农民组织建设》《中国新农村建设：

---

[1] 《乡村闲置住宅资产运营平台"盘活"农房 闲置老房子变成"钱袋子"》，中国新闻网，2021年8月10日。

乡村治理与乡镇政府改革》《强农·惠农——新阶段的中国农村综合改革》《中国农村改革新起点》《城市化时代的转型与改革：城市化与城乡一体化的新趋势、新挑战、新突破》《"十二五"：城乡一体化的趋势与挑战》《人的城镇化》《中国农村改革路线图》等学术著作，产生广泛影响。

四、政府与市场关系的长期研究与探索

处理好政府与市场关系，是我国从建立社会主义市场经济到构建高水平社会主义市场经济体制的一条主线。我与同事们始终把处理好政府与市场关系作为建言社会主义市场经济体制的重点。

1. 坚持用市场化的办法解决发展中的问题

中国的市场化改革是从如何界定政府在经济建设中的作用开始的，如何处理好政府与市场关系，始终是社会主义市场经济体制的一条主线。因此，中改院建院以来，一直把界定政府在经济建设中的作用、推进政府改革与政府转型作为重点研究课题。20世纪90年代，针对价格改革、金融改革、垄断行业改革中的一些问题，中改院坚定主张用放开市场、搞活市场的思路解决问题。1994—1999年，我和同事们相继形成《市场机制作用在经济快速增长中有效抑制通货膨胀（50条建议）》《以解决不良债务为重点加快商业银行体制改革（30条建议）》《打破垄断：引入竞争的基础领域改革（22条建议）》等。

1992年，党的十四大提出建立社会主义市场经济体制的改革目标之后，如何看待市场经济条件下的政府角色，成为当时经济体制改革的重点难点问题。20世纪90年代，中改院多次举办相关国际研讨会，深入开展市场经济条件下政府作用的研究。

1994年1月，中改院举办中央与地方经济关系、国家与企业关系国际研讨会，会议着重就中央与地方的财政分配关系、投资管理权限关系及国家与企业的关系进行了研讨。会上，我提交了《实行税制后如何发挥地方积极性》的论文，文章提出三个观点：一是分税制是市场经济条

件下，规范中央与地方关系的一项基本制度。我国实行分税制，应当从市场经济要求出发适应中国国情，发挥地方积极性。二是调动地方积极性，核心的问题是赋予地方经济管理自主权。应当在重新确定政府经济职能和划分事权的前提下，赋予地方政府相应的经济调节权、有限投资自主权、国有资产行政管理自主权。三是中央调动地方的积极性，应当用竞争性的办法，而不是用传统的行政手段。为此，应当建立统一规范的制度，加强宏观引导，创造公平竞争的宏观环境。

随着市场化进程的不断推进，政府改革成了我国经济转型时期最具有全局性、长远性、深刻性的关键问题。对宏观经济进行有效的调控、市场秩序的形成和市场环境的优化、国有企业的战略性改组，都迫切需要政府转型与改革。1996年，我和同事们提出新阶段政府的主要作用是提供公共产品和公共服务，政府改革的实质是转变政府职能。1997年1月，在市场经济条件下政府作用国际研讨会上，我以"中国经济转型时期的政府改革"为主题，建议要适应社会主义市场经济体制的需要，政府更好地履行公共管理职能；要有效地发挥政府作用，积极促进市场中介组织的发展；要科学分析我国政府人员的素质结构及其对实现政府职能的影响；要确保在中央统一领导和宏观调控下，合理划分中央与地方经济管理权限，充分发挥地方政府在推动市场化改革进程中的作用。

会后，我和同事们撰写了《中国经济转轨时期加快政府改革（25条建议）》，提出改革开放以来的实践表明，凡是重视市场作用、运用市场机制好的企业、地方和部门，经济就有活力，发展就快；相反地，发展就慢，困难也多。中改院课题组还形成了《深化政府行政管理体制改革加快政府职能的转变》研究报告，提出公共管理职能是市场经济中政府最基本的职能，认为要实现经济体制的转轨和经济增长方式的根本性转变，必须对现有的行政管理体制作出重大改革，彻底转变政府职能。《中国经济转型时期的政府改革》一文于1999年11月获第二届全国行政管理优秀科研成果一等奖。

2. 实现政府转型：从经济建设型政府到公共服务型政府

SARS危机是我国改革发展进入新阶段遇到的一次突发公共卫生事件，它反映出我国改革发展实践中的某些偏差。总结2003年SARS危机的经验教训，我国需要加强突发事件的应对机制建设。2003年4月，我就组织力量开展相关研究，相继形成《政府应对突发事件的机制建设（8条建议）》《加快向公共服务型政府转变——SARS危机后的我国政府改革》《从经济建设型政府向公共服务型政府转变的建议》《SARS危机给中国改革敲响警钟》《加快向公共服务型政府转变》《SARS危机催生媒体改革》等。与此同时，我们组织知名专家编写出版了《警钟》。书中提出，改革要更多地关注民生问题，政府的主要职能是提供公共产品和公共服务。我们认为，SARS危机暴露出经济建设型政府存在结构性缺陷。经济建设型政府比照传统计划经济体制下的政府职能，是一个重大的进步。但从改革的要求说，这又只能是一个过渡。在市场经济条件下，经济建设型政府有两个严重的误区：一是政府长期作为经济发展的主体力量，起主导作用。二是不恰当地把本应由政府或以政府为主提供的某些公共产品，如农村公共卫生等，推向市场，推向社会。国内外大量的实践证明，长期以GDP经济增长为主要目标，忽视经济社会协调发展和社会公平的增长是一种不可持续的增长。

中改院在政府转型方面的研究，对政策决策与理论研究产生了重要影响。例如，2003年11月，中改院向中央相关方面呈报了《加快建设公共服务型政府（24条建议）》，这份报告提出政府改革不仅成为广大公众关注的焦点问题，也成为我国下一步改革的中心和重点。在改革逐步深入的情况下，政府改革的实质是转型。由经济建设型政府向公共服务型政府转变，就是要探索现代市场经济条件下政府改革的新路。建设公共服务型政府要以人为本，为社会提供最基本的公共产品和公共服务，着眼于解决当前最突出的经济社会矛盾。12月14日，《经济参考报》刊登了我和方栓喜共同署名的《加快建设公共服务型政府》一文。2005年，该文获得第十一届（2004年度）孙冶方经济科学奖（论文奖）。

2005年9月，我带领课题组形成《"十一五"时期以政府转型为重点的行政体制改革》研究报告。2007年1月，又形成《推进以落实科学发展观为目标的行政管理体制改革（20条建议）》，呼吁以行政体制改革为重点推进全面改革。2012年，中改院课题组完成中央编办委托的《走向公共服务型政府——未来5~10年深化行政管理体制改革战略研究》课题，得到中央编办的较高评价。2015年6月，中改院课题组提出《面向2020年的行政权力结构改革（60条建议）》。7月，受国务院办公厅委托，完成《推动简政放权改革向纵深发展——关于"简政放权、放管结合、优化服务"政策落实情况的第三方评估》，我代表中改院在9月16日召开的国务院常务会议上作了汇报。

建院以来，中改院围绕政府改革与政府转型出版了《市场经济条件下政府作用：市场经济条件下政府作用国际研讨会文集》《警钟》《建设公共服务型政府》《政府转型——中国改革下一步》《门槛》《政府转型与建设和谐社会》《政府转型与社会再分配》《中国：政府管制体制改革》《起点——中国改革步入30年》《中国政府改革路线图》等学术著作，产生广泛影响。

五、从国有企业到国有资本的研究

资本是社会主义市场经济的重要生产要素，在社会主义市场经济条件下规范和引导资本发展，既是一个重大经济问题，也是一个重大政治问题，既是一个重大实践问题，也是一个重大理论问题，关系坚持社会主义基本经济制度，关系改革开放基本国策，关系高质量发展和共同富裕，关系国家安全和社会稳定。

1. 从国有企业到国有资本

自我从事改革研究之初，就十分关注国有企业改革的问题。从20世纪90年代开始，我就认识到，国有企业改革的大前提是从整体上搞活国有经济。1993年1月，我在《新世纪》杂志上发表《把国有资本推向市场》，首次提出了"国有资本"的概念。随后，我又在该杂志上发表了《从国有企业到国有资本》。在这篇文章中我详细阐述了我国国企改革为何要由国有企业向国有资本过渡。我认为，国有企业改革，首先不是企业自身问题，也不是企业内部机制问题。国有企业改革的核心，应当归结为搞活整个国有资本。只有搞活国有资本，解决国有资产的整个管理体制和运营机制问题，才有可能搞活国有企业，解决企业内部的经营机制问题。

建立以股份制为主体的企业结构，是我在20世纪90年代初就提出的建议。中改院在全国率先举办国有企业股份制改革培训班，培养了全国较早开展培训股份制经济规范化运作人才。20世纪90年代中后期，中改院为推动职工持股改革，提出《建设有中国特色的职工持股制度》等系列建议报告，举办大批培训班，在实践中产生了积极的影响。1998年，我和同事们提出建立完善国有企业治理结构的建议。1999年，党的十五届四中全会文件起草小组参考中改院刚形成的《中国国有企业公司治理结构研究》报告，用作文件起草的重要资料。

进入21世纪以来，我和同事们又提出《以公益性为重点调整优化国有资本配置（16条建议）》。一是对国有资本布局进行战略性调整，把更多的国有资本投向涉及公共福祉的领域。二是加大国有资本的分红比例，建议到2020年国有资本分红比例提高到25%~35%。这一建议与党的十八届三中全会《中共中央关于全面深化改革若干重大问题的决定》提出的国有资本上缴公共财政比例不低于30%的改革目标吻合。

2. 新阶段做优国有资本是一篇大文章

党的十八大以来，我国在做大国有资本方面实现了重要突破。面对更加不确定、不稳定的国际环境，主动适应以人工智能为代表的新一轮科技革命的快速兴起，更好发挥竞争领域部分央企国资的基础性作用，应当成为做优国有资本的重大任务。

2024年年中，我形成《新阶段做优国有资本是篇大文章》一文。文章认为，新阶段充分有效发挥国有资本的重大作用，是中国式现代化的重大课题，是实现高质量发展的重要条件，是全面深化改革的重大任务。无论从现实需求还是从发展趋势看，进一步做优国有资本，是中国式现代化对国有资本的战略需求。从现实看，发展新阶段国有资本"大而不优"的矛盾突出，并成为制约国企与民企优势互补、共同发展的突出掣肘。落实党的二十届三中全会精神，要把做优国有资本作为深化国企改革的重大任务。具体来说，一方面以更好发挥竞争领域部分央企国资的基础性作用为重点做优国有资本，另一方面要以做优国有资本为导向深化国资国企改革。

3. 毫不动摇地支持民营经济发展

建院初期，中改院把正确认识我国的民私营经济，推动和促进民私营经济健康发展作为重要使命。1994年4月，中改院与中国民私营经济研究会联合举办了中国民私营经济90年代发展方向与政策研讨会。这次会议是在党的十四大和十四届三中全会明确提出多种经济成分长期共同发展，自愿联合经营，平等竞争，一视同仁之后，中国民私营经济进入快速发展新阶段这一背景下召开的。1994年4月，我和同事们形成《如何正确认识和健康发展民私营经济》研究报告，主张股份化和公司制是20世纪90年代中国民私营经济发展的一个基本方向。1998年12月，我们形成《承认并实现创业型企业家价值的框架建议（22条）》。

进入新世纪非国有经济将成为中国基础领域改革与发展的主力军。在2000年11月举办的第二次中国基础领域改革国际论坛上，我提出在基础设施建设方面要打破垄断，放开产业准入，逐步使非国有经济成为西部基础领域改革发展的主力军。会后，中改院课题组形成《促进非国有经济参与我国基础领域改革的建议》。2002年11月，举办中国基础领域的下一步改革座谈会。此次会议围绕基础领域的公司治理结构、支持民间资本进入基础领域的相关政策、基础领域的政策规制及基础领域的反垄断及其立法等议题，对当前及下一步基础领域的改革任务进行了讨论。

在西部大开发战略提出过程中，我认为非国有经济成为西部地区经济中最具有活力的经济增长点。2001年6月，在西部大开发与非国有经济发展国际研讨会上，我提交了《西部大开发，非国有经济将成为主体力量》的论文。文章认为，西部非国有经济经过数十年的发展和积累，为发挥西部大开发的主体作用奠定了重要基础。7月，我和同事们形成《重视非国有经济在西部大开发中的作用（22条建议）》。2004年11月，我们又形成《进一步加快中小企业发展的建议（15条）》。2010年6月19日，中改院召开以"鼓励和引导民间投资健康发展——发展方式转型与民营经济发展"为主题的研讨会。

建院以来，中改院围绕国有企业改革和民营经济发展出版了《中国股份制理论与实践》《转轨时期国有企业改革》《增长的活力——中国民私营经济的兴起与发展》《决定性转折——中国经济转轨中的国有企业改革》《国有企业改革与管理国际比较——亚太区域国有企业改革与管理比较国际研讨会文集》《债务与国有企业改革——中国国有企业债务问题国际研讨会文集》《资本市场与国有企业改革——资本市场与国有企业改革国际研讨会文集》《中国民私营经济的发展——中国民私营经济90年代发展方向与政策研讨会文集》《股份经济发展与国有企业重组》《国企改革与股份制》《国企改革与债务》《职工持股150问》《国企改革与资本市场》《国企改革与产权》《国企股份制改造实例》《深化产权制度改革》等学术著作，形成了广泛影响。

我认为，民营企业向民营资本的转变正是一个现实的重大课题。如何引导民营资本发展，需要有相关的政策与制度安排。对此，我和同事们将继续深化这方面的研究与探索。

六、结构转型和结构性改革研究

21世纪初，中改院研究团队开始关注经济社会发展进程中的结构性问题。2001年，我们提出了从基础性改革转向结构性改革的判断和建议。此后，陆续提出以经济转型为主线的结构性改革的观点和建议。例如，2012年提出消费主导的研究建议，2015年提出加快服务贸易创新发展的研究建议，等等。

2015年、2016年，中改院先后出版了《转型抉择——2020：中国经济转型升级的趋势与挑战》《转型闯关——"十三五"：结构性改革历史挑战》，探讨以经济转型升级为目标的结构性改革。2015—2017年，我连续向全国政协会议提交了6份提案，建议以经济转型升级为目标、以处理好政府与市场关系为重点、以服务业市场开放为重大举措，推进供给侧结构性改革。2017年2月，正值党的十九大召开前夕，中改院向中央有关部门提交了《赢在2020转折点的改革行动（30条建议）》，首次提出了"十三五"以经济转型升级为目标的结构性改革建议。抓住2020年这个时间节点，以结构性改革破解结构性体制矛盾，不仅有利于解决经济转型的短期矛盾，而且还将实现经济发展的新旧动能转换，努力赢得一个10~20年的重要发展期。这份报告被列为党的十九大报告起草组参阅件，在服务国家决策中发挥了参考作用。中改院出版《赢在转折点：中国经济转型大趋势》，获得中华优秀出版物奖。

2022年，我带领课题组就结构转型开展专题研究，撰写年度改革研究报告《结构转型——跨越高质量发展门槛》。报告分析了产业结构转型、科技结构转型、消费结构转型、城乡结构转型、能源结构转型、贸易结构转型涉及的重大问题，提出以结构转型为主线的结构性改革的基本思路，提出以高水平开放推动结构转型的主要建议。中改院长期呼吁以结构性改革破解经济转型中的结构性矛盾。这些研究报告、政策建议和观点，在我国结构性改革的理论与实践方面产生了积极影响。2024年4月，我们又提出"适应消费结构升级的结构性改革"。

建院以来，中改院出版《转向结构性改革》《聚焦"十二五"改革：

改革是加快转变经济发展方式的强大动力》《消费主导：中国转型大战略》《赢在转折点：中国经济转型大趋势》《转型抉择——2020：中国经济转型升级的趋势与挑战》《读懂中国经济新常态——中国未来经济何去何从》《改革引领转型——全球经济增长趋势与前景》《改革大考——经济转型与结构性改革》《读懂结构性改革：全球化趋势下的中国经济增长》《转型闯关——"十三五：结构性改革历史挑战"》《结构转型——跨越高质量发展门槛》等学术著作，产生广泛影响。

七、我国发展的阶段性特征研究

2000年以后，经过多次调研，我们逐步形成一个基本判断：尽管我国正处于并将长期处于社会主义初级阶段，但发展中的阶段性特征十分突出。与以往以解决温饱为主要任务的生存型阶段不同，我国已进入以人的自身发展为目标的发展型新阶段，人民群众日益增长的物质文化需求的内涵发生了重要变化。2006年8月，中改院向中央有关部门提交的《加快建立社会主义公共服务体制（18条建议）》中，首次提出了我国正处在从初步小康向全面小康社会过渡、从生存型社会向发展型社会转变的关键时期。在这个过程中，以人的全面发展为目标，必须关注和满足社会成员的基本公共需求。

2008年，中改院受联合国开发计划署委托研究撰写《中国人类发展报告2007/08》。报告首次提出，经过30年的改革开放，中国社会主义初级阶段的阶段性特征发生重大变化，开始从生存型阶段向发展型阶段的历史性跨越。在生存型阶段，发展的主要目标是解决温饱问题；进入发展型阶段，随着发展水平的不断提高，发展的目标逐步聚焦于人的自身发展。中国改革开放30年来，经济飞速发展，这使得中国人民福利得到很大改善和提高。中国社会发展阶段实现历史性提升，社会矛盾也随之发生明显变化。能否满足广大社会成员的教育、卫生、社会保障、公共就业等基本公共服务，已经成为中国新阶段发展面临的重大课题。问题在于，在过去30年的改革开放中，计划经济时代的公共服务体制逐步消失，但新的公共服务体制建设还远不适应全社会公共需求全面快速增长的现状。

这份报告有三个重要创新点：一是社会主要矛盾开始发生变化。明确提出，广大社会成员的物质文化需求发生重大变化，由生存型问题向发展型转变。二是社会发展阶段的变化，即从生存型阶段转向发展型阶段，并开始进入发展型社会。三是新阶段公共产品短缺成为突出矛盾。在以解决温饱为主要任务的生存型问题后，广大社会成员对医疗、教育、养老等公共产品的需求日益全面上升，公共产品短缺成为发展型新阶段的突出矛盾。

我国进入新阶段，着力推进公共服务的均等化，更重要的是体制建设和体制创新。对此，强调建立政府在基本公共服务供给中承担最终责任的体制机制，按照基本公共服务均等化的要求完善公共财务制度，建立城乡统一的基本公共服务体制。同时，还要建立权威、系统的基本公共服务法规体系。中改院关于社会主义初级阶段特征的研究成果，被学界和政策文件广泛引用。

八、基本公共服务均等化研究

20世纪90年代初，中改院就开始探索如何在经济转轨进程中建立社会保障体制。2003年SARS危机后，中改院提出我国处于公共产品短缺时代的理论命题，主张在建立社会主义市场经济体制的同时，加快建立社会主义公共服务体制，逐步实现基本公共服务均等化。

1. 社会矛盾的阶段性变化：从私人产品短缺到公共产品短缺

中改院重视研究社会矛盾的阶段性变化。2007年明确提出：在看到我国社会主义初级阶段主要矛盾没有变的同时，也要看到社会矛盾阶段性特征和具体表现形式发生的深刻变化。公共需求全面快速增长与公共产品短缺、公共服务不到位，已成为我国新阶段社会的突出矛盾。这一重要判断，拓展和深化了新阶段关于社会矛盾的研究。

在《中国人类发展报告2007/08》中，详细论述了我国基本公共服务的目标与差距。此后，在《第二次改革》一书中，明确提出了在我国开始进入发展型新阶段，全社会对公共需求全面快速增长的背景下，我国公共产品供给缺失、供给不到位的问题全面凸显，我国开始进入公共产品短缺时代。得出这一判断的主要依据是：

第一，从国际经验看，当人均GDP在3000~6000美元时，与人的自身发展相关的公共产品需求会呈现全面快速增长的势头。2010年，我国人均GDP已超过4000美元，进入"中等偏上收入国家行列"。在这个特定阶段，多数的私人产品开始由短缺走向过剩，与人的发展型需求直接相关的公共产品需求逐步增加。

第二，公共产品存在着制度性短缺。如城镇居民能够享受的养老保障，目前多数农村居民还无法享受，这使得城镇养老保障对农民具有排他性。

第三，与其他国家横向比较来看，我国公共产品短缺的问题更加明显。例如，在教育方面，2008年，我国公共教育经费支出占GDP比重约为3.4%，而发达国家在4%~6%之间，巴西、墨西哥、泰国等发展中国家也在4%以上。

2. 构建公共服务体制：从公共产品短缺到基本公共服务均等化

公共服务体制改革是中改院的重点研究课题。早在20世纪90年代初，中改院就开始探索如何在经济转轨进程中建立社会保障体制。2003年的SARS危机后，中改院就提出我国处于公共产品短缺时代的理论命题，提出在建立社会主义市场经济体制的同时，应当加快建立社会主义公共服务体制，逐步实现基本公共服务均等化。这一观点的提出，为我国新时期推进社会体制改革、行政体制改革、公益机构改革等提供了重要的理论依据和理论参考。无论对促进共识，还是影响决策，都发挥了有益的作用。

33年来，中改院承担了国家相关部委委托的一系列政策咨询课题。例如，2009年9月完成《中国公共服务监管改革研究》，提出我国公共服务监管改革的一系列举措；2010年7月完成《"十二五"基本公共服务均等化政策研究》，提出了"十二五"我国基本公共服务均等化的政策目标与重点任务。这些咨询报告在推动相关政策决策中发挥了重要作用。

3. 以人民至上的理念推进公共卫生治理体系变革

SARS危机和新冠疫情，是新中国成立以来我国公共卫生体系经受的两次重大考验。危急时刻，中改院坚持思考，提出了"以人民健康至上的理念推进公共卫生治理体系变革"等一系列观点。

2011年，国务院医改领导小组委托中改院提出公立医院改革的总体思路。中改院成立课题组，召开和进行了一系列的座谈和调研。2011年9月完成《以调整利益关系为主线推进公立医院的改革攻坚——公立医院改革顶层设计的建议报告》，提出了以"公益性、专业性、独立性"推进公立医院的改革攻坚的总体思路。

（1）强化公立医院的公益性

公立医院不是商业机构，它是公共服务的供给机构。要改革药品加成机制、完善收入补偿机制、强化政府在公共卫生与基本医疗上的责任等，使公立医院可以转变现行的"以药养医"的收入模式，更加注重国民健康这一公益性。

（2）公立医院要强调专业性

公立医院不是行政机构，是专业机构，在公立医院管理层面，明确公共卫生与临床医疗的同等地位，完善公共卫生科室，加大公共卫生资源投入，明确公立医院履行公共卫生职责的运作机制、评价机制、监督机制，强化公立医院的公共卫生职能。考核公立医院员工，要以专业性为核心。

（3）公立医院要强调独立性，要推进政医分离

政府履行公共卫生与基本医疗职能，不代表政府直接办医。要赋予公立医院独立的管理权，减少行政干预，使其按照医疗卫生的规律开展日常的运行管理。

中改院提出的"公益性、专业性、独立性"的改革总体思路，不仅得到了委托方的高度认可，而且也产生了广泛影响。

2019年年初，国家卫健委委托中改院对全国的公共卫生体系开展评估，尤其是基层公共卫生体系和疫情防控体系。2019年，中改院形成了《以健康中国为目标重构公共卫生体系（30条建议）》。该报告提出七大方面的建议，包括：以强化体制保障为目标，重构政府公共卫生体系；强化公共卫生财政制度保障；改革完善公共卫生人才培养体系与人才管理体制；深化专业公共卫生机构改革；健全基层公共卫生工作的体制机制；在推进健康中国建设中找准抓手、主动作为；加快公共卫生立法进程。除了总报告外，中改院还专门形成了3份专题研究报告，分别是《我国公共卫生体系专题研究报告》《我国疾控体系专题研究报告》《我国基层公共卫生工作专题研究报告》，就疾控体系改革、公立医院改革、重大疫情救治等领域的改革提出了行动建议，得到委托方高度评价。

2020年，面对新冠疫情严重冲击，中改院第一时间深入研究，出版《人民健康至上——公共卫生体系变革挑战》，这本书系统地提出了我国公共卫生变革的相关行动建议。这是疫情后我国智库较早针对公共卫生体系变革的研究成果，书中指出"我国公共卫生体系变革面临挑战"，提出"人民健康至上的治理理念"等重要观点。2003年SARS危机以来，尽管我国重构公共卫生体系取得了重要进展，但从实践看还很不完善，仍然存在某些结构性、制度性的严重缺陷。为此，以人民健康至上的理念推进以疾控为重点的公共卫生体系变革，成为我国经济社会发展与全面深化改革的重大任务之一，成为我国走向现代化进程中亟须解决的重大课题。为此，要树立"人民健康至上的治理理念"，要以人民健康至上的理念推进以疾控为重点的公共卫生体系变革，作为我国经济社会发展与全面深化改革的重大任务。

我相继撰写了《以人民健康为中心深化公共卫生体系改革》《以人民健康至上的理念推进公共卫生治理体系变革》等文章，被《经济日报》等多家媒体刊发，《新华文摘》2020年第13期全文转载。

4. 教育需要二次改革

2010年12月，受教育部发展规划司委托，中改院完成《"十二五"教育公共服务体系建设：突出矛盾与主要任务》课题，也就是在这项课题中我们提出了"教育二次改革"的理念。我们认为，当时公共需求全面快速增长与公共服务不到位、公共产品短缺成为经济社会发展的突出矛盾。在这个特定背景下，教育公共服务需求全面增长、需求结构快速变化与教育公共服务尚不到位、不适应经济发展方式转变的要求，成为教育公共服务体系建设面临的主要矛盾。适应我国经济社会发展的阶段性变化和经济发展方式转变的客观要求，均衡教育资源配置、调整教育服务结构、深化教育机构改革、加快推进生存型教育向发展型教育的转变，是"十二五"教育公共服务体系建设面临的主要任务。

"十三五"，我国由人口红利向人力资源红利转变是一个大趋势。面对经济转型升级和经济结构调整的"双重挑战"，通过加快教育结构变革提升人力资源的迫切性日益增强。"十三五"经济社会转型升级和全面深化改革，对教育二次改革提出更高、更迫切的需求。需要推进教育有序开放和"去行政化"，促进教育结构调整，初步形成与经济转型升级相适应的人才供给结构。加快教育结构变革，实现数量型人口红利向人力资源红利的转型，是提高全要素生产率的关键，是加快经济转型升级的重要前提。为此，"十三五"需要以提升人力资源为目标启动教育二次改革。实现教育体制从规模型、考试型、封闭性、行政化向质量型、能力型、开放性、专业化的转变，成为结构性改革的重大任务。

2015年5月，我在《中国井冈山干部学院学报》上发表《教育需要第二次改革——"十三五"教育结构调整与改革的思考》一文，提出教育二次改革的三项重大任务。

（1）加快教育结构的战略性调整

一是把发展职业教育作为一个大战略。"十三五"应当把发展现代职业教育放到更加突出的位置，推进产教深度融合、校企深度合作，形成政府、企业、社会资本共同推动现代职业教育发展的合力。二是加快普及学前义务教育与高中阶段教育。建议"十三五"把幼儿教育纳入义务教育，加快普及12年制基础教育，允许、支持有条件的地方实行12年义务教育。三是调整高等教育结构。推进高等教育体系多元化，尽快把高等学校分成综合型大学、研究型大学、应用型技术大学，确立不同类型高等学院的发展定位、人才培养目标和培养模式。

（2）加快教育市场开放

一是在坚持政府保基本的同时，推进教育市场全面开放。当前推进教育市场开放，是在各级政府继续加大教育投入，保障教育公平的基础上，充分利用社会资本和外来资本发展教育的重大举措；建议尽快出台教育市场全面开放的总体方案。二是在有条件的地区设立义务教育、高中教育和职业教育的国际合作改革试验区；积极引进世界知名院校开展中外合作办学，允许并支持国外和港澳台地区知名大学、职业教育机构控股设立合资分校，在特定地区设立独资分校；鼓励外商投资设立外籍人员子女学校，支持外商通过中外合作办学方式投资设立教育培训机构及项目，优化配置内外教育资源，形成优势互补、良性互动。三是降低社会资本办职业教育的准入门槛。实施民办学校非营利性和营利性的分类管理；放宽办学市场准入；探索职业教育领域、高等教育领域的"混合所有制"；建立健全民办学校退出机制；鼓励上市公司和科技企业投资兴办技术技能型大学；进一步完善民办学校法人治理结构；加大社会力量举办教育的政策扶持力度，对民办教育和公办教育一视同仁。

（3）实现教育体制改革的实质性突破

一是明确政府在教育管理中的职能。改变政府"包打天下"的教育发展格局，明确政府保障基本教育服务供给的责任；强化教育行政部门在教育决策中的主导地位及其教育政策制定和教育监督职能，减少和消除教育行政部门对各类学校的微观干预。二是以"公益性、专业性和独立性"为导向改革公共教育机构，形成专业、高效的教育执行系统。坚持教育的公益性和普惠性，加快教育基本公共服务均等化；加快推进学校去行政化，取消学校行政级别，建立专业导向的学校治理结构，推进专家治校；进一步推进简政放权，扩大学校的办学自主权，重点是全面扩大学校在招生规模、专业设置创新、教师评聘等方面的自主权。三是明确中央地方教育职责分工，扩大地方教育自主权。进一步明确各级政府在建设教育基本公共服务体系中的责任，细化中央到地方每一级政府的职责分工。鼓励地方在教育改革上积极探索、先行先试。

5. 研究老龄化社会问题

随着我国人口老龄化程度日益加深，中改院把握我国人口老龄化的严峻形势，积极开展人口老龄化政策与制度的国际比较研究。尤其是近年来，中改院把老龄化社会的政策与制度安排作为国际比较研究和国际合作研究的重点之一。2018年以来，围绕人口老龄化与退休政策、养老服务体系建设、老龄化社会的治理等开展国际合作研究与交流研讨，并在赴挪威考察的基础上，中改院形成《弹性延迟退休的国际经验与制度分析》研究报告。2020年10月，受人力资源和社会保障部委托，中改院课题组形成《实行"选择性退休"——我国退休政策与制度改革的研究建议》《关于实行"选择性退休"（14条建议）》等报告。这些研究报告和政策建议为服务人口老龄化的政策决策提供了重要参考。

建院以来，围绕基本公共服务出版了《中国人类发展报告2007/08》《基本公共服务与中国人类发展》《民生之路——惠及13亿人的基本公共服务》《聚焦中国公共服务体制》《百姓·民生——共享基本公共服务100题》《中国基本公共服务建设路线图》《中国公共服务体制：中央与地方》《基本公共服务均等化新农村建设之重》《银色经济：老龄化社会的中国》《增长与养老：应对高龄少子化的中国选择》《人民健康至上——

公共卫生体系变革挑战》等学术著作，产生广泛影响。

九、消费主导研究

1. 消费主导是释放内需潜力的重大战略主张

近十多年来，我一直关注和研究我国消费结构变化问题。2008年，我在东北大学的演讲中首次提出了从生产大国走向消费大国的基本判断，主张加快推动由投资出口大国向消费大国的历史性转型。2010年3月，中改院撰写并出版的年度改革研究报告《第二次转型》中，明确提出"中国走向消费大国不是未知数"的判断。2011年中改院出版的改革研究报告《民富优先》中，提出尽快实现从投资主导向消费主导的转变。2012年中改院撰写出版《消费主导——中国转型大战略》，该书提出着眼于我国中长期公平与可持续发展的基本需求，尽快扭转投资消费失衡，形成消费主导新格局。这既是短期政策的着力点，又是中长期的战略选择；既是发展面临的突出矛盾，也是改革面临的重大挑战。我国正处于消费释放的历史拐点，实施消费主导的目标是，未来5年初步实现消费主导，未来10年基本实现消费主导；走向消费大国不是未知数，关键在于改革的实质性突破。该书明确提出"消费主导的战略选择"。中国社会科学院学部委员张卓元为本书撰写书评指出，中改院推出该书，提出走向消费主导的战略选择，非常及时，该书具有理论意义和实践价值。从长远来看，中国经济增长必须走消费拉动的路子。走向消费主导关键是增加居民收入，特别是提高中低收入者的收入水平，在这方面，收入分配制度改革亟需破题。

2. 推进消费主导的经济转型

2021年，第一届中国国际消费品博览会在海南举行。为了进一步深入研究消费问题。5月，中改院形成2020—2021年度改革研究报告《中国消费——构建双循环新发展格局》。报告指出，"十四五"是我国迈向现代化新征程的重要五年，也是我国进入消费新时代的重要五年。面对日益复杂多变的国际形势，赢得我国发展新的战略机遇期，需要客观把握我国进入消费新时代的大趋势。城乡居民消费结构升级，是人民对美好生活向往和追求的重要内容，是我国走向高质量发展的重要标志。构建以国内大循环为主体、国内国际双循环相互促进的新发展格局，关键在消费。要务实推进消费导向转型下的结构性改革，加快形成强大国内市场。这就需要务实推进消费导向转型下的结构性改革，破解制约消费潜力释放、消费结构升级的结构性矛盾。该报告对我国消费的过去、现在和将来进行了全面分析，准确把握了世界百年未有之大变局下我国加快构建新发展格局的战略重点，为新发展阶段如何有效扩大内需，提供了十分有益的参考和借鉴。

建院以来，中改院围绕消费主导出版了《消费主导——中国转型大战略》《中国消费——构建双循环新发展格局》《中国消费大趋势》等学术著作，产生广泛影响。

十、高水平开放研究

中改院在改革开放的大潮中诞生，探索走向大开放是中改院33年立足海南、策划天涯的一条主线。1991年11月1日，建院当天就以"海南对外开放战略"为主题研讨设立海南特别关税区，到今天研究对标世界最高水平开放的海南自由贸易港。

中改院长期关注经济特区发展和区域经济发展。早在20世纪90年代中期，就提出由不均衡发展向均衡发展过渡的区域发展思路，并开始对西部大开发、东北振兴、中部崛起、粤港澳大湾区等进行研究。

当前，面对世界政治经济格局的深刻复杂变化，我国正着力构建以国内大循环为主体、国内国际双循环相互促进的新发展格局。新发展格局决不是封闭的国内循环，而是开放的国内国际双循环。构建新发展格局，不是关起门来搞建设，而是要推动高水平开放，更加深度融入全球经济，在高水平开放中与时俱进提升我国经济发展水平，塑造我国国际经济合作和竞争新优势。为此，中改院提出"以高水平开放赢得未来""以扩大内需为基本导向的高水平开放""以制度型开放为重点的高水平开放"等系列研究观点和判断，引起广泛关注。

1. 从"一次开放"到"二次开放"

"二次开放"是中改院2017年度改革研究报告的主题。我们提出"二次开放"的大判断，重要原因之一是基于我国扩大开放的特定背景的明显变化。我认为，在经济全球化的十字路口，"二次开放"是反对贸易保护主义、推动新一轮经济全球化的现实需求。

在全球经济格局发生深刻复杂变化和"一带一路"倡议全面实施的大背景下，2016年，中改研究报告《转型闯关》中首次提出"二次开放"的战略重点是服务贸易，提出"二次开放"的基本判断。在这个基础上，2017年年初，中改院撰写出版《二次开放——全球化十字路口的中国选择》改革研究报告，系统提出"二次开放"的基本内涵与政策建议。2019年，中改院撰写出版《新型开放大国——共建开放型世界经济的中国选择》，提出"要适应经济全球化新形势主动推进高水平开放"的政策建议，指出"以加强制度性、结构性安排为重点实现高水平开放的新突破"的建议。在我看来，服务贸易不仅日益成为全球自由贸易进程的重点与焦点，也成为衡量一个国家现代化水平的标志之一。

2. 以服务贸易为重点的"二次开放"

2016年2月，中改院形成《以服务贸易为重点形成对外开放新格局（9条建议）》，明确提出"推动以服务贸易为重点的二次开放"。我们认为，随着消费结构升级，服务型需求逐步高于传统物质型需求成为消费需求释放与升级的大趋势，由工业大国走向服务业大国面临着重要的历史机遇。中改院认为，我国服务业发展不缺少资本，更不缺少市场需求，缺的是市场开放。改革开放以来，我国工业领域的市场开放极大地激发了市场活力，在推动我国成为全球第一制造业大国中扮演了重要角色。进入21世纪以来，在经济转型的大背景下，我国服务业市场开放虽然也经历了不断放松行政管制和放宽市场准入的历程，但总体来看，服务业市场开放远滞后于制造业。

我们认为，加快服务业发展，形成服务业主导的产业结构，走向服务业大国，关键是破除服务业领域的市场垄断和行政垄断，使社会资本可以进入相关的服务领域，激发服务业领域的市场活力，形成服务业市场开放的新格局。"十三五"期间，我国应抓住全球经济治理格局深刻调整的新机遇，以"一带一路"建设为总抓手，以双边、多边自由贸易区为平台，以服务贸易规模倍增为目标，以打破服务贸易壁垒为重点，主动参与并引领国际经贸规则的制定，加快推进我国由货物贸易大国向服务贸易强国的转型升级，形成我国参与国际竞争的新优势。

3. 开放是最大发展、最大改革、最大安全

2023年是我国改革开放45周年和党的十八届三中全会召开10周年。在世界百年未有之大变局加速演进、国际环境深刻复杂变化、国内经济增长压力加大的背景下，如何以全面深化改革开放稳定预期、增强信心、释放经济增长潜力，如何实现高水平对外开放的重大突破，成为国内外关注的重大问题。2023年10月，在"全面深化改革开放的中国与世界——第89次中国改革国际论坛"上，我提出"以全面深化改革开放赢得未来"的判断。我认为，开放仍是促改革、促发展的关键，要以高水平开放的重大举措形成深化改革的重要推动力。适应世界百年未有之大变局加速演进的大趋势，要坚定实施以自由贸易为主线的高水平开放，以赢得我国改革发展的主动，赢得国际合作与竞争的主动。从这个意义上说，开放是最大发展、最大改革、最大安全。

（1）实现更大程度的市场开放

扩大市场开放仍是经济结构转型升级的重要推动力。未来几年，在全球市场需求空间扩张乏力的背景下，我国进一步放开市场，将对世界经济增长带来重大利好。

（2）以制度型开放倒逼深层次制度性变革

我们认为，开放与改革直接融合、制度型开放与制度性变革直接融合、边境内开放与市场化改革直接融合，是新阶段我国高水平开放的突出特点。我国积极主动申请加入CPTPP，将高标准的国际规则体系延展到国内，在规则对标对接中形成深化改革的倒逼压力与动力；全面确立竞争政策的基础性地位，确保内资与外资、民企与国企在要素获取、准入许可、经营运行、政府采购和招投标等方面一视同仁、平等对待。

（3）以单边开放推动自由贸易的重要突破

推动单边开放，是我国由经济大国向经济强国迈进的主动选择、战略选择。在世界经济有可能面临"失去的十年"的背景下，中国实现全面深化改革开放的重要突破，不仅将赢得中长期经济的可持续增长，也将对全球经济增长与经济再平衡产生重大影响；不仅将加快中国现代化经济强国建设进程，也将对新一轮经济全球化发挥重要推动作用。我认为，站在新的历史节点，回答好、解决好实现经济高质量发展、推进现代化经济强国建设、促进全球经济再平衡等全局性的重大课题，是新一轮全面深化改革开放应当承担也必须承担的历史使命。

4. 制度型开放与制度性变革相融合

制度型开放要求国内经济体制对现有国际通行规则进行系统性重构，以提升国际通行规则在国内经济运行的普遍适用性。就是说，制度型开放与制度性变革直接融合，并直接依赖制度性变革。在前期研究的基础上，受国家发展改革委等相关部门委托，中改院课题组形成《建立高水平开放型经济新体制——以制度型开放加快推进国家治理体系和治理能力现代化》等研究报告。

中改院提出，要以制度型开放构建高水平社会主义市场经济体制。以服务贸易为重点的制度型开放倒逼深层次的制度改革，意味着对外开放的重点向国内制度层面延伸，要求打造市场化、法治化、国际化的营商环境，在服务业市场开放、公平竞争、反垄断、市场透明、知识产权保护等方面强化制度性安排。要以制度型开放推动服务贸易发展，倒逼市场化改革。面对复杂严峻的国际环境，中国开放战略的选择至关重要。应继续扩大制度型开放，以制度型开放推动服务贸易发展，倒逼市场化改革。以更大的政策力度与更高水平的开放，促进形成吸引外资的更优环境。同时，依靠金融领域制度型开放的重要突破建设金融强国。

5. 以高水平开放形成改革发展新布局

面对世界百年未有之大变局，中国如何把握世界发展大势、以何种方式影响世界、世界如何客观看待中国，成为国际国内广泛关注的重大问题。在这一背景下，我和同事们形成《以高水平开放形成改革发展新布局（16条建议）》，并提出"新型开放大国""以高水平开放赢得未来""以扩大内需为基本导向的高水平开放""'十四五'：以高水平开放形成改革发展新布局""以制度型开放为重点的高水平开放"等系列研究观点和判断，引起广泛关注。

近年来，中改院围绕高水平开放形成诸多重要成果。2016年，中改院开展中欧自贸区可行性课题研究。6月形成《中欧自贸区：深化中欧合作的重大选项（13条建议）》研究报告。10月形成《抓住机遇，加快构建"泛南海经济合作区圈"（50条建议）》。2017年3月，形成《"一带一路"为经济全球化开新局（17条建议）》。此外，提出《合力建设全球最大自由贸易区（15条建议）》等。2024年5月，形成《以提升规则利用率为重点释放RCEP红利——2022—2023 RCEP实施初步评估》，在国内外产生广泛影响。

2023年10月，在前期调研的基础上，我和同事们形成《单边开放——实现中国-东盟自由贸易的重大突破（22条建议）》，提出推动单边开放，是我国由经济大国向经济强国迈进的主动选择、战略选择，建议分国别、分产业制定实施向东盟单边开放的政策，实现中国-东盟自由贸易的重大突破。

建院以来，中改院围绕开放出版了《二次开放——全球化十字路口的中国选择》《新型开放大国——共建开放型世界经济的中国选择》《推动形成全面开放新格局》《赢得未来：高水平开放的中国与世界》《建设更高水平开放型经济新体制》《把握机遇和挑战的中国与世界》《共赢新时代：高水平开放的中国与世界》《RCEP：全球最大自由贸易区》《走向开放与竞争的中国基础领域改革》《中国：加入WTO与经济改革》《对外开放》《实行大开放战略》《以产业开放拉动产业升级——中国加入WTO背景下的海南经济发展战略》《高水平开放的海南自由贸易港》等学术出版物，产生广泛影响。

结语　改革跑赢危机

1. 应对以AI为代表的新一轮科技革命

当前，以人工智能（AI）为代表的新一轮科技革命正在兴起，对世界秩序与世界治理带来深刻而长远的影响。一方面，以AI为代表的新一轮科技革命将促进世界治理新秩序、新格局的形成；另一方面，在极大改变人类生产生活方式的同时，也带来了深刻的挑战。AI有没有可能超越人的控制变成一个生命体，这是一个重大问题。由此，全球不安全、不确定因素将明显增大。如何应对AI为代表的新一轮科技革命，需要有战略思维，有务实行动。

2. 回答全面深化改革的时代之问

1978年开启的改革开放，深刻改变了中国的前途和命运，深刻改变了中国与世界的关系。40多年的改革开放是一部波澜壮阔的史书，这部历史需要铭记、需要传承。只有了解历史才能更好地把握未来，知道改革从哪里来，才能更好把握改革到哪里去。

当代青年成长在改革开放年代，有新的坐标系、新的期望值，对改革的期待也"水涨船高"。改革如何适应青年人的需求和期望，如何让青年人真正了解改革开放的历史，是当今全面深化改革的时代之问。没有改革认知，就没有改革认同；没有改革认同，就缺乏改革动力和改革自觉。如何将当代青年的爱国精神与改革开放相融合，培养青年人的"家国情怀"和改革自觉，增强推进中国式现代化的动力，是当今改革面对的一个深刻问题。

3. 以全面深化改革跑赢危机

党的十八届三中全会召开前夕，中改院向中央有关部门提交《改革跑赢危机的行动路线（30条建议）》，为全会提供了重要参考。报告提出"经济转型到了关节点、社会转型处于临界点、治理转型到了关键点"的判断，指出我国改革正处于深水区和攻坚阶段，改革与危机赛跑的特点突出，尽快形成"改革跑赢危机"的行动路线至关重要。10年后，我们再回过头来看，当时的这份报告所提出的观点至今仍有参考价值。